国家中等职业教育改革发展示范校创新系列教材

顾　　问　余德禄
总 主 编　董家彪
副总主编　杨　结　吴宁辉　张国荣

中国旅游地理(下)

主　编　丘界贞　　副主编　竺光明

东南大学出版社
SOUTHEAST UNIVERSITY PRESS

·南京·

图书在版编目(CIP)数据

中国旅游地理.下 / 丘界贞主编. —南京:东南大学出版社,2015.7
ISBN 978-7-5641-5904-7

Ⅰ.①中… Ⅱ.①丘… Ⅲ.①旅游地理学-中国-中等专业学校-教材 Ⅳ.①592.99

中国版本图书馆 CIP 数据核字(2015)第 157759 号

中国旅游地理

主　　编	丘界贞
出版发行	东南大学出版社
社　　址	南京市四牌楼 2 号（邮编:210096）
责任编辑	唐　允
印　　刷	南京玉河印刷厂
开　　本	787 mm×1092 mm　1/16
印　　张	14.25
字　　数	342 千字
版　　次	2015 年 7 月第 1 版
印　　次	2015 年 7 月第 1 次印刷
书　　号	ISBN 978-7-5641-5904-7
定　　价	28.00 元

本社图书若有印装质量问题,请直接与营销部联系。电话:025-83791830

编委会

主　任　董家彪

副主任　曾小力　张　江

委　员（按姓氏笔画排序）：

　　　　　王　娟（企业专家）　王　薇　邓　敏

　　　　　杨　结（企业专家）　李斌海　吴宁辉

　　　　　余德禄（教育专家）　张　江　张立瑜

　　　　　张璎晔　　　　　　　张国荣　陈　烨

　　　　　董家彪　　　　　　　曾小力

总 序

在现代教育中,中等职业学校承担实现"两个转变"的重大社会责任:一是将受家庭、社会呵护的不谙世事的稚气少年转变成灵魂高尚、个性完善的独立的人;二是将原本依赖于父母的孩子转变为有较好的文化基础、较好的专业技能并凭借它服务于社会、有独立承担社会义务的自立的职业者。要完成上述使命,除好的老师、好的设备外,一套适应学生成长的好的系列教材是至关重要的。

什么样的教材才算好的教材呢?我的理解有三点:一是体现中职教育培养目标。中职教育是国民教育序列的一部分。教育伴随着人的一生,一个人获取终身学习能力的大小,往往取决于中学阶段的基础是否坚实。我们要防止一种偏向:以狭隘的岗位技能观念代替对学生的文化培养与人文关怀。我们提出"立德尚能,素质竞争",正是对这种培养目标的一种指向。素质与技能的关系就好比是水箱里的水与阀门的关系。只有水箱里储满了水,打开阀门才会源源不断。因此,教材要体现开发学生心智、培养学生学习能力、提升学生综合素质的理念。二是鲜明的职业特色。学生从初中毕业进入中职,对未来从事的职业认识还是懵懂和盲从的。要让学生对职业从认知到认同,从接受到享受到贯通,从生手到熟手到能手,教材作为学习的载体应该充分体现。三是符合职业教育教学规律。理实一体化、做中学、学中做、模块化教学、项目教学、情景教学、顶岗实践等,教材应适应这些现代职教理念和教学方式。

基于此,我们依托"广东旅游职教集团"的丰富资源,成立了由教育专家、企业专家和教学实践专家组成的编撰委员会。该委员会在指导高星级饭店运营与管理、旅游服务与管理、旅游外语、中餐烹饪与营养膳食等创建全国示范专业中,按照新的行业标准与发展趋势,依据旅游职业教育教学规律,共同制定了新的人才培养方案和课程标准,并在此基础上协同编撰这套系列创新教材。该系列教材力争在教学方式与教学内容方面有重大创新,突出以学生为本,以职业标准为本,教、学、做密切结合的全新教材观。真正体现工学结合,校企深度合作的职教新理念、新方法。经过近两年时间的努力,现已付梓。

在此次教材编撰过程中,我们参考了大量文献、专著,均在书后加以标注,同时我们得到了各出版社、南沙大酒店总经理杨结、岭南印象园副总经理王娟以及广东省职教学会教学工作委员会主任余德禄教授等旅游企业专家、行业专家的大力支持。在此一并表示感谢!

2013 年 8 月 30 于广州

前　言

中国旅游地理是旅游管理专业的一门核心课程,也是旅游管理专业学生的必修课。

中国旅游地理侧重于中国旅游地理环境概况、特征、旅游资源类型及分布状况、旅游区特色等的研究。对中职学生开设中国旅游地理课程,不仅对旅游专业知识水平与文化素养打下扎实的基础,而且有利于旅游地理知识的普及与旅游者欣赏水平的提高。

依据广东省旅游学校"终身教育的基石,旅游人才的摇篮"的教育理念,并将此贯穿到中职旅游地理教学中,形成适合中职旅游地理的教学体系,本校旅游地理的教学大纲分为专题旅游地理基础和旅游地理分区两大块。本教材是属旅游地理分区,包括项目一到项目八,分别为中国旅游地理区划及七个一级旅游区,该部分内容以旅游资源为主线,分析和阐述了一级旅游区的旅游地区的概况、自然地理环境、人文地理环境、旅游资源特征和风物特产,主要旅游城市及特色旅游景区。

本教材编写中坚持"抓基础、重特色"为出发点,坚持"教——学——练"相结合的原则。在知识取舍上,放眼中国乃至世界旅游业,大量采用最新的素材,使教材紧跟现代旅游发展,开阔学生视野;在体系安排上,每章均设置了学习目标、案例导入、拓展阅读知识及大量经典案例,最后还包括本章小结、习题及案例分析,力求使学生能够把握重点,达到理论与实践紧密结合,提高分析和判断能力;在内容表述上,借助大量与内容契合度极高的图片和地图,使内容图文并茂、一目了然,增加学生的感性认识,提高了学生的学习兴趣。

本教材作者均为教学一线教师,有着多年的旅游地理教学经验。具体写作人员包括:陈泽萱(项目一、二、七),竺光明(项目三、五),郑丽(项目四、八),丘界贞(项目六),本教材由董家彪校长进行总体设计,竺光明副主编提出修改意见,由丘界贞负责撰写体例样章、练习设计并最后进行统稿,由王薇主任、张国荣博士审核。

本教材的写作和出版凝结了众多人士的支持和帮助,感谢各位参编的通力合作、力求完美,书中凝结了大家的智慧与辛勤劳动!书稿中引用了诸多参考文献和网站上的精美图片,文中未能详细地全部列出出处,在此对相关作者一并表示感谢!虽然全体写作人员都竭尽全力参与编写,但毕竟水平有限,错误与不当之处在所难免,恳请各位专家学者和广大读者提出批评意见,不胜感激!

教材编写组
2014 年 12 月 25 日

目 录

项目一　中国行政区划与旅游区划 ……………………………………………… 1
　　任务一　中国行政区划 …………………………………………………………… 2
　　任务二　中国旅游区划 …………………………………………………………… 5

项目二　东北旅游区 ………………………………………………………………… 9
　　任务一　地理环境概况 ………………………………………………………… 10
　　任务二　旅游资源特色 ………………………………………………………… 13
　　任务三　主要旅游胜地 ………………………………………………………… 14

项目三　黄河中下游旅游区 ……………………………………………………… 28
　　任务一　地理环境概况 ………………………………………………………… 29
　　任务二　旅游资源特色 ………………………………………………………… 33
　　任务三　主要旅游胜地 ………………………………………………………… 35

项目四　长江中下游旅游区 ……………………………………………………… 76
　　任务一　地理环境概况 ………………………………………………………… 77
　　任务二　旅游资源特色 ………………………………………………………… 80
　　任务三　主要旅游胜地 ………………………………………………………… 85

项目五　南部沿海旅游区 ………………………………………………………… 112
　　任务一　旅游环境概况 ………………………………………………………… 114
　　任务二　旅游资源特色 ………………………………………………………… 116

  任务三 主要旅游胜地 ………………………………………………………… 118

项目六 西南旅游区 ……………………………………………………………… 146

  任务一 地理环境概况 ………………………………………………………… 147

  任务二 旅游资源特色 ………………………………………………………… 150

  任务三 主要旅游胜地 ………………………………………………………… 152

项目七 青藏旅游区 ……………………………………………………………… 178

  任务一 地理环境概况 ………………………………………………………… 179

  任务二 旅游资源特色 ………………………………………………………… 181

  任务三 主要旅游胜地 ………………………………………………………… 186

项目八 西部内陆旅游区 ………………………………………………………… 193

  任务一 地理环境概况 ………………………………………………………… 194

  任务二 旅游资源特色 ………………………………………………………… 197

  任务三 主要旅游胜地 ………………………………………………………… 201

项目一

中国行政区划与旅游区划

中国领土辽阔,自然和人文资源复杂而多样,如何把34个省级行政区分成若干个大的旅游区,一直是《中国旅游地理》这门课程所关心的问题。本书取各家之长,在不打破行政区的情况下,注重旅游区的整体性、特色性、相似性,将全国分为七大旅游区。

【学习目标】

知识目标

1. 了解中国的疆域概况
2. 熟悉中国的行政区划

能力目标

1. 学会中国的地理位置及地理环境
2. 对照地图,熟记各省级单位的位置,行政中心,简称
3. 理解旅游区域划分的原则和内容
4. 识记各旅游区名称,包含的省份

任务一　中国行政区划

【案例1-1】

车牌上的小知识

一般来说,车牌号的第一个是汉字:代表该车户口所在省的简称;第二个是英文:代表该车所在地的地市一级代码,规律一般是这样的,A是省会,B是该省第二大城市,C是该省第三大城市,依此类推。例如广东的省会广州,则车牌代码为粤A;湖南的省会长沙,车牌代码为湘A。车牌的颜色也是有分类的,黄色牌号代表大车,蓝牌代表小车,黑牌代表外资企业或者是大使馆的车,军车的牌号是按军队的编法编的,与地方车不一样,但是都是白底红字,警车与地方车编法基本相同,只是最后位数字不是数字而是改成了红色的警字。

【思考】

1. 你能说出你所在的城市的车牌代码是什么吗?
2. 特殊车辆是怎么用车牌颜色来表示区别的呢?

一、中国的疆域

中国位于亚洲东部,太平洋西岸。疆界辽阔,陆地面积约为960万平方千米,仅次于俄罗斯和加拿大,居世界第三位。南北跨纬度约49°,东西跨经度约62°,东西时差约4小时。最东是在黑龙江与乌苏里江主航道中心线相交处(73°E);最西是在新疆的帕米尔高原(73°W);最北在黑龙江漠河以北的黑龙江主航道中心线上(53°N);最南在南沙群岛的曾母暗沙(4°N)。

中国是个海陆兼备的国家,陆上国界线长达2万多千米,相邻的国家有14个,分别是朝鲜、俄罗斯、蒙古、哈萨克斯坦、吉尔吉斯斯坦、塔吉克斯坦、阿富汗、巴基斯坦、印度、尼泊尔、不丹、缅甸、老挝和越南。中国拥有近300万平方千米的海域与32 000千米长的海岸线,其中大陆岸线为18 000千米。北部起点为中朝边境的鸭绿江口,南至中越边境的北仑河口。

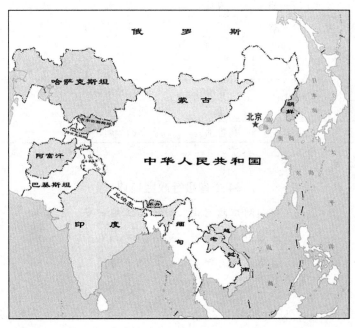

图1-1 中国的疆界与陆上邻国

二、34个省级行政区

中国的行政区域划分实行三级区划,分别是:省、县(市)、乡(镇)。

行政区划是行政区域划分的简称,是国家为便于行政管理而分级划分的区域。其中,省级行政区包括省、自治区、直辖市和特别行政区;省、自治区包括自治州、县、自治县、市;县、自治县分为乡、民族乡、镇。北京是直辖市,是中国的首都。目前全国共有34

个省级行政区,分别是23个省、5个自治区、4个直辖市和2个特别行政区。

表1-1 省级行政区的简称和行政中心

名称	简称	行政中心	名称	简称	行政中心
北京市	京	北京	河北省	冀	石家庄
天津市	津	天津	河南省	豫	郑州
上海市	沪或申	上海	山东省	鲁	济南
重庆市	渝	重庆	山西省	晋	太原
黑龙江省	黑	哈尔滨	湖北省	鄂	武汉
辽宁省	辽	沈阳	湖南省	湘	长沙
吉林省	吉	长春	广东省	粤	广州
江苏省	苏	南京	江西省	赣	南昌
浙江省	浙	杭州	福建省	闽	福州
安徽省	皖	合肥	海南省	琼	海口
四川省	川或蜀	成都	陕西省	陕或秦	西安
贵州省	贵或黔	贵阳	甘肃省	甘或陇	兰州
云南省	云或滇	昆明	青海省	青	西宁
台湾省	台	台北	内蒙古自治区	内蒙古	呼和浩特
香港特别行政区	港	香港	西藏自治区	藏	拉萨
澳门特别行政区	澳	澳门	广西壮族自治区	桂	南宁
新疆维吾尔自治区	新	乌鲁木齐	宁夏回族自治区	宁	银川

【知识拓展】

34个省级行政区口诀

两湖两广两河山,四市四江福吉安。

云贵川内青藏新,陕甘两宁和海南。

港澳是我好河山,台归之日盼团圆。

【练习】

1. 描绘中国版图轮廓,分别剪下28个省级单位的轮廓,并说出它们的形状。(除港澳及四个直辖市)。

2. 请写出中国23个省的简称。

3. 写出下列图形对应的省份名称。

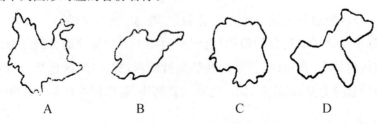

A   B   C   D

任务二 中国旅游区划

一、旅游区划的概念和原则

1. 概念

旅游区划,是指从发展旅游的角度出发,根据旅游地域分工原则,按照旅游资源的地域差异性及区域间行政、社会、经济、交通等条件的组合和内部联系程度,在地域上划分出不同等级的旅游。

2. 原则

(1) 整体性原则

旅游区的划分,应当全面考虑区域内自然和人文条件。区内不尽有若干具有共同特征的景点单位,而且包含相关联的服务接待设施及交通、通信等基础设施和相对完整的行政管理体系。

(2) 相似性原则

在同一旅游区内,旅游资源具有成因的共同性、特征相似性,以及发展方向的一致性等。各分区在自然地理环境、社会环境、历史文化上有着很多相似性。这一原则要求,在各旅游区内部,旅游资源相似性最大且差异性最小,而这个在旅游区之间,正好相反。

(3) 地域完整性原则

旅游区划应同自然地理区划一样,在地域上应该是连续的、完整的。各级旅游区必须覆盖全国,不应该出现遗漏或重复的现象。

(4) 适应社会经济发展原则(可行性原则)

旅游也本身是一项综合性的经济事业,涉及诸多的经济部门,特别要考虑结合旅行社相关旅游线路的实际,从适应经济发展的角度,合理划分旅游区。

二、旅游区划方案

1. 本书的分区方案

本书根据以上所讲旅游分区的原则将全国分为七大旅游区,如下表所示。

表 1-2 旅游区划简表

序号	旅游区名称	包括省级行政区
1	东北旅游区	黑龙江省、吉林省、辽宁省(3个)
2	黄河中下游旅游区	北京、天津、山西、陕西、河北、河南、山东(7个)
3	长江中下游旅游区	上海、江苏、浙江、安徽、江西、湖北、湖南(7个)
4	南部沿海旅游区	广东、福建、海南、香港、澳门、台湾、广西壮族自治区(7个)
5	西南旅游区	重庆、四川、云南、贵州(4个)
6	青藏旅游区	青海、西藏自治区(2个)
7	西部内陆旅游区	新疆维吾尔自治区、甘肃、宁夏回族自治区、内蒙古自治区(4个)

2. 七大旅游区

(1) 东北旅游区

本区包括黑龙江、吉林、辽宁三个省份。该区是中国主要地形区东北平原所在区域，气候类型主要以温带季风气候为主，1月平均气温都在零下20℃以下，冰雪景观是本区自然资源的共有特色。还有满族和朝鲜族等少数民族风情，特色景点有长白山，五大连池，亚布力滑雪场，沈阳故宫等。

(2) 黄河中下游旅游区

本区包括北京、天津、山西、陕西、河北、河南、山东七个省级行政区。是黄河中游至出海口一线流经的主要区域。地形区主要有黄土高原和华北平原，气候以温带大陆性季风气候为主。本区是中国历史文化的主要发祥地，人文类旅游资源丰富，主要景点有北京故宫，天坛，颐和园，龙门石窟，中岳嵩山等。

(3) 长江中下游旅游区

本区包括湖南、湖北、安徽、江西、江苏、浙江、上海、六省一市，位于中国长江中下游，大部分处于秦岭—淮河与南岭之间，气候条件良好。本区地理位置优越，经济文化发达，水陆交通方便，旅游资源丰富。主要有南岳衡山、张家界、黄山、庐山、普陀山、九华山、雁荡山，还有西湖、苏州园林、西递宏村等众多著名的景点。

(4) 南部沿海旅游区

本区包括广东、福建、海南、香港、澳门、台湾、广西壮族自治区共七个省级单位。是中国最南也是最早实行对外开放的区域，地形以平原和丘陵为主，亚热带季风气候显著，海洋和海岛旅游资源丰富。主要的景点有丹霞山、长隆旅游度假区、东部华侨城景区、鼓浪屿、开平碉楼、大三巴牌坊、迪斯尼乐园等等。

(5) 西南旅游区

本区包括四川、云南、贵州和重庆三省一市。主要地形区是云贵高原和四川盆地和横断山脉区。主要气候类型为亚热带季风气候,湿热多雨。西南是中国旅游资源最丰富的地区。主要景点有峨眉山、九寨沟、黄龙、玉龙雪山、丽江古城、黄果树瀑布、大足石刻等。

(6) 青藏旅游区

本区包括青、藏二省区,本区所在地形区是青藏高原,平均海拔 4 000 米以上,太阳辐射强,气候寒冷;藏族是本区的主要民族,其他民族有汉、回、土、蒙古、撒拉、哈萨克、门巴、珞巴、纳西等,是一个风格独特、多民族的旅游区。本区的特色景点有布达拉宫,青海湖,雅鲁藏布江和珠穆朗玛峰等。

(7) 西部内陆旅游区

本区包括新疆维吾尔自治区、甘肃、宁夏回族自治区、内蒙古自治区共四个省级行政区。本区深居内陆,具有典型的温带大陆性气候,冬冷夏热,干旱少雨,多沙漠戈壁和草原。本区世界遗产有 6 项。著名旅游景点有喀纳斯湖、敦煌莫高窟、麦积山景区等。

【练习】

用明显的界限把七大旅游区的所包含的省级单元画出来。

【项目测试题】

一、填空题

1. 中国的行政区域划分实行_____区划,分别是:_____。

2. 中国共有省级行政单位_____个,其中自治区有个_____。

3. 四个直辖市分别是:_____、_____、_____、_____。

4. 广东省的简_____,陆上的邻省分别是_____、_____、_____。

5. 本书将中国划分为_____大旅游区。广东是属于_____旅游区。

二、简答题

1. 中国疆域十分辽阔,四个端点分别在哪里?
2. 位于黄河中下游旅游区的省级单位有几个?分别说出省份的名称。
3. 青藏旅游区有哪几个省份?有哪些著名的景点?
4. 本书的旅游区划方案遵循哪几个原则?
5. 旅游区划的概念是什么?

项目二

东北旅游区

东北旅游区包括黑龙江、吉林、辽宁三省,位于中国的最东北,山环水绕的地形大势、冬季寒冷漫长的气候环境,使其成为中国温带森林分布最广、冰雪旅游资源最丰富的地区。满族、朝鲜族等民族分布广泛,民俗民风淳朴而精彩。本区各种矿产资源丰富,是中国最重要的重工业基地。

【学习目标】

知识目标

1. 了解东北旅游区的旅游地理环境概况
2. 掌握本区的旅游资源特色
3. 熟悉区内各省级行政区的旅游环境及其主要旅游胜地

能力目标

1. 学会分析本区旅游地理环境与旅游资源特色的关系
2. 对照地图,熟记各主要旅游胜地的位置、地位和特色

任务一 地理环境概况

【案例2-1】

《爸爸去哪儿》带火雪乡游

图2-1 《爸爸去哪儿》剧照图

《爸爸去哪儿》带火了旅游业。该节目第一季的收官之旅选在黑龙江省牡丹江市的雪乡,旅行社深度"复制"节目内容的雪乡产品一经推出就被抢"疯了"。据悉,在节目的带动下,各大旅行社推出的雪乡旅游产品产量已经大规模增长,预计随着寒假到来,会迎

来更大规模的出行热潮。去东北赏雪的游客猛增50%以上,其中大部分是南方游客。

【思考】

为什么雪乡旅游受到那么多的南方游客的追捧呢?

一、位置、范围

东北旅游区位于中国东北部,包括黑龙江、吉林、辽宁三省,是中国纬度位置最高的旅游区。面积约80万平方千米,人口约1.21亿人(2010年),占全国的8.4%。黑龙江与俄罗斯有着漫长的国界线,吉林与俄罗斯、朝鲜都有接壤,辽宁也与朝鲜相邻。本区民族构成以汉族为主,还有回、蒙古、朝鲜、达斡尔、鄂伦春、赫哲族等少数民族。

二、地形

山环水绕、平原辽阔是东北区地面结构的基本特征,东北平原是中国面积最大的平原,土质以黑土为主。三山环绕,六水分流,是东北地区的基本地貌特征。三山指的是大兴安岭、小兴安岭和长白山。六水指的是黑龙江、松花江、乌苏里江、辽河,鸭绿江和图们江环绕形成的水系网。南面是黄海和渤海。

图2-2 东北地形图

三、气候

受纬度、海陆位置、地势等因素的影响,气候以温带、寒温带季风气候为主,冬季寒冷而漫长,夏季温湿而短促,降水在七、八月份较集中。春秋两季较短,春天多大风,少雨,秋季天高气爽。

1月平均气温都在零下20℃以下,是世界上同纬度陆地气温最低的地区。漠河曾记载了零下52.3℃的全国最低温,称为"中国寒极"。全区降雨量大部分地区为400～700毫米,由东南向西北逐渐减少。

四、交通

旅游交通是旅游业发展的先决条件之一,东北地区是中国最早发展铁路运输的区域,现已形成了以铁路为骨干,包括公路、航空、内河及海上航运在内的交通网络。

铁路方面,由滨州、滨绥及哈大线构成"T"字形铁路骨架;高速铁路已通车的有哈大高速铁路。哈大高铁于2012年12月1日正式开通运营。它北起黑龙江省哈尔滨市,南抵辽宁省大连市,线路纵贯东北三省,途径哈尔滨、长春、沈阳、大连。高速公路有京哈、沈大、哈同、绥大、佳鹤。本区建成机场20个,其中国际机场6个,航空运输主要以沈阳、长春、哈尔滨、大连为中心。大港连、营口港是本区著名的港口。

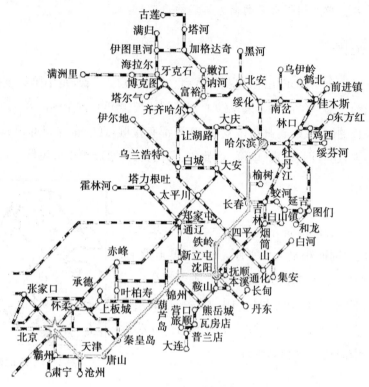

图2-3 京哈铁路示意图线

五、风物特产

本区特产代表有东北三宝:人参,鹿茸,貂皮。黑龙江省特产主要有貂皮、鹿茸、熊胆、紫莓(黑豆果),还有松子和哈尔滨红肠等。吉林省特产主要有野生山参、野生林蛙、人参(红参、白参、生晒参)、鹿茸、鹿筋、灵芝、山葡萄等。辽宁省特产有辽宁苹果、辽西秋白梨、榛子、辽阳香水梨、北镇鸭梨、大连黄桃、孤山香梅、板栗、海参、鲍鱼、梭子蟹、紫海胆、大骨鸡、水貂等。

【知识拓展】

"关东"名字的来源?

今辽宁省、吉林省、黑龙江省、内蒙古自治区的东四盟市(蒙东源于东北),地处中国东北方,自古以来,就泛称"东北",而明以后又俗称"关东",清朝后又称之为满洲或东三省,即东北三省,又名关东、东北,位于山海关以东以北。

直到当代仍在民间盛行。历代对东北行政区划不一,名称种种,而形成一具有特色的区域文化,却是经历了千百年的沧海之变,最终跻身于中华民族文化之林,成为它的不可分的一部分。

任务二　旅游资源特色

一、冰雪景观

本区冬季寒冷而漫长,一般长达6~8个月。1月,黑龙江漠河气温降到零下30℃以下,哈尔滨降到零下19℃,整个东北大地,千里冰封,万里雪飘。积雪最厚可达50厘米,可开展各种与冰雪有关的活动,如欣赏冰灯、冰雕、雪雕,开展冰雪体育活动如滑雪、滑冰、冰帆、冰球等活动。代表旅游点为哈尔滨市的冰雪节(1月5日开始,为期一个月)、亚布力滑雪场、吉林雾凇等。

二、森林景观

东北是中国最大的林区,森林资源丰富,有大面积的原始天然林,广阔的森林覆盖与万里雪飘的景色结合,构成了北国林海雪原的独特景观。植物物种主要有大兴安岭落叶松、红松、冷杉、白桦等为主;此外,还有非常多珍贵的动物,有东北虎、貂、熊、丹顶鹤。代表旅游点有黑龙江扎龙丹顶鹤自然保护区、长白山自然保护区、五大连池自然保护区、黑龙江的桃山狩猎场、玉泉狩猎场。

三、火山湖泊景观

自第三纪以来,本区火山活动剧烈,次数之多、分布之广为中国其他地区所罕见,因此形成了丰富的火山地貌及相关旅游资源,如火山锥、熔岩高原、台地、火山湖、温泉等。代表旅游点有五大连池火山群、长白山火山群、龙岗火山群、吉林伊通火山群、白头山天池、五大连池、镜泊湖。火山活动区地热资源丰富,温泉相伴分布,代表有五大连池地热洞、长白山温泉、鞍山汤岗子温泉、辽宁本溪温泉、辽宁兴城温泉。

四、历史胜迹

东北历史文物较多,特别是保留了清军入关之前的丰富历史遗迹,具有重要的观赏价值和研究价值。代表旅游点有沈阳故宫、东北三陵、长春伪满皇宫。本区的近邻高句丽王城、王陵及贵族墓葬,明清皇家陵寝的东北三陵被列入《世界文化遗产名录》。

五、民族风情

东北地区是中国少数民族主要分布地区之一,主要有满族、朝鲜族。

满族人口有982万余人,以辽宁最多。满族是中国第二大少数民族,有自己的语言文字。17世纪40年代以后,满族普遍使用汉语和汉文。满族传统服饰民族特色鲜明,旗袍是很有代表性的服装,因为它是"旗人"(满族人又称旗人)所穿的一种袍子,所以后来被称之为旗袍。满族人喜食"白肉血肠"和猪肉酸菜炖粉条。点心是人们所喜食的"萨其马"。满族信奉萨满教,最突出的禁忌是不准杀狗、不吃狗肉、不戴狗皮帽子、不穿带有狗皮袖头的衣服。

朝鲜族以吉林延边朝鲜族自治州最集中。朝鲜族是个爱好体育运动的民族。足球、摔跤、滑冰、跳板、打秋千等活动都具有非常广泛的群众性。朝鲜族能歌善舞,著名的民间舞蹈有农乐舞、长鼓舞、扇舞、顶水舞、剑舞等。朝鲜族的传统民居,只要走进房屋,第一个感觉就是有很大的一个炕,炕是朝鲜族人在室内的主要活动空间。

此外还有蒙古族、鄂伦春族、鄂温克族、赫哲族等。每个民族有着自己的独特文化与民族风情,习俗多彩是形成本区饮食文化丰富内涵的又一重要特征,因此也是最能反映中华民族聚合与共同性的文化区域之一。

任务三　主要旅游胜地

一、黑龙江省

黑龙江省,简称"黑"。黑龙江东部和北部以乌苏里江、黑龙江为界河与俄罗斯为邻,与俄罗斯的水陆边界长约3 045公里;西接内蒙古自治区,南连吉林省。总面积47.3万平方千米,人口3 831.2万,是东北地区面积最大的省份。水资源丰富,有黑龙江、松花江、乌苏里江三大水系,还有兴凯湖、镜泊湖、连环湖和五大连池4处较大的湖泊,西北部为东北—西南走向的大兴安岭山地,北部为西北—东南走向的小兴安岭山地,东南部为东北—西南走向的张广才岭、西部属松嫩平原,东北部为三江平原,多处平原海拔50～

200米。黑龙江是中国重工业基地,工业门类以机械、石油、煤炭、木材和食品工业为主,省会哈尔滨市。

图2-4 黑龙江省主要景点分布图

(一)省会:哈尔滨

哈尔滨又名"冰城",是黑龙江省省会,国家历史文化名城、热点旅游城市和国际冰雪文化名城。是中国位置最北、纬度最高、气温最低的大都市,与日本札幌、加拿大魁北克被誉为"世界三大冰都"。此外还有"天鹅项下珍珠城""丁香城"以及"东方莫斯科""东方小巴黎"之美称。

1. 哈尔滨国际冰雪节

从1985年开始,每年1月5日至2月末,哈尔滨举办国际冰雪节。哈尔滨国际冰雪节是中国历史上第一个以冰雪活动为内容的区域性节日,成为世界著名的冰雪盛会。中国哈尔滨国际冰雪节与日本札幌雪节、加拿大魁北克冬季狂欢节和挪威奥斯陆滑雪节并称世界四大冰雪节。冰雪节期间举办冬泳比赛、冰球赛、雪地足球赛、高山滑雪邀请赛、冰雕比赛、国际冰雕比赛、冰上速滑赛、冰雪节诗会、冰雪摄影展、图书展、冰雪电影艺术节、冰上婚礼等。

图2-5 哈尔滨国际冰雪节

2. 圣索菲亚教堂

图2-6 圣索菲亚教堂

哈尔滨圣索菲亚大教堂,全国重点文物保护单位,位于哈尔滨市道里区透笼街、地段街、兆麟街、石头道街之间,是原俄国远东地区现存最大的东正教堂,通高53.35米,占地面积721平方米,是拜占庭式建筑的典型代表。索菲亚教堂以它恢宏的气势矗立于哈尔滨,成为哈尔滨的标志性建筑。如今,它作为建筑艺术博物馆,已成为哈尔滨一处独特的景观,是市民和国内外游人欣赏建筑艺术和休闲娱乐的好场所。

全国热播的电视剧《夜幕下的哈尔滨》很多镜头就取自这里。索菲亚广场经过扩建,面积扩大,风格别具欧式。

3. 中央大街

哈尔滨中央大街步行街是目前亚洲最大最长的步行街,始建于1898年,初称"中国大街",现在发展成为哈尔滨市最繁华的商业街。被誉称"东北一街"的中央大街,以其独特的欧式建筑,鳞次栉比的精品商厦,花团锦簇的休闲小区以及异彩纷呈的文化生活,成为哈尔滨市一道亮丽的风景线。最奇特的是中央大街上铺的石头,都是长方形条形石,但以纵向冲上铺满,是1924年由俄罗斯工程师科姆特拉肖克设计并监工完成的。全街建有欧式及仿欧式建筑71栋,汇集了文艺复兴、巴洛克、折中主义及现代多种风格等欧式风格市级保护建筑13栋,这些建筑体现了西方建筑艺术的精华,使中央大街成为一条建筑的艺术长廊。步行街的夜晚流光溢彩,游人如织,别有一番特色。

(二) 著名旅游胜地

1. 牡丹江雪乡

2013年底《爸爸去哪儿》热播，一期节目走进雪乡，让大雪覆盖的牡丹江雪乡火了起来，惊心动魄的美景淋漓尽致的展现在观众的面前，吸引无数游客到此体验。

位于黑龙江牡丹江市辖下海林市（长汀镇）大海林林业局境内的双峰林场，占地面积500公顷，整个地区海拔均在1 200米以上。这里雪期长、降雪频繁，有"天无三日晴之说"。雪乡夏季多雨、冬季多雪，积

图2-7 牡丹江雪乡

雪期长达7个月，从每年的10月至次年5月积雪连绵，年平均积雪厚度达2米，雪量堪称中国之最，且雪质好，黏度高，素有"中国雪乡"的美誉。景色秀丽、民风淳朴、气候独特的"中国雪乡"双峰景区是大海林风景区的重要组成部分，雪乡的夜景尤为美丽，淳朴的雪乡人在自家挂起大红灯笼，洁白如玉的白雪在大红灯笼的照耀下，宛如天上的朵朵白云飘落人间，幻化无穷。

2. 亚布力滑雪场

亚布力滑雪旅游度假区是国家4A级景区，是目前国内最大的滑雪场，也是中国目前最大的综合性雪上训练中心。位于尚志市亚布力镇东南20千米，距哈尔滨市197千米，距牡丹江市90千米。由长白山脉张广才岭的三座山峰组成，主峰大锅盔山即海拔1 374.8米。俄语原名亚布洛尼，"果木园"之意，清朝时期为皇室及贵族的狩猎围场。亚布力滑雪场是由具有国际标准的高山竞技滑雪区和旅游滑雪区两大部分组成，每年的11月中旬至次年3月下旬是这里的最佳滑雪期。

图2-8 亚布力滑雪场

3. 五大连池

五大连池风景区是世界地质公园、世界生物圈保护区、国家5A级旅游景区、国家重点风景名胜区、国家级自然保护区、国家森林公园、国家自然遗产。景区位于黑龙江省黑河市南部，地处小兴安岭山地向松嫩平原的过渡地带，是由火山喷发，熔岩阻塞白河河道，形成五个相互连接的湖泊，因而得名五大连池。

五大连池火山群是由远古、中期和近期火山喷发形成的，火山地质地貌保存完好，是世界上少见的类型齐全的火山地质地貌景观。是中国第一个火山地质自然保护区，是世界上保存最完整、最典型、时代最新的火山群，被誉为"中国火山博物馆"。主要地质遗迹有：14座孤峰状火山、11座盾形火山和8座岩渣锥火山。因这里有丰富的具有医疗价值的矿泉，又被称为"中国矿泉水之乡"。

景区内动植物种类众多，如石竹、钝叶瓦松、红皮云杉、野生大豆等；野生动物有麋鹿、黑熊、丹顶鹤、水獭等国家二级保护动物。

4. 镜泊湖

镜泊湖是著名旅游、避暑和疗养胜地，国家重点风景名胜区，国际生态旅游度假避暑胜地，世界地质公园，5A级旅游景区。位于牡丹江市宁安市西南约50千米处，系火山喷发、熔岩阻塞河道而形成的中国最大的火山熔岩堰塞湖。镜泊湖水源于牡丹江，是中国最大、世界第二大高山堰塞湖。镜泊湖、火山口森林、熔岩隧道，人称"镜泊三绝"。镜泊湖山青水碧，以其秀丽朴实的自然景观闻名。主要景区有吊水楼瀑布、地下森林、上京龙泉府等。

图 2-9 镜泊湖

5. 扎龙国家级自然保护区

扎龙国家级自然保护区位于黑龙江省齐齐哈尔市东南30千米处，是中国最大、世界闻名的扎龙湿地，是中国首个国家级自然保护区，被列入中国首批"世界重要湿地名录"。

景区总面积21万公顷,是世界最大的芦苇湿地,主要保护对象为丹顶鹤等珍禽及湿地生态系统。湖泽密布,苇草丛生,是水禽等鸟类栖息繁衍的天然乐园。世界上现有鹤类15种,中国有9种,扎龙有6种;全世界丹顶鹤不足2 000只,扎龙就有400多只。

6. 北极村——漠河

北极村是中国黑龙江省漠河县最北的村镇,同时也是中国最北的城镇。北极村位于北纬53°33′30″。北极村是中国唯一观测北极光的最佳地点,夏季会发生极昼现象,白天通常长达17个小时以上,而冬季刚好相反,是北极村的一大特色。北极村全年平均气温在-5℃左右,冬季极端最低气温可降至-50℃。北极村于1997年开辟为北极村旅游风景区,成为全国最北的旅游景区。古风纯朴,静谧清新,乡土气息浓郁,植被和生态环境保存完好。

二、吉林省

吉林省简称"吉",省会长春市。截至2014年末,吉林省总人口为2 752.38万人,面积18.74万平方千米,占全国总面积的2%。北接黑龙江省,南接辽宁省,西邻内蒙古自治区,东与俄罗斯接壤,东南部以图们江、鸭绿江为界,与朝鲜隔江相望。东西长650千米,南北宽300千米。东南部高,西北部低,中西部是广阔的平原。属温带季风气候,有比较明显的大陆性。夏季高温多雨,冬季寒冷干燥。吉林是中国重要的工业基地,加工制造业比较发达,汽车与石化、农产品加工为三大支柱产业。主要景点有长白飞瀑、高句丽遗迹、鹤舞向海、一眼望三国、伪满皇宫、松江雾凇、净月风光、查干冬渔等具有代表性的吉林八景。

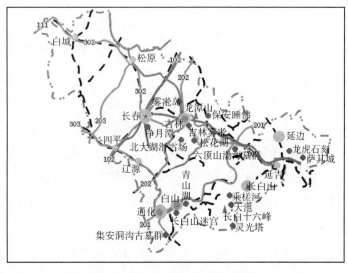

图2-10 吉林省主要景点分布图

(一) 省会:长春

长春是吉林省省会,吉林省的政治、文化、科教和经济中心,中国最大汽车工业城市,中国第一汽车集团公司和"新中国电影的摇篮"长春电影集团均坐落于此,有"汽车城""电影城"之称。长春还是中国四大园林城市之一,被誉为"北国春城",有着深厚的近代城市底蕴和众多"伪满"时期建筑。

1. 伪满皇宫博物院

伪满皇宫博物院位于吉林省长春市宽城区光复路北侧,是清朝末代皇帝爱新觉罗·溥仪充当伪满洲国皇帝时的宫殿,是国家5A级旅游景区和全国优秀爱国主义教育基地,是长春独具特色的殖民遗迹文化旅游资源。它是中国现存的三大宫廷遗址之一。伪满皇宫博物院占地面积25.05万平方米,由东部警示教育区、中部宫廷游览区、西部休闲文化区、南部商贸服务区四大区域组成。中部宫廷游览区占地4.6万平方米,保持了原有建筑历史原貌,有溥仪办公之处勤民楼,有集办公、娱乐、居住于一体的同德殿,有用以供奉清朝列祖列宗的怀远楼,有溥仪日常生活的寝宫缉熙楼,还有用于举行大型宴会的嘉乐殿等。此外,馆内还收藏了大批伪满宫廷文物、日本近现代文物、东北近现代文物、民俗文物等艺术精品,藏品精粹有金智元上奏溥仪的奏折、伪满国务院布告第十三号、大典纪念章等。

2. 松花湖

松花湖在吉林市的东南,距市中心24千米,是拦截松花江水建设丰满水电站,叠坝成湖形成的。它水域辽阔,湖汊繁多,状如蛟龙。湖形呈狭长形,如坐飞机俯瞰,松花湖像一串闪光的珍珠。这串"珍珠"长200千米,最宽的地方10千米,最深处是75米。每到冬季,尽管松花湖上一抹如镜、冰冻如铁,但冰层下面几十米深的水里仍能保持4℃的水温,水温和地面温差常在30℃左右。松花湖山清水秀,以水旷、山幽、林秀、雪佳著称,有"北国明珠"之盛誉。

(二) 著名旅游胜地

1. 长白山天池

长白山位于吉林省东南部,在安图、抚松、长白三县交界的白头山地区,主峰白头山海拔2 691米,是中国东北最高峰,号称为"东北第一峰"。长白山是系第三纪以来火山活动熔岩喷溢的产物,以火山地貌、温泉、林海、瀑布著名。1980年初被联合国纳入世界生物圈保护区网。

长白山天池是火山喷发自然形成的中国最大的火山口湖,也是松花江、图们江、鸭绿江三江之源。因为它所处的位置高,水面海拔达2 150米,所以被称为"天池"。长白山温泉群大小有几十处,近的就在山顶天池附近喷涌,远的则在几百千米之外涌出。温泉群地势不一,水量不等,温度不同,"聚龙泉"是其中水量最大、分布最广、水温最高的,被誉为"长白山第一泉"。

长白山的植物多达1 400多种,有"温带生物资源基因库"之称,野生动物有400多种。主要珍稀动植物有东北虎、梅花鹿、紫貂、金钱豹、红松、长白落叶松等。

图2-11 长白山天池

2. 吉林树挂

吉林冬季最具地方特色的景物就是吉林雾凇,雾凇又名"树挂",它与桂林山水、长江三峡、云南石林并称中国四大自然奇景。每到冬季,松花湖水温和地面温差常在30℃左右,温差使江水产生雾气,江面的大量雾气遇冷后便以霜的形式凝结在周围粗细不同的树枝上,形成大面积的雾凇奇观。每当冬日瑞雪纷飞的早晨,沿松花江十里长堤上的树木枝叶都披银垂玉,好似"千树万树梨花开",琼枝玉叶,婀娜多姿,成为闻名中外的一大胜景。每逢中国传统节日春节前后是欣赏雾凇的最佳日子,观"冰雪树挂"已列为专项旅游节目。

3. 高句丽王城、王陵及贵族墓葬

图2-12 高句丽王城

高句丽王城、王陵及贵族墓葬位于吉林省集安市和辽宁省桓仁县,主要包括国内城、丸都山城、王陵(14座)及贵族墓葬(26座)。2004年7月,高句丽王城、王陵及贵族墓葬被列入《世界遗产目录》。高句丽政权(公元前37年—公元668年),也简称高丽,是西汉到隋唐时期东北地区出现的一个有重要影响的边疆民族。周秦时期,高句丽的先人一直生活在东北地区,曾是东北地区影响较大的民族政权之一,在东北亚历史发展过程中产生过重要作用。在集安市周围的平原上,分布了一万多座高句丽时代的古墓,这就是闻名海内外的"洞沟古墓群"。其中太王陵、将军坟和千秋墓等规模宏大。将军坟有"东方金字塔"之誉,墓基每边长31.58米、高12.4米,墓体呈方锥形,共有7级阶梯,全部采用精琢的巨型花岗岩石条砌筑而成,墓室顶部用整块巨石覆盖,墓体建筑雄伟,造型明快庄严,是高句丽时代石造建筑艺术的杰作。古墓群中许多墓室里至今仍完好地保存着色彩鲜艳、线条流畅、内容丰富及具有传奇神话色彩的墓室壁画,虽然距今已有千余年,仍然色彩鲜艳。

【知识拓展】

长白山珍贵动植物

人参:俗称"棒槌",是一种主产于长白山区、用途广泛的药用植物,被誉为"百草之王"。野山参为国家一级保护植物,生于阔叶林中腐殖土内,寿命最长可达四百年。人参现已大面积人工种植。

中国林蛙:又称"哈什蚂",是长白山区的名贵特产、滋补佳品。它外形与青蛙相似,肉可食。主要在山林中生活,只在冬春两季才到水中冬眠。其作为药用或滋补品部分主要是"林蛙油",即雌性林蛙的干燥输卵管,有补虚、强精、退热之功效。红景天、中国林蛙、不老草为东北新三宝。

紫貂:国家一级保护动物,长白山区特有的珍稀毛皮兽,体型大小似家猫,性孤僻,喜独居,善爬树。紫貂皮质坚韧,绒毛丰厚,细柔而轻,富有光泽,保暖性能极强,素为裘皮之冠。

梅花鹿:国家一级保护动物。夏季满身为斑白花点,状似朵朵梅花,故名。多生活在森林和林缘地带,性喜群居,为草食性动物,喜欢舔盐巴。梅花鹿的茸、血、骨、皮、尾、筋、肾、鞭、胎儿等均可入药。鹿茸、人参、貂皮共称为"东北三宝"。

猴头蘑:又名猴头,是长白山特产的珍奇菌类,因形酷似猴子的脑袋而得名。多生于潮湿的树林深处的柞树、栎树和核桃楸等树干上。曾为清朝朝廷贡品,为人间四大美味之一,民间有"山珍猴头,海味燕窝"的美称。

东北虎:是现存虎类中个体最大、体色最美的一种,为国家一级保护动物。成年虎体长近四米,体重三百多公斤。它雄姿矫健,仪态威严,加上前额有"王"字形黑纹,故被誉为"兽中之王"。野生东北虎仅存于中国长白山区和俄罗斯远东地区,数量不到300只。

高山红景天:属珍稀濒危植物,生于海拔1 700～2 600米环境恶劣多变的长白山苔原带,生命力极强,因而具有其他植物所没有的独特功能,具有快速补能、抗寒冷、抗疲劳、抗辐射、抗缺氧等功效,其"扶正固本"作用在某些方面优于人参。清朝作为宫廷供品,被康熙皇帝钦封为"仙赐草"。

三、辽宁省

辽宁省,简称"辽",省会沈阳,下辖沈阳、大连、鞍山、锦州等14个地级市。总人口为4 390万人(2013年),面积约14.8万平方公里。南临黄海、渤海,东与朝鲜一江之隔,与日本、韩国隔海相望。地势大致为自北向南、自东西两侧向中部倾斜,中部为平均海拔200米的辽河平原,东部山脉是长白山支脉哈达岭和龙岗山的延续。矿产资源丰富,已发现各类矿产110种,其中,硼矿、铁矿和金刚石居全国首位。辽宁是中国重要的老工业基地,是新中国工业崛起的摇篮。主要的景点有:沈阳故宫、千山、鸭绿江、老虎滩、本溪水洞等。辽宁省内主要物产有:秋白梨、冻秋子梨、孤山杏梅等。

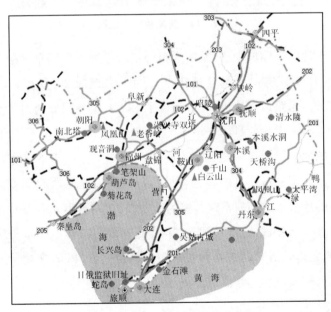

图2-13 辽宁省主要景点分布图

(一)省会:沈阳

沈阳位于辽宁省中部,是国家历史文化名城,有2 300年建城史,是清王朝的发祥地,也是清朝前期的都城和入关后的陪都,曾名沈州、盛京和奉天。素有"一朝发祥地,两代帝王都"之称。是中国最重要的以装备制造业为主的重工业基地,有着"共和国长子"和

"东方鲁尔"的美誉,跻身国内最具竞争力城市行列,成为东北地区最具吸引力的投资地区之一。著名旅游景点有沈阳故宫、清昭陵、清福陵、"九一八"事变纪念馆、张氏帅府、沈阳怪坡、棋盘山等。

1. 沈阳故宫

2004年7月1日,第28届世界遗产委员会批准了中国沈阳故宫作为明清皇宫文化遗产扩展项目列入《世界遗产名录》。

图2-14 沈阳故宫大政殿

沈阳故宫位于沈阳市旧城中心,是清太祖努尔哈赤和清太宗皇太极营造和使用过的宫殿,占地面积6万多平方米,全部建筑计300多间,共组成20多个院落。分为东路、中路和西路三大部分。东路最有特色,充分体现了汉、满、蒙各民族建筑特点。东路主要建筑是大政殿和十王亭。大政殿是用来举行大典,如颁布诏书、宣布军队出征、迎接将士凯旋和皇帝即位等的地方。十王亭则是左右翼王和八旗大臣办事的地方。这种出自八旗制度的建筑布局是沈阳故宫独具的特色,是清入关前,以满族八旗制度为核心的军政制度在宫殿建筑上的反映。沈阳故宫被开辟为沈阳故宫博物院,不仅是中国仅存的两大宫殿建筑群之一,以多民族风格的宫苑建筑、丰富的院藏文物珍宝而享誉中外成为著名的旅游胜地。其中,尤以明清宫廷文物弥足珍贵,堪称国宝。院藏文物珍宝展是集故宫院藏服饰、珐琅器、书画、雕刻品、漆器、瓷器等门类藏品之精粹。

2. 盛京三陵

位于辽宁的盛京三陵(永陵、福陵、昭陵),也称东北三陵、关外三陵,是开创清皇室基业的祖先陵墓。2004年7月作为明清皇家陵寝扩展项目被列入《世界遗产名录》。永陵,坐落于辽宁新宾满族自治县城西21千米处的永陵镇在盛京三陵中规模最小,占地仅1.1万多平方米,但列三陵之首。永陵始建于公元1598年,是清朝皇族的祖陵。福陵是清太祖努尔哈赤与皇后叶赫那拉·孟古的陵墓,是清朝命名的第一座皇陵。昭陵是清太宗皇太极及其皇后的陵墓,在盛京三陵中规模最大,结构最完整,因坐落在沈阳市北端,故又称北陵。

(二)其他旅游胜地

1. 金石滩

金石滩位于大连市金州区的东部,距大连市区58千米,全区陆地面积62平方千米,海域面积58平方千米,是国家级风景名胜区、国家级旅游度假区、国家5A级旅游景区、国家级地质公园。这里三面环海,冬暖夏凉,气候宜人,凝聚了3亿～9亿年地质奇观,有"神力雕塑公园"之美誉。金石滩奇石馆是中国目前最大的藏石馆,号称"石都",内藏珍品200多种近千件,其中的浪花石、博山文石、昆仑彩玉等均为中国之最。它是地质学家的公论。金石滩号称"奇石的园林",大片大片粉红色的礁石、金黄色的石头,像巨大的花朵分别被称为玫瑰园、金石园。主要景点有海水浴场、金石缘公园、国家地质公园、金石蜡像馆、发现王国等。

图2-15 金石滩

2. 老虎滩

大连老虎滩海洋公园,位于大连南部海湾风景区的中部。老虎滩是展示海洋文化,突出滨城特色,集观光、娱乐、科普、购物、文化于一体的现代化海洋主题公园,是国家5A级景点。景区包括北大桥、秀月山、半拉山、菱角湾、虎滩湾。海上旅游观光船、跨海空中索道和各种游乐设施令人乐而忘返;"虎滩三绝"——孔雀东南飞、海狮表演、美人鱼表演风格独特。极地馆、珊瑚馆、虎雕广场、水下世界、鸟语林、马驷骥根艺美术陈列馆等景点吸引成千上万的游客。

【知识拓展】

马驷骥先生,笔名"三马",先任中国根雕艺术美术学会主席,是中国著名的根雕大师,国家一级美术师,高级工艺美术师。1991年和1999年,马老先生将他呕心沥血30年创作的价值数百万元的根艺精品两次捐赠给大连市人民,陈列在虎滩乐园的百虎亭。百虎亭也因此改建成马驷骥根艺美术陈列馆。有神虎赴会图、孔雀、雄鹰、神鸟图等百余件根艺精品,被人们誉为"化腐朽为神奇"的东方艺术瑰宝。马驷骥根艺美术陈列馆,位于辽宁省大连市老虎滩海洋公园内。在虎滩东山上,四季常青的松柏与夏秋浓碧的灌木间,有一座古典雅致的楼阁,它就是马驷骥根艺美术陈列馆。在馆前还建立起中国根艺美术学会会标——马驷骥根艺作品"马空冀北"仿根艺雕塑。

3. 旅顺口

旅顺口区隶属于大连市,位于辽东半岛最南端,是国家级风景名胜区、国家级自然保护区、国家级森林公园。东临黄海、西濒渤海,南与山东半岛隔海相望,距大连市区 45 千米。境内有举世闻名的天然不冻港旅顺港,为京津海上门户和东北的天然屏障。新开辟的旅顺新港是沟通辽东半岛和山东半岛的"黄金水道"。主要景点有蛇岛、白玉山塔、军港、旅顺博物馆、世界和平公园、万忠墓等。

4. 千山

千山位于鞍山市东南,古称为千华山、千顶山、千朵莲花山,因有山峰近千座,因而得名。奇峰、岩松、古庙、梨花组成千山四大景观。千山近千座状似莲花的奇峰,自然风光十分秀丽。"欲向青天数花朵,九百九十九芙蓉",这是清代诗人姚元之对千山的绝唱。在众多的奇峰中,最为奇特的是千山大佛。由整座山峰构成,大佛端坐于千朵莲花山之中,系经数百万年冰川地质运动形成的,佛身高 70 米,肩宽 46 米,头高 9.9 米,头宽 11.8 米,耳长 4.8 米,五官清晰、四肢俱全。大佛左手指分开,自然地放在膝盖上,手握拳压在腿上。坐东面西,胸前还隐约挂有佛珠,身上有天然山洞形成的佛脐,其形态、体量、气质堪与乐山大佛媲美。每年四月十八日为千山大佛节。

图 2-16 千山

宗教文化是千山人文景观的主体。"临山已讳金钟响,太庙先闻玉炉香"。千山有寺、观、宫、庙等20余处,宛如一颗颗闪光的宝石,镶嵌在奇峰秀谷之中。

【项目小结】

　　东北旅游区包括3个省区,是中国纬度最高的旅游区。本区地貌类型多样,海陆兼备;气候以温带季风气候为主,区内交通发达,物产丰富。本区自然、人文旅游资源极其丰富,既有冰雪和植被自然景观,也有历史古迹、皇陵等。

【项目测试题】

一、填空题

　　1. 中国最大的林区是在_____省。

　　2. _____是中国第一个火山群自然保护区。

　　3. 东北三宝是指_____、_____、_____。

　　4. 中国纬度最高的县份是_____,曾经记录了零下52.3℃的全国最低气温。

　　5. 历史上名字是奉天、盛京的城市是_____。

二、简答题

　　1. 五大连池和镜泊湖是怎样形成的?镜泊三绝是什么?

　　2. 沈阳故宫是谁建造的?哪一路最有特色?体现了什么制度?

　　3. 长白山有哪些著名的风景?

　　4. 吉林树挂的成因有哪些?中国四大自然奇景是哪几个?

　　5. 东北旅游区有哪几个省份?被列入《世界遗产名录》的景点有哪些?

项目三

黄河中下游旅游区

项目三 黄河中下游旅游区

黄河中下游旅游区,包括陕西省、山西省、河北省、河南省、山东省、北京市和天津市五省二市。本区是中国历史文化的主要发祥地,以灿烂的华夏古文明驰誉世界,保存有众多的历史名胜和文物古迹,人文旅游资源极其丰富。

【学习目标】

知识目标

1. 了解黄河中下游旅游区的旅游地理环境概况
2. 掌握本区的旅游资源特色
3. 熟悉区内各省级行政区的旅游环境及其主要旅游胜地

能力目标

1. 学会分析本区旅游地理环境与旅游资源特色的关系
2. 对照地图,熟记各主要旅游胜地的位置、地位和特色

任务一 地理环境概况

【案例 3-1】

黄土高原与"地上河"

在中国中部偏北地区有一片面积约 62 万平方千米的黄土分布区,这里峁梁相间,沟壑纵横。黄土颗粒细,土质松软,含有丰富的矿物质养分,利于耕种,盆地和河谷农垦历史悠久,是中国古代文化的摇篮。但同时也是世界水土流失最严重的地区。黄河中游流经这一地区,携带大量泥沙,在进入下游华北平原时,河流流速变慢,泥沙沉积,最终形成河床平均高出两岸地面 4~5 米以上的"地上河",也叫"悬河"。历史上黄河下游曾多次决口泛滥,给华北平原地区的人民带来了深重的灾难。

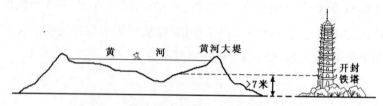

图 3-1 黄土高原景观图与"地上河"示意图

【思考】

1. 黄土高原水土流失严重的原因是什么？
2. 在图 3-2 上找出黄河上、中、下游的分界（内蒙古河口、河南旧孟津）。
3. 为什么把北京、天津也划入黄河中下游旅游区？

黄河中下游旅游区，位于中国中北部，总面积约 91.9 万平方千米，全区人口约 3.563 1 亿，以汉族为主，少数民族以回、满、蒙古及朝鲜族较多。

一、地形

本区跨地势的第二、第三级阶梯，东部濒临渤海与黄海，拥有山地、高原、平原、丘陵和盆地等各种地形，地貌类型齐全，自然景观多样。主要地形区有太行山地、冀北山地、秦巴山地、黄土高原、山东半岛的低山丘陵、华北平原及关中盆地和晋中盆地等。

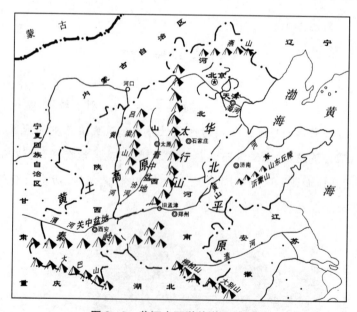

图 3-2 黄河中下游旅游区地形图

【练习】

1. 在图 3-2 中找出黄土高原、太行山、秦岭、华北平原。

2. 山西、山东中的"山"是指什么山？河南、河北中的"河"是指什么河？
3. 习惯上所说的"北方"与"南方"是以什么山脉和什么河为界？在图上画出。

二、气候

本区气候多属暖温带大陆性季风气候,四季分明,夏季炎热雨水多,冬季寒冷雨雪少,春季干旱风沙大,秋季清和日照足。本区夏季普遍高温,多数地方7月平均气温在24℃以上,有时可达37℃以上。冬季气温较低,1月平均气温多在0℃以下。冬夏两季长,春秋两季短。秋季为本区的旅游黄金季节。

【知识拓展】

二十四节气与四季分明

二十四节气是中国古代订立的一种用来指导农事的补充历法,形成于春秋战国时期。立春、立夏、立秋、立冬合称"四立"（"立"即开始之意）,分别表示四季的开始。夏至、冬至合称"二至"（"至"即极、最之意）,表示天文上夏天、冬天的极致。春分、秋分合称"二分"（"分"即平分之意）,表示昼夜长短相等。春暖、夏热、秋凉、冬冷,中国哪些地方最能反映四季变化呢？黄河中下游地区。因为中国早期的政治、经济、文化、农业活动中心多集中在黄河中下游地区,二十四节气也就是以这一带的气候、物候为依据建立起来的。中国其他地区可以把二十四节气作为参考。

三、交通

本区交通比较发达。铁路交织成网,有京九、京广、京沪、焦柳、陇海等铁路线,京广、京沪、郑西等高铁线路也已建成；区内已开辟了几十条国际航线,主要空港城市有北京、天津、石家庄、郑州、太原、西安、济南等；公路四通八达,发达的公路网联结了区内的旅游景点和城镇,是本区旅游业的重要运输方式；秦皇岛、天津、烟台、青岛、日照是本区著名沿海港口。

四、物产

本区物产丰富,有众多闻名中外的土特产和手工艺品,如山西的汾酒和老陈醋,陕西的西凤酒和白水苹果,山东的青岛啤酒和烟台苹果,河北赵州雪花梨,河南汝阳杜康酒和信阳毛尖茶,天津鸭梨,北京的果脯等；传统手工艺品有陕西、河南的唐三彩,山东的鲁砚和潍坊风筝,北京的景泰蓝、牙雕、玉雕、绢花,天津的泥人张彩塑和杨柳青年画等等,都深受游客的青睐。

五、民俗

华北地区平坦辽阔,农业发达,生活富足,兴建了许多四合院建筑,而黄土高原地区黄土深厚,就地取材,修建了许多窑洞建筑。北方农作物以小麦为主,主食以面食为主,喜欢吃面条、馒头、饺子等,山西的刀削面、陕西的biangbiang面、河南烩面、山东煎饼、北京炸酱面、天津狗不理和大麻花等都很出名。地方戏曲多样,有"国粹"京剧、天津快板、河北评剧、山东评书、河南豫剧、陕西秦腔、山西晋剧等。本区的节日与其他地区大体一致,但也有不同,就如春节,会举办大型庙会、扭秧歌、跑旱船、踩高跷等活动。端午节由于缺水,很少赛龙舟。

【知识拓展】

陕西 biangbiang 面

biangbiang 面是陕西关中汉族传统风味面食,又名裤带面,特指用关中麦子磨成的上等面粉,手工拉成长宽厚的面条,用酱油、醋、味精、花椒等佐料调入面汤,捞入面条,淋上猪油即成。其特点是酸辣鲜香,利湿暖胃。从前,一怀才不遇的穷秀才到咸阳,途中听到一面馆里"biang biang"响,进入吃饭,食完无钱,怎么脱身?问:"何面?"店小二曰:"biang biang 面!""咋写?""写出免钱。"秀才边写边唱:"一点飞上天,黄河两边弯;八字大张口,言字往里走,左一扭,右一扭;西一长,东一长,中间加个马大王;心字底,月字旁,留个勾搭挂麻糖;推了车车走咸阳。"众人盛赞!

图 3-3 biangbiang 面

任务二　旅游资源特色

【案例3-2】

古都的迁徙

古都是古代王朝的政治、经济和文化中心。纵观中国历史,从殷周至隋唐,国都始终在黄河中下游徘徊,东西轴线上的安阳、西安、洛阳多次被选为国都,北宋时都城东迁到开封,南宋时又迁到南方的临安(今杭州),元、明、清三朝和现在的首都都选在北京,明初和中华民国的都城在南京。

【思考】

1. 中国早期的都城为什么一般选在黄河中下游地区?
2. 中国历史上的都城有自西向东、自南向北迁徙的趋势,你觉得为什么?

黄河中下游地区是中华民族的发祥地,中国早期的奴隶社会是从这里发展起来的,中国早期封建王朝也多在此建都,在相当长的历史时期内,黄河中下游地区是中国政治、经济、文化中心。悠久的历史,灿烂的文化,给本区留下了无数的历史名胜和文物古迹,人文旅游资源极其丰富,成为本区最突出的旅游资源特征。

一、中华文化发源地

黄河中下游地区是中国古代文化发源地,以灿烂的华夏古文明驰誉世界。旧、新石器时代及夏、商、周、汉、唐、宋等文化遗址甚多,如周口店北京猿人遗址、山顶洞人遗址、仰韶文化遗址、大汶口文化遗址、殷墟等,它们充分展现了人类进化和发展的线索,提供了丰富的历史资料,是开展寻根求源历史文化旅游的集中场所,具有极大的考古科研价值。

二、古都名城

本区古都名城众多。中国七大古都中,本区占五个,即北京、西安、洛阳、开封、安阳。被国务院列为国家历史文化名城的109座城市中,本区占33座,即北京、天津、承德、保定、正定、邯郸、山海关(秦皇岛)、洛阳、开封、安阳、南阳、商丘、郑州、浚县、淮阳、曲阜、济南、青岛、聊城、邹城、临淄、泰安、大同、平遥、新绛、代县、祁县、西安、延安、韩城、榆林、咸阳、汉中等,这些名城都不同程度地保存着较多的历史风貌和相应的文物古迹,是中华民族发祥地的历史缩影,是重要的旅游城市。

三、文化古迹

皇陵是本区重要的人文旅游资源,著名的有秦始皇陵及兵马俑坑、明十三陵、清东陵、清西陵、唐乾陵、唐昭陵、曲阜孔林等。本区宗教古迹众多。佛教建筑分布很广,著名的有白马寺、少林寺、悬空寺、碧云寺等。中国著名的四大石窟中,本区即有龙门石窟和云冈石窟两个。古塔保留较多,有应县木塔、嵩岳寺塔、开封铁塔、济南四门塔等,都属于全国重点文物保护单位。此外,本区还有长城、赵州桥、卢沟桥等古代伟大工程,北京故宫、承德避暑山庄、曲阜孔庙和泰山岱庙等都是中国著名的古建筑群。

四、山岳风光

本区山地风景资源独树一帜,以雄伟壮丽、气势磅礴、历史悠久闻名于世。由于自然与历史的原因,本区名山众多,可进入性大,多成为中国旅游热点。著名的五岳中,本区占有泰山、嵩山、恒山和华山四岳,还有佛教名山五台山、道教名山崂山以及河南鸡公山、天津盘山等名山。

五、海滨风光

本区东部的渤海、黄海之滨,是中国著名的海滨旅游胜地,海岸线漫长曲折,滩面平缓宽阔,沙滩柔和洁净,海水碧蓝清澈。这里夏无酷暑,冬无严寒,风景秀丽,气候宜人,是消夏避暑和海水沐浴的良好场所。其中,以北戴河、南戴河、烟台、青岛等地为理想的阳光海滩旅游胜地。特别是从滦河口到北戴河之间的海岸线,具有滩宽、坡缓、沙细、水清、景幽等特点,是中国旅游的黄金海岸。

六、黄河风情

黄河中下游流经该区山西、陕西、河南、山东等省区,混浊的黄河水、壶口瀑布、地上河是黄河的三大奇观。

黄河自内蒙古河口镇南下,奔腾在晋陕大峡谷间,疏松的黄土被带入河中,形成了世界上含沙量最多的混浊黄水。在山西吉县和陕西宜川一带,两岸群山夹峙,河面由300米骤然收缩为30多米,跌入20多米的深潭,宛若茶壶注水,巨壶沸腾,有"天下黄河一壶收"之说,这就是著名的壶口瀑布。黄河出陕西潼关折向东去,进入河南,峡谷间先后修建了三门峡、小浪底两大水利工程。至洛阳旧孟津后进入华北平原,形成了世界罕见的、长达900千米的"地上河"。

任务三　主要旅游胜地

一、北京市

北京,简称京,是中华人民共和国首都,全国政治、文化、交通、旅游和国际交往的中心,总面积约1.7万平方千米,常住人口2 114.8万人(2013年),下辖14区2县。地势西北高、东南低。西部是太行山山脉余脉的西山,北部是燕山山脉的军都山。东南是永定河、潮白河等河流冲积而成的平原。属温带季风气候,四季分明。

图3-4　北京主要景点分布图

北京是中国"四大古都"之一,拥有6项世界遗产,是世界上拥有文化遗产项目数最多的城市,是一座有3 000多年建城史、800多年建都史的历史文化名城,拥有众多历史名胜古迹和人文景观。还是2008年第29届奥运会的举办城市。

（一）周口店"北京人"遗址

位于北京市房山区周口店村的龙骨山,是世界上材料最丰富、最系统、最有价值的旧石器时代早期的人类遗址,是世界文化遗产(1987年)。自1927年大规模系统发掘以来,共发现不同时期的各类化石和文化遗物地点27处,出土40多个"北京人"的化石遗骸、10多万件石器、近200种动物化石及大量的用火遗迹等,成为举世闻名的人类化石宝库和古人类学、考古学、古生物学、地层学、年代学、环境学及岩溶学等多学科综合研究基地。

【知识拓展】

"北京人"头盖骨失踪之谜

1929年12月2日,中国学者裴文中在北京周口店龙骨山上,挖掘出了第一块完整的"北京人"头盖骨。1936年,又相继挖掘出了三个完整的"北京人"头盖骨和一个完整的人类下颌骨。"北京人"头盖骨化石的发现,将人类自身历史整整提前了50万年,震动全世界。1937年,日本发动侵华战争,考古工作被迫停止。5个出土的北京猿人头骨化石,被存放进了美属北京协和医学院,由中美学者共同创建的"中国地质调查所新生代研究室"负责保管。四年之后,包括这5个"北京人"头骨化石在内的全部人类学研究资料,在转移到美国的运送途中,神秘失踪,至今下落不明!

图3-5 "北京人"头盖骨

【思考】

上网寻找有关报道,探究"北京人"头盖骨现在可能在什么地方?

（二）天安门广场

天安门广场,位于北京市正中心,南北长880米,东西宽500米,面积达44万平方米,可容纳100万人举行盛大集会,是当今世界上最大的城市中心广场。天安门城楼坐落在广场的北端,五星红旗在广场上空高高飘扬;人民英雄纪念碑矗立在广场的中央;国家博物馆和人民大会堂分列东、西两侧;毛主席纪念堂和正阳门城楼矗立在广场的南部。整个广场宏伟壮观、整齐对称、浑然一体,是到北京旅游的必去之地。广场上日出时分的升旗仪式已成为北京的一大景观。

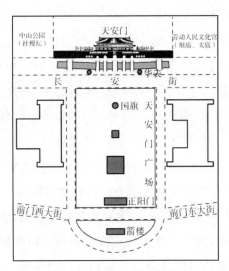

图 3-6 天安门广场布局图

【练习】

根据以上的描述,在图上填出人民英雄纪念碑、国家博物馆、人民大会堂、毛主席纪念堂。

【知识拓展】

天 安 门

天安门是明清两代北京皇城的正门,始建于明朝永乐十五年(1417年),初称"承天门",明朝两次毁于雷电战火。清朝顺治八年(1651年)重建,更名为"天安门"。后康熙二十七年(1688年)和1952年两次大规模修缮。1970年重修时基本保持顺治时的形制,现高34.7米,由城台和城楼组成,城台有券门五阙,中间的券门最高,明清时仅供皇帝进出。门前有金水河,河上有7座雕饰精美的金水桥,桥前有一对高10米、重10吨的华表,南邻"百里长街"长安街,再南就是天安门广场。城楼坐落在13米的城台上,重檐歇山顶,上覆黄琉璃瓦,面阔九间,进深五间,寓意皇帝的"九五至尊"。60根巨柱支撑屋顶,方砖墁地。四周有汉白玉护栏。1949年10月1日下午3时毛泽东主席向全世界庄严宣布:"中华人民共和国中央人民政府成立了!"

图 3-7 天安门城楼前的华表

(三)北京故宫

北京故宫位于北京市中心,旧称"紫禁城",是明清两代的皇宫,筹建于明永乐四年

(1406年),建成于明永乐十八年(1420年),共有24位(明:14,清:10)皇帝在此居住,1924年末代皇帝溥仪被逐出宫禁,1925年成立故宫博物院,是世界文化遗产(1987年)、国家5A级旅游景区、全国重点文物保护单位。1933年故宫中重要文物被运往上海、南京、四川等地。抗战胜利后,运回北京,后来部分运往台湾,现藏于台北故宫博物院。

故宫占地约72万平方米,南北长961米,东西宽753米,城外有52米宽的护城河。建筑面积约15万平方米,共有殿宇9 000多间,都是砖木结构、黄琉璃瓦顶、青白石底座并饰以金碧辉煌的彩画,是世界上现存规模最大、最完整的古代皇家建筑群。主体建筑按布局和功能分为"前朝"与"内廷"两大部分。前朝是封建帝王行使权力、举行盛典的地方,主要建筑为太和殿、中和殿、保和殿。太和殿俗称金銮殿,重檐庑殿顶,高35.05米,皇帝登基、大婚、册封、命将、出征等重大国典在此举行。中和殿是皇帝出席重大典礼前休息和接受朝拜的地方,保和殿则是皇帝赐宴和殿试的场所。乾清门以北是内廷,是皇帝日常处理政务和帝后、嫔妃、皇子公主居住、游玩、奉神之处,主要建筑为乾清宫、交泰殿、坤宁宫,东、西六宫分列两侧。故宫除不可移动的宫殿建筑群外,还拥有院藏文物150多万件(套),其中一级文物8 000多件(套)。

【练习】

读图3-8北京故宫布局图,回答以下问题:

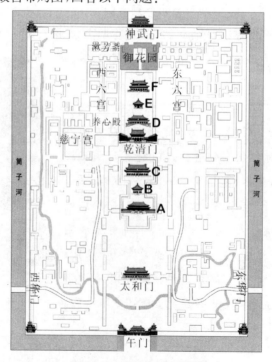

图3-8 北京故宫布局图

1. 根据北京故宫的建筑布局两大特点完成下列要求。
(1) 中轴对称:在图上画出中轴线(神武门到午门)。
(2) 前朝后寝:在图上圈出乾清门。
前朝三大殿:A_____,B_____,C_____。
内廷三大宫:D_____,E_____,F_____。
2. 在图上找出慈宁宫、淑芳斋、养心殿。
神武门,原名"玄武门",因避讳清代_____皇帝而改名。

(四) 天坛

天坛位于北京市崇文区内,是明、清两代帝王祭天、求雨和祈祷丰年的专用祭坛,占地273万平方米,是世界上现存规模最大、形制最完美的古代祭天建筑群,是世界文化遗产(1998年)、国家5A级旅游景区、全国重点文物保护单位。建成于明永乐十八年(1420年),初名"天地坛"。明嘉靖九年(1530年)嘉靖皇帝朱厚熜在北郊建地坛,天地坛遂改为"天坛",沿用至今。天坛由四组建筑组成:祭天的圜丘坛、祈求丰收的祈年殿、贮放神牌的皇穹宇和皇帝斋宿的斋宫。其中圜丘坛和祈年殿为主体,前者在南,后者在北,中间以长360米、宽28米、高2.5米的砖石神道(海墁大道、丹陛桥)相连,北高南低,寓意上天庭要经过漫长的道路。

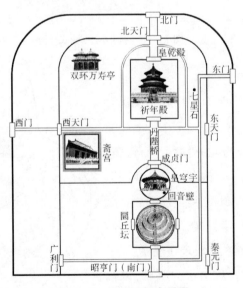

图3-9 天坛平面布局图

【知识拓展】

天坛设计的独具匠心

天坛有坛墙两重,形成内、外坛,均为北圆南方,寓意"天圆地方"。

圆丘坛四面台阶各有九级。上层以中心圆石(天心石)为起点,第一圈为九块,第二圈为18块,依次周围各圈直至底层,均以九的倍数递增。各层汉白玉石栏板的数目也是如此,象征"天"数。

皇穹宇圆形围墙采用山东临清城砖砌成,此砖"敲之有声,断之无孔",具有传声功效,形成著名的"回音壁"。

祈年殿通高38米,三重圆形攒尖顶,上覆蓝色琉璃瓦。中间4根龙井柱,象征春夏秋冬四季;中层12根金柱,象征一年12个月;外层12根檐柱,象征一天12个时辰;中外两层共24根柱子,象征24节气,加上中间4根大柱共28根,象征周天28星宿;28柱加上柱顶的8根童柱,合计36根,象征36天罡。

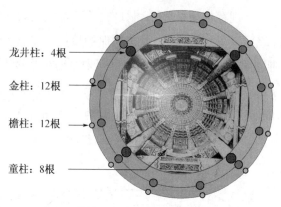

图3-10　祈年殿的柱式

(五)颐和园

颐和园位于北京市海淀区西郊,是中国保存最完整的皇家园林,是世界文化遗产(1998年)、国家5A级旅游景区。原为元、明皇帝的行宫花园,清乾隆十五年(1750年)改建为"清漪园"。1860年被英法联军烧毁。1886年重建,改名"颐和园",作为慈禧太后的颐养之地。1900年再遭八国联军破坏,1902年重修,即成现在规模。

颐和园是以原有的自然山水为基础,以杭州西湖为蓝本,继承了历代皇家园林的传统,又汲取了江南私家园林的造园艺术精华。主要由万寿山、昆明湖组成,面积300多万平方米,宫殿园林建筑3 000多间,可分为行政、生活和游

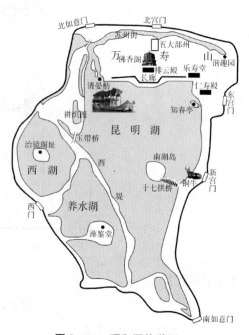

图3-11　颐和园旅游图

览三部分。以仁寿殿、乐寿堂为中心的宫殿建筑群位于万寿山东南,分别是慈禧太后、光绪皇帝坐朝听政、生活居住的地方。游览区可分万寿前山、昆明湖、后山后湖三部分,前山以佛香阁为中心,组成庞大的主体建筑群。佛香阁八面三层四重檐,高41米,建在20米高的石砌台基上,是颐和园的标志性建筑。山下有一条长728米的"长廊",梁枋上有彩画1.4万多幅,号称"世界第一廊",1992年其长度被列入"吉尼斯世界纪录"。昆明湖约占全园3/4,湖中有一道仿杭州西湖苏堤的西堤,与支堤一起把湖面分成三个不等的水域,每个水域各有一个湖心岛,恰似蓬莱三岛。清晏舫、知春亭、十七孔桥等建筑点缀其中。万寿山后山有藏式寺庙、苏州街等,东端有仿无锡寄畅园而建的谐趣园,小巧玲珑,被称为"园中之园"。

【知识拓展】

铜牛与耕织图

昆明湖的东岸有一个被喻为牛郎化身的镇水铜牛,而在西岸有一处被喻为织女化身的耕织图,他们隔着昆明湖遥遥相望,这两个景观的来历也缘于牛郎织女的故事。清乾隆十五年(1750年),初建清漪园时,乾隆皇帝也自比天上的玉皇大帝,并传下御旨,要把御园修成"天上人间",那佛香阁要建得雄伟华丽,象征着天宫里的凌霄殿,昆明湖要宽阔,好比天河,并在湖(河)的东西两侧修了一个铜牛和一个耕织图。铜牛的身子朝东,头朝西,正好对着耕织图,这样一来就更像天河了,天上有织女(耕织图),地上有牛郎(铜牛),遥遥相望。1860年英法联军焚毁"三山五园",颐和园里的耕织图也遭到毁灭性破坏,只留下乾隆皇帝御题的"耕织图"石碑。解放后耕织图被划出了颐和园大墙之外,成为生产与生活混杂的大杂院。1998年底才被颐和园收回,并逐步按照原貌恢复建设,突出了"耕"与"织"的景题寓意。

(六)明十三陵

明十三陵坐落在北京市昌平区天寿山南麓的小盆地里,方圆40平方千米,是明朝第三个皇帝朱棣迁都北京后的十三位皇帝的墓葬,是世界上保存完整埋葬皇帝最多的墓葬群,是世界文化遗产(2003年)、国家5A级旅游景区、国家级风景名胜区。其中建造最早、规模最大、最雄伟的是长陵(朱棣),是十三陵中的主陵;结构最为精美的是永陵(朱厚熜);唯一被发掘、地宫供游人参观的陵墓是定陵(朱翊钧),随葬文物有3 000多种。

明十三陵具有三个明显特色:

1. 自然环境幽雅壮观

明十三陵所在的天寿山吉地是永乐年间江西著名的风水术士廖均卿等人所选,陵区周围青山环抱,中间明堂开阔,陵前小河曲折蜿蜒,且各陵都是背山面水、左右护山。与建在平原之上的陵墓相比,其自然景观更显赏心悦目、丰富多彩,更能显示皇帝陵寝肃穆庄严和恢宏的气势。

2. 陵区建筑的整体性特别强

明十三陵的各陵虽各有自己的享殿、明楼、宝城，自成独立单位，但陵区之内，长陵神道作为各陵共用的"总神道"出现，共用的石牌坊、石刻群，加上各陵尊卑有序的布葬方式，使陵区的建筑紧密相联，形成了一个整体。

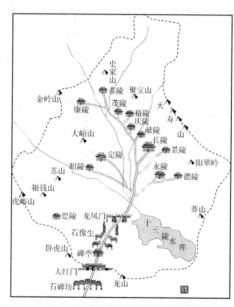

图 3-12　明十三陵旅游图

3. 陵寝建筑制度独特

明十三陵的陵寝建筑布局基本继承了明孝陵（朱元璋）制度，仍为前方（方形院落）后圆（圆形宝城），寓意"天圆地方"。在明长陵幽深曲折的神道上，排列的陵寝大红门、神功圣德碑亭、石像生、龙凤门等墓仪设施，源自孝陵制度。但大红门前石牌坊的设置，石望柱改置石像生前，石像生中增加功臣像等，则为新创。

【知识拓展】

明朝帝陵列表

序号	皇帝名称	享年	年号	庙号	陵名	陵址
1	朱元璋	71	洪武(1368—1398)	太祖	孝陵	南京钟山南麓
2	朱允炆	不详	建文(1399—1402)	惠宗	待考	待考
3	朱棣	65	永乐(1403—1424)	成祖	长陵	北京昌平区天寿山麓
4	朱高炽	48	洪熙(1425—1425)	仁宗	献陵	北京昌平区天寿山麓
5	朱瞻基	37	宣德(1426—1435)	宣宗	景陵	北京昌平区天寿山麓

续表

序号	皇帝名称	享年	年号	庙号	陵名	陵址
6	朱祁镇	38	正统(1436—1449) 天顺(1458—1464)	英宗	裕陵	北京昌平区天寿山麓
7	朱祁钰	30	景泰(1450—1457)	代宗	景泰陵	北京西郊金山下
8	朱见深	41	成化(1465—1487)	宪宗	茂陵	北京昌平区天寿山麓
9	朱祐樘	36	弘治(1488—1505)	孝宗	泰陵	北京昌平区天寿山麓
10	朱厚照	31	正德(1506—1521)	武宗	康陵	北京昌平区天寿山麓
11	朱厚熜	60	嘉靖(1522—1566)	世宗	永陵	北京昌平区天寿山麓
12	朱载垕	36	隆庆(1567—1572)	穆宗	昭陵	北京昌平区天寿山麓
13	朱翊钧	58	万历(1573—1620)	神宗	定陵	北京昌平区天寿山麓
14	朱常洛	39	泰昌(1620)在位1个月	光宗	庆陵	北京昌平区天寿山麓
15	朱由校	23	天启(1621—1627)	熹宗	德陵	北京昌平区天寿山麓
16	朱由检	35	崇祯(1628—1644)	思宗	思陵	北京昌平区天寿山麓

（七）八达岭—慕田峪长城

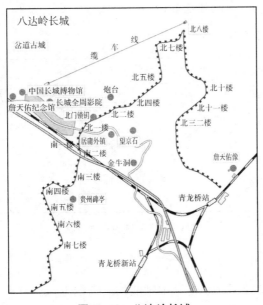

图 3-13 八达岭长城

八达岭长城位于北京市延庆县境内，是明长城中现今保存最好的一段，现游览长度 3 741 米，是世界文化遗产（1987 年）、国家 5A 级旅游景区、全国重点文物保护单位。明弘治十八年（1505 年）建成，后多次增修，屯兵戍守。八达岭是北京通往塞外高原的唯一通道,是拱卫京师的门户。从八达岭至南口,中间是一条20千米长的峡谷,名"关沟"。八达岭高踞关沟北端最高处,南有居庸关,北有岔道城,地势险要,有"居庸之险,不在关城,而在八达岭"之说。登上八达岭长城,极目长天,只见群山逶迤,峰峦叠嶂,万里长城如一条巨龙腾跃在万古苍茫之中,蔚为壮观。

慕田峪长城位于北京市怀柔区境内,是明长城的精华所在,现开放长度3 000米。明代初期开国大元帅徐达指挥修建,后经戚继光完善而成。慕田峪长城西接居庸关,东连古北口,为京师北门黄花镇的东段,自古被称为拱卫京师、皇陵的北方屏障。这里敌楼密集,关隘险要,城两侧均有垛口,有极富特色的"牛犄角边""箭扣"和"鹰飞倒仰"等长城建筑。

【知识拓展】

长城的建造历史

据考证,最早修筑长城的是公元前7世纪中叶的楚国,后其他诸侯国也仿效修建。秦始皇统一六国后,为了防御北方匈奴的南侵,将秦、赵、燕长城连接起来,西起临洮,东至辽东,全长5 000多公里,后人俗称"万里长城"。汉武帝时,为了继续抵御匈奴南侵、保护丝绸之路,东起辽东,西迄莆昌海(今罗布泊),全长一万多公里,规模最大。明代为了防御鞑靼、瓦剌族的侵扰,多次修筑长城,东起鸭绿江,西至嘉峪关,全长7 000多公里。我们现在看到的长城绝大部分为明代长城的遗存。

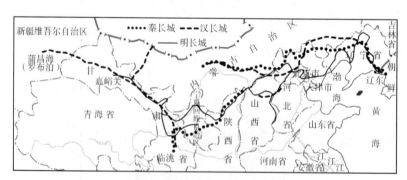

图3-14 长城的建造历史

(八)北京奥林匹克公园

北京奥林匹克公园位于北京老城中轴线的延长线上,是2008年北京奥运会的中心区,总面积11.59平方公里,包括北部6.8平方公里的奥林匹克森林公园、中部3.15平方公里的中心区和南部1.64平方公里的已建成和预留区(奥体中心),是国家5A级旅游景区。园区拥有亚洲最大的城区人工水系、亚洲最大的城市绿化景观、世界最开阔的步行广场、亚洲最长的地下交通环廊,是一个集体育竞赛、会议展览、文化娱乐和休闲购物于一体的多功能市民公共活动中心。现免费开放,已成为外地游客参观和市民休闲的场所。

奥林匹克公园围绕贯穿整个园区的中轴线设计了不同的景观,包括三条轴线——中轴线、西侧的树阵和东侧的龙形水系。在龙形水系和中轴线之间设置了三段不同的空间,水系两岸也分别配套进行了景观设计。在园区之中设置了一个标志性景观塔——玲珑塔,赛时为媒体提供演播室、电视转播等服务。当前主要景点有鸟巢、水立方、下沉花园、奥林匹克森林公园、北顶娘娘庙、中国科技馆、国家体育馆、玲珑塔、瞭望塔、国家会议中心等。整个公园布局新颖,气势恢宏,充分体现了北京奥运会的主旨精神"绿色、科技和人文"。

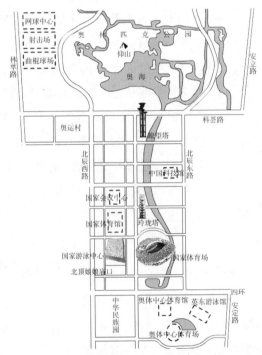

图3-15 北京奥林匹克公园平面图(部分)

【练习】

写出以下建筑的名称。

 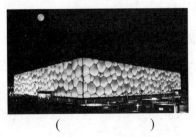

(　　　　) 　　　(　　　　)

（　　　）
（　　　）

二、天津市

天津，简称津，中央四大直辖市之一，总面积约1.2万平方千米，人口为1 472.21万(2013年)，下辖13区3县。地处华北平原东北部，东临渤海，北依燕山，其余为平原。属温带季风气候，四季分明。

天津位于海河下游，是北京通往东北、华东地区铁路的交通咽喉和远洋航运的港口，有"河海要冲"和"畿辅门户"之称。天津自然资源丰富，工业基础雄厚，历史文化悠久，是中国北方重要工业基地和商业中心，也是中国北方最大的沿海开放城市，素有"渤海明珠"之称。主要景点有盘山、水上公园、独乐寺、蓟县长城、大沽口炮台、古文化街等。

图3-16　天津主要景点分布图

（一）天津古文化街

天津古文化街位于天津市南开区东北隅东门外，海河西岸，是集旅游、商贸、民俗文化、休闲购物、健身娱乐、餐饮住宿等于一体的综合性旅游景区，也是中国唯一一个5星级旅游步行街，是国家5A级旅游景区。作为津门十景之一(故里寻踪)，一直坚持"中国味，天津味，文化味，古味"的经营特色，以浓郁的民俗风情、热情周到的优质服务欢迎世界各地的游客来参观、购物。

古文化街北起通北路，南至水阁大街，南北街口各有牌坊一座，上书"津门故里"和"沽上艺苑"，街长687米，宽5米。古街以元代天后宫为中心，是古代祭祀海神和船工的聚会娱乐之场所。每年春季，天津规

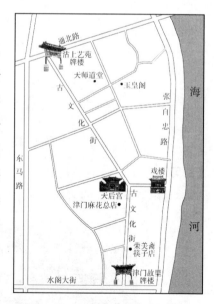

图3-17　天津古文化街平面图

模盛大的皇会——娘娘诞辰吉日就在这里举行,届时表演高跷、龙灯、旱船、狮子舞等。古文化街始建于1404年,于1986年元旦新建成开业,是由仿中国清代民间的小式店铺组成的街道,经营的商品主要是古玩字画、文房四宝,各种工艺品和民俗文化用品。具有地方特点的是天津四大民间工艺品(杨柳青年画、泥人张彩塑、风筝魏的风筝和刻砖刘的刻砖),以及牙玉雕、景泰蓝、镶嵌漆器、工艺陶瓷、金银饰品等工艺品。

【练习】

天津三绝

天津三绝历来有两种说法:其一是被称为风味小吃"三绝"的狗不理包子、耳朵眼炸糕和十八街大麻花;其二是被称为民间工艺"三绝"的泥人张彩塑、杨柳青年画和风筝魏风筝。搜集资料,填写下表:

名称	创立时间	创始人	历史典故	制作工艺
狗不理包子	清咸丰八年(1858)			
耳朵眼炸糕		刘万春		
十八街大麻花	清朝末年			
泥人张彩塑		张明山		
杨柳青年画	明崇祯年间			
风筝魏风筝		魏元泰		

(二) 盘山

盘山位于天津市蓟县城西北12千米处,又因其雄踞北京之东,故有"京东第一山"之誉,是国家5A级旅游景区、国家级风景名胜区。清乾隆皇帝曾32余次游历盘山,发出了"早知有盘山,何必下江南"的感叹。

盘山是一处自然山水与名胜古迹并著、佛家寺院与皇家园林共称的胜地。景色以三盘、五峰、八石美景著称。上盘松胜,蟠曲翳天;中盘石胜,怪异神奇;下盘水胜,溅玉喷珠。主峰挂月峰海拔864.4米,前拥紫盖峰,后依自来峰,东连九华峰,西傍舞剑峰,五峰攒簇,怪石嶙峋。"八石"为悬空石、摇动石、晾甲石、将军石、夹木石、天井石、蛤蟆石、莽石。历史上曾建有72座寺庙和众多玲珑宝塔,一座皇家园林——"静寄山庄",以"东五台山"著称佛界。

在游玩盘山之后,不妨到蓟县城内西大街去参观一下独乐寺。

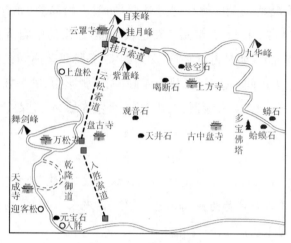

图 3-18 盘山旅游图

【知识拓展】

独 乐 寺

独乐寺又称大佛寺,位于蓟县城鼓楼西大街,始建于唐代贞观二年(628年),据说安禄山起兵叛唐并在此誓师,因其"思独乐而不与民同乐"而得寺名。寺内的观音阁和山门重建于辽统和二年(984年)。山门正脊的鸱尾,长长的尾巴翘转向内,犹如雉鸟飞翔,十分生动,是中国现存古建筑中年代最早的鸱尾实物。山门内有两尊高大的天王塑像守卫两旁,是辽代彩塑珍品。寺内主体建筑观音阁,高23米,是中国现存双层楼阁建筑中最高的一座,也是国内现存年代最早的古代木结构楼阁。阁内一尊高达16米的观音塑像因头顶10个小佛头,被称为11面观音。木结构建筑、辽代泥塑、元代壁画和乾隆胜迹是独乐寺"四绝"。

图 3-19 山门的鸱尾与十一面观音像

三、河北省

河北省,简称冀,省会石家庄,面积近 19 万平方千米,常住人口 7 280 万(2013 年),辖 11 个地级市。地处华北平原北部,内环京津,东临渤海,西为太行山地,北为燕山山地,燕山以北为张北高原,其余为平原。属温带季风气候,四季分明。

河北历史悠久,春秋战国时属燕国、赵国,汉代属幽州、冀州,元代属中书省,清代属直隶省。旅游资源丰富,主要旅游景点有承德避暑山庄及周围寺庙、清东陵、清西陵、定州塔、赵州石桥、正定府大菩萨、山海关、西柏坡革命纪念馆、北戴河海滨浴场、白洋淀景区等,其中世界遗产 3 处、国家 5A 级旅游景区 5 处、国家级风景名胜区 10 处。

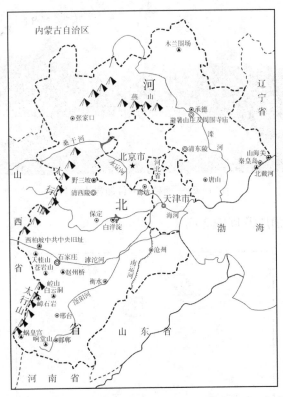

图 3-20　河北省旅游资源主要分布图

(一) 省会石家庄

石家庄市,地处华北平原腹地,全省的政治、经济、科技、金融、文化和信息中心。原名石门市,是京广、石太、石德铁路的交汇处,1968 年河北省省会由保定迁到此,被誉为"火车拉来的城市"。旅游景点主要有苍岩山、嶂石岩、赵州桥、皇家寺院隆兴寺、国家历史文化名城正定等,当然还有毛泽东指挥三大战役被誉为"新中国摇篮"的西柏坡。

【知识拓展】

红色圣地西柏坡

国家5A级旅游景区,国家级风景名胜区,全国重点文物保护单位,全国百个爱国主义教育示范基地之一。位于石家庄市西北平山县境内,1948年5月中旬至1949年3月23日,中共中央、中国人民解放军总部移驻于此,期间党中央和毛主席指挥了震惊中外的辽沈、淮海、平津三大战役,召开了具有伟大历史意义的七届二中全会和全国土地会议,故有"新中国从这里走来""中国命运定于此村"的美誉。现主要景点有中共中央旧址、陈列馆、石刻园、纪念碑、五位领导人铜铸像、青少年文明园、国家安全教育展览馆等。

图3-21 西柏坡五位领导人铜像

(二)承德避暑山庄及周围寺庙

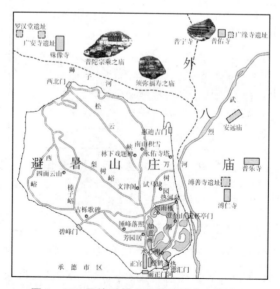

图3-22 承德避暑山庄及周围寺庙旅游图

避暑山庄又名"热河行宫",俗称"承德离宫",坐落在承德市中心以北的狭长谷地上,总面积564万平方米,约为北京颐和园的两倍,是中国现存最大的皇家园林,是世界文化遗产(1994年)、国家5A级旅游景区、国家级风景名胜区。始建于清康熙四十二年(1703年),建成于乾隆五十七年(1792年),是清朝皇帝的夏季行宫。山庄主要分为宫殿区和苑景区两部分。宫殿区位于山庄南部,是清代皇帝处理政务、举行庆典、会见外国使臣和居住之处,包括正宫、松鹤斋、万壑松风和东宫四组建筑,宫殿采用青砖素瓦,与北京故宫的庄严豪华迥然不同。苑景区又分湖区、山区和平原区三部分,其中湖区是山庄风景的中心,一派江南水乡风光。山庄融南北建筑风格于一体,集全国名胜于一园,巧妙利用地形,西北多山,东南多水,是中国自然地理形貌之缩影。

在避暑山庄东面和北面武烈河、狮子沟河谷阶地上,分布着12座建筑风格各异的寺庙,其中8座归北京皇宫统辖,故称外八庙,最著名的是普宁寺、须弥福寿之庙和普陀宗乘之庙。外八庙是当时清政府为了团结蒙古、新疆、西藏等地区的少数民族,利用宗教作为笼络手段而修建的。

(三)清东陵、清西陵

1. 清东陵

清东陵位于唐山市遵化西北30千米的马兰峪昌瑞山南麓,始建于顺治十八年(1661年),陵区占地80平方千米,是中国现存规模最大、体系最完整的古代帝陵建筑,是世界文化遗产(2000年)。包括5座帝陵:孝陵(顺治)、景陵(康熙)、裕陵(乾隆)、定陵(咸丰)、惠陵(同治);4座后陵:孝庄文皇后的昭西陵、孝惠章皇后的孝东陵、慈安和慈禧的两座定东陵;5座妃园寝;1座公主陵等。各陵依山势东西排开,绵绵的山脉屏于陵寝之后,长长的神道伸展于墓穴之前,处于中轴线上建筑物的外围,种着葱郁茂密的松柏,形成独特的自然景观。其中乾隆的裕陵和慈禧的定东陵最富特色,1928年均被军阀孙殿英盗掘,现地宫开放供游人参观。

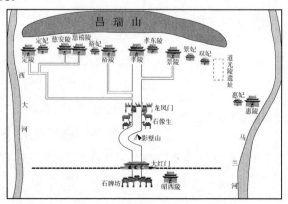

图3-23 清东陵平面布局图

【知识拓展】

清朝帝陵列表

序号	皇帝名称	享年	年号	庙号	陵名	陵址
1	爱新觉罗·努尔哈赤	68	天命(1616—1626) 1616年建国,国号"大金"	太祖	福陵	辽宁沈阳东陵
2	爱新觉罗·皇太极	52	天聪/崇德(1627—1643) 1636年改国号"大清"	太宗	昭陵	辽宁沈阳北陵
3	爱新觉罗·福临	24	顺治(1644—1661)	世祖	孝陵	河北遵化清东陵
4	爱新觉罗·玄烨	69	康熙(1662—1722)	圣祖	景陵	河北遵化清东陵
5	爱新觉罗·胤禛	58	雍正(1723—1735)	世宗	泰陵	河北易县清西陵
6	爱新觉罗·弘历	89	乾隆(1736—1795)	高宗	裕陵	河北遵化清东陵
7	爱新觉罗·颙琰	61	嘉庆(1796—1820)	仁宗	昌陵	河北易县清西陵
8	爱新觉罗·旻宁	30	道光(1821—1850)	宣宗	慕陵	河北易县清西陵
9	爱新觉罗·奕詝	68	咸丰(1851—1861)	文宗	定陵	河北遵化清东陵
10	爱新觉罗·载淳	19	同治(1862—1874)	穆宗	惠陵	河北遵化清东陵
11	爱新觉罗·载湉	38	光绪(1875—1908)	德宗	崇陵	河北易县清西陵
12	爱新觉罗·溥仪	61	宣统(1909—1911)			河北易县华龙陵园

2. 清西陵

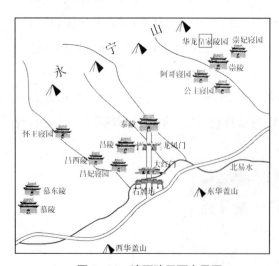

图3-24 清西陵平面布局图

清西陵位于保定市易县城西15千米处的永宁山下,占地面积达100多平方千米,是世界文化遗产(2000年)。是清代自雍正以来四位皇帝的陵寝之地,共有14座陵墓,包括雍正的泰陵、嘉庆的昌陵、道光的慕陵和光绪的崇陵。此外,还有3座皇后陵,以及若干座王公、公主、妃子园寝等。陵区北依峰峦叠翠的永宁山,南傍蜿蜒流淌的易水河,有华北地区最大的古松林,古木参天,景态雄伟。雍正的泰陵是整个陵区的首陵,居于陵区的中心位置,是西陵中建筑最早、规模最大的一座。末代皇帝溥仪于1967年去世,最初安葬在北京八宝山,于1995年迁葬到清西陵的华龙皇家陵园。

【知识拓展】

昭穆相间的兆葬之制

按照先例,雍正的陵寝也应该建在遵化清东陵,与其父康熙为伴,但因"穴中之土又带砂石,实不可用",故改选易县太平峪清西陵。其子乾隆认为如自己也随其父在西陵建陵,就会使已葬于清东陵的圣祖康熙、世祖顺治帝受到冷落;如果在东陵建陵,同样又会使其父雍正皇帝受到冷落。为解其难,乾隆皇帝定下了"父东子西,父西子东"的建陵规制,称之为"昭穆相间的兆葬之制"。也正如此,形成了清东陵、清西陵现有的格局。道光皇帝破坏祖制,废弃在清东陵已建好的陵寝,改建在清西陵。

(四)白洋淀景区

白洋淀位于河北省中部平原,分属保定市和沧州市所辖的五个县(市),由潴龙河、唐河、府河等九条河流汇集而成,总面积366平方千米,是华北地区最大的淡水湖泊,现有大小淀泊143个,其中以白洋淀较大,总称白洋淀。古有"南有西湖,北有白洋"之美谈,今有"华北明珠""北国江南"之美誉。七下江南的康熙皇帝曾驻足白洋淀,赞道:"可笑当年巡幸远,依稀吴越列行营。早知燕赵有此境,何必千里下江南!"影视作品《小兵张嘎》就取材于抗战时期活动在白洋淀地区的抗日游击队——雁翎队。白洋淀景区位于安新县境内,分六大景区:鸳鸯岛民俗文化景区、荷花观赏景区、生态游乐景区、休闲娱乐景区、码头观光景区、民俗村观光景区,是一处集吃、住、行、游、购、娱为一体的风景旅游区,是国家5A级旅游景区、全国红色旅游经典景区。

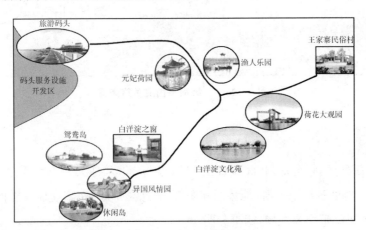

图3-25 白洋淀景区旅游图

(五)北戴河—山海关景区

1. 北戴河海滨

北戴河海滨位于秦皇岛市西部,西起戴河口,东至鹰角亭,东西长约20里,南北宽约

3里,是国家级风景名胜区。这里气候良好,沙软潮平,背靠树木葱郁的联峰山,自然环境优美,是中国北方理想的海滨浴场和避暑胜地。清光绪二十四年(1898年),清政府正式将北戴河海滨辟为"各国人士避暑地",1938年,这里已有别墅700多栋。解放后,北戴河又新建了不少休养所、疗养院、饭店、宾馆,成为规模较大、设施比较齐全的海滨避暑胜地。主要的景点有鸽子窝公园、联峰山公园、碧螺塔公园、老虎石公园、秦始皇行宫遗址等,鹰角亭观日也是不错的选择。

2. 山海关风景区

位于秦皇岛市东北15千米,因长城西倚燕山、东傍渤海,地势险要,故名"山海关",是华北与东北之间的咽喉,有"京师屏翰、辽左咽喉"之称,是国家5A级旅游景区。

山海关,1990年以前被认为是明长城东端起点,与万里之外的嘉峪关遥相呼应。明朝洪武十四年(1381年),中山王徐达奉命修永平、界岭等关,在此创建山海关。山海关城,周长约4千米,与长城相连,以城为关,城高14米,厚7米,有四座主要城门,东门城楼上的"天下第一关"牌匾,为明成化八年(1472年)进士肖显所书,凸显山海关之地位。现形成了"老龙头""孟姜女庙""角山""天下第一关""长寿山""燕塞湖"六大风景区。

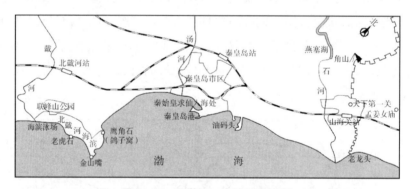

图 3-26 北戴河—山海关旅游图

四、河南省

河南省,简称豫,省会郑州,面积近17万平方千米,常住人口9 413万(2013年),辖17个地级市。地处黄河中下游,地势西高东低,分豫东平原、南阳盆地及豫西、豫北、豫南山地五部分。属温带季风气候,四季分明。

河南是华夏文明的主要发祥地之一,先后有20多个朝代在此建都。7大古都中河南有3座,即殷商古都安阳、九朝古都洛阳、七朝古都开封。旅游资源丰富,主要有石刻艺术宝库洛阳龙门石窟、千年古刹登封少林寺、太极拳之乡温县陈家沟、甲骨文发现地安阳殷墟、周易发源地汤阴羑里城、炎黄子孙寻根拜祖圣地新郑轩辕黄帝故里、雄伟壮丽的黄河小浪底等。

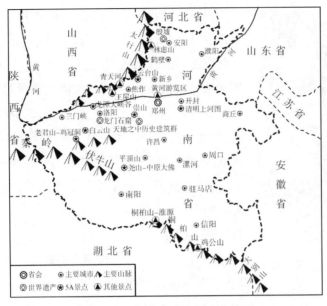

图 3-27 河南省主要景点分布图

【思考】

如何理解"老家河南"这句话？

（一）省会郑州

郑州市，位于河南省中部偏北，北临黄河，西依嵩山，东南是黄淮平原，陇海和京广铁路的交汇处，全省的政治、经济、科技、文化、贸易中心。是商代早期和中期的都城，现有商城遗址。1954 年河南省省会由开封迁往郑州。绿化覆盖率达 35.5%，被誉为"中原绿城"。是著名的商贸城，是全国的商品集散地之一，郑州商品交易所是三大全国性商品交易所之一，"郑州价格"一直是世界粮食生产和流通的指导价格。主要的旅游景点有登封"天地之中"历史建筑群、新郑黄帝故里、省博物院、人民公园、大河村遗址、黄河风景名胜区和花园口等。

图 3-28 黄河浏览区的黄炎二帝石像

(二)古都开封

图3-29 开封铁塔

开封市,西邻郑州,北依黄河,古称东京、汴京,历史上有夏、战国的魏、五代的后梁、后晋、后汉、后周、北宋和金在此建都,有"八朝古都"之称。北宋东京汴梁盛极一时,堪称世界最大城市,有"琪树明霞五凤楼,夷门自古帝王州""汴京富丽天下无"的美誉,北宋张择端的《清明上河图》反映的就是当时的盛况。是世界上唯一一座城市中轴线从未变动的都城。主要的旅游景点有铁塔、龙亭、大相国寺、禹王台、开封府、包公祠、天波府、宋都御街和清明上河园等。

【知识拓展】

清明上河园

国家5A级旅游景区。坐落在开封市龙亭湖西岸,占地600余亩,其中水面180亩,大小古船50多艘,房屋400余间,是以画家张择端的写实画作《清明上河图》为蓝本,按照《营造法式》为建设标准,以宋朝市井文化、民俗风情、皇家园林和古代娱乐为题材,以游客参与体验为特点的文化主题公园。集历史文化旅游、民俗风情旅游、休闲度假旅游、趣味娱乐旅游和生态环境旅游于一体,突出体现了观赏性、知识性、娱乐性、参与性和情趣性等特点。游人不仅可以领略到古都汴京千年繁华的胜景,还可以欣赏到包公迎宾、杨志卖刀、燕青打擂、汴绣、茶道、驯鸟、斗鸡等各种表演,并可以参与其中。

图3-30 清明上河图(园)中的虹桥

(三)古都洛阳

洛阳市,位于豫西伊洛盆地,因地处洛河之北(阳)而得名。先后有东周、东汉、曹魏、西晋、北魏、隋、唐、后梁、后唐等九个朝代在此建都,历时900多年,故有"九朝古都""千年帝都"之称。牡丹培植历史悠久,品种繁多,有"洛阳牡丹甲天下"之誉,每年4月5日至5月5日前后举行"洛阳牡丹文化节"。旅游资源丰富,国家5A级旅游景区就有龙门石窟、嵩县白云山、栾川县老君山—鸡冠洞、新安县龙潭大峡谷,其他景点还有白马寺、关林、汉魏洛阳城遗址、玄奘故里等。

【知识拓展】

武则天贬牡丹的传说

武则天有一次想游览上苑,便专门宣诏上苑,"明朝游上苑,火急报春知。花须连夜发,莫待晓风吹。"当时正值寒冬,"百花仙子"领命赶紧准备。第二天,武则天游览花园时,看到园内众花竞开,却独有一片花圃中不见花开。细问后得知是牡丹违命,武则天一怒之下便命人点火焚烧花木,并将牡丹从长安贬到洛阳。谁知,这些已烧成焦木的花枝竟开出艳丽的花朵,众花仙佩服不已,便尊牡丹为"百花之首"。"焦骨牡丹"因此得名,也就是今天的"洛阳红"。

1. 白马寺

位于洛阳市东12千米处的白马寺镇,是佛教传入中国后兴建的第一座佛寺,距今已有1 900多年的历史,被誉为中国佛教的"祖庭"和"释源",有"中国第一古刹"之称。据史载:东汉永平七年(64年),汉明帝刘庄夜梦一位金人从西方而来,于是派蔡愔、秦景等18人出使西域,拜求佛法。永平十年(67年)汉使与天竺(印度)高僧摄摩腾、竺法兰以白马驮载佛经、佛像返回洛阳。翌年建寺,为铭记白马驮经之功,故名白马寺。

现今白马寺大体上维持明代重建后的规模和布局,坐北朝南,面积约4万平方米,主体建筑分布在由南向北中轴线上。进入山门依次为天王殿、大佛殿、大雄宝殿、接引殿、毗卢阁5层殿堂。从前到后依自然地势,渐次升高。寺院内苍松翠柏、花香四溢、清静幽雅、安详静谧。现存佛教造像40余座,多为元、明、清作品。供置于大雄宝殿内的三世佛、十八罗汉、二天将都是元代作品,造型逼真,形态各异,是佛教艺术的珍品。山门东西两侧有摄摩腾、竺法兰二高僧墓。大佛殿悬挂一口明代大钟,造像古朴,声音浑厚悠扬,"马寺钟声"被誉为洛阳八大景之一。寺内现存历代碑刻40余座,以元代书法家赵孟頫手书的《洛京白马寺祖庭记》最为珍贵。

2. 龙门石窟

龙门石窟位于洛阳市城南13千米处的伊河两岸,是世界文化遗产(2000年)、国家5A级旅游景区、国家级风景名胜区、全国重点文物保护单位。北魏孝文帝迁都洛阳前后(493年)开始营建,历经东魏、西魏、北齐、北周、隋、唐和五代,延至北宋,前后达400多年,其中北魏和唐代为大规模营造时期。

伊水东西两岩(香山、龙门)对峙,犹如天然门阙,古称"伊阙",在长达1千米的峭壁上,现共存佛洞和佛龛2 345个、佛塔70多座、佛像10万多尊、碑刻题记3 600多品,是中国四大佛教石窟艺术宝库之一。造像以北魏和唐代为主,北魏造像约占30%,最有代表性的有古阳洞、宾阳洞、莲花洞和石窟寺等。唐代造像约占60%,最有代表性的是奉先寺、万佛洞、潜溪寺、看经寺等。奉先寺石窟正中的卢舍那佛坐像开凿于唐代武则天时期,身高17.14米、头高4米、耳长1.9米,为龙门石窟最大佛像,丰颐秀目,微笑俯视,宛若一位睿智而慈祥的中年妇女,是一件精美绝伦的艺术杰作,被誉为"东方的蒙娜丽莎",据说是按照武则天的形象塑造的。碑刻中的魏碑"龙门二十品"和唐代著名书法家褚遂良的"伊阙佛龛之碑"是书法艺术史上的珍品。

【知识拓展】

武则天与卢舍那大佛的传说

传说,一天清晨,武则天在洛阳皇宫中梳妆。唐高宗李治在一旁赞道:"皇后相貌端正,雍容华贵,有菩萨之仪态。"武则天听罢,心里暗喜,却灵机一动,抹起了眼泪。高宗吃惊地说:"皇后为何如此悲伤?"武则天抽泣着说:"眼前纵有千般好,百年之后还是一堆枯骨,有谁知道我的模样?"高宗说:"这有何难?孤命画工为皇后作幅精美的画像。"武则天撒娇说:"画像虽好,只是薄薄一纸,不能流传千年。"高宗不知,只得问武则天:"依卿之见?"武则天嫣然一笑说:"陛下说妾有菩萨之相,何不在龙门山上开窟造像?"高宗恍然大悟,说:"这有何难!"于是高宗命石匠按武则天的画像雕凿了一座大佛,命名为卢舍那大佛,寺名叫做奉先寺。卢舍那梵语是光明普照之意,与武则天的名"曌",意义相同。直到今天,龙门街上的老百姓还把"卢舍那大佛"叫做"武则天像"。

图3-31 武则天与卢舍那大佛

(四)安阳殷墟

殷墟位于安阳市西北郊小屯村。约公元前1300年商朝第二十位国王盘庚迁都殷,历时255年,至公元前1046年周武王伐纣灭商,殷都成为废墟,史称殷墟。因出土大量的甲骨文和青铜器而驰名中外,是世界文化遗产(2006年)、国家5A级旅游景区、全国重点文物保护单位。

殷墟占地约 34 平方千米,大致分为宫殿区、王陵区、族墓葬区、手工业作坊区、平民居住区。古老的洹河水从殷都中缓缓流过,城市布局严谨合理,是中国历史上第一个有文献可考,并为甲骨文和考古发掘所证实的古代都城遗址,距今已有 3 300 多年历史。殷墟的科学发掘始于 1928 年,现已清理夯土台基百余处。有宫殿、宗庙、祭坛、手工作坊、甲骨坑、祭祀坑和贵族墓等。殷墟博物苑建在商代宫殿遗址上,是一处集考古、园林、古建、旅游为一体的胜地,面积约 28.7 万平方米,主要景点有:苑门、后母戊鼎、车马坑、妇好墓等。苑门依照甲骨文的"门"字形,用几根雕有商代纹饰的木柱和横梁结构而成。苑中建筑采用了重檐草顶,夯土台阶,檐柱上雕以蝉龙等纹饰图案。妇好墓以保存完整、墓主身份明确、随葬品丰富而出名。

【知识拓展】

甲骨文、后母戊鼎的发现

甲骨文是迄今中国发现最早的文字,是商代后期(前 14—前 11 世纪)王室用于占卜记事而刻写在龟甲和兽骨上的文字。光绪二十五年(1899 年)秋,北京国子监祭酒王懿荣得了疟疾,派人到宣武门外菜市口的达仁堂中药店买回一剂中药,王懿荣无意中看到其中一味叫龙骨的药品上面刻画着一些符号,后经确认是一种古老文字,这些龙骨主要来自河南安阳小屯村。这真是"一片甲骨惊世界"。现共计出土甲骨 154 600 多片。

后母戊鼎(原称司母戊鼎),是商王祖庚或祖甲为祭祀母亲戊而作的祭器,现收藏于中国国家博物馆,通高 133 厘米,重达 832.84 千克,是世界迄今出土最大最重的青铜器,享有"镇国之宝"的美誉。1939 年 3 月 15 日,安阳武官村吴培文的叔伯哥哥吴希增在野地里探宝时发现,但由于日寇多次勒索和强购,人们便把大鼎重新埋在地下。1946 年 6 月抗战胜利后,大鼎重新掘出后,存放在安阳县政府,同年 10 月移到前中央博物院筹备处(现南京博物院)。南京解放前夕,国民政府曾欲将大鼎运往台湾,但终因难于搬运而放弃。1959 年 10 月 2 日,后母戊鼎从南京博物院迁至中国历史博物馆(现国家博物馆)。

(五)中岳嵩山

嵩山,位于登封市北,因雄踞中原,居五岳正中,故称"中岳"。嵩山自然景观优美,绵延 60 多千米,山体自西至东横卧,故有"中岳如卧"之说。嵩山属伏牛山脉,由太室山和少室山两群山峰组成,各有 36 峰,共计 72 峰,太室山主峰峻极峰海拔 1 494 米,少室山主峰连天峰海拔 1 512 米。

嵩山自古就是帝王将相、文人学士、高僧名道及骚人墨客等游历、著书讲学或悟禅、隐居之地,名胜古迹众多,其中少林寺建筑群(常住院、初祖庵、塔林)、东汉三阙(太室阙、少室阙、启母阙)和中岳庙、嵩岳寺塔、会善寺、嵩阳书院、元代观星台等 8 处 11 项"天地之中"历史建筑群被列入世界文化遗产(2010年)。

1. 少林寺

少林寺位于少室山北麓五乳峰下密林之中,故名"少林寺"。北魏太和十九年(495年),孝文帝为安顿印度高僧跋陀而敕建。北魏孝明帝孝昌三年(527年),释迦牟尼第二十八代佛徒菩提达摩在此首创禅宗,故少林寺被称为中国佛教禅宗祖庭,"天下第一名刹",也是国家5A级旅游景区。少林寺占地3万平方米,主体建筑由山门、天王殿、大雄宝殿、藏经阁、方丈室、达摩亭(立雪亭)和千佛殿组成。北宋的初祖庵大殿是河南省现存最古的砖木建筑。明代的五百罗汉巨幅彩色壁画、清代的少林拳谱和"十三棍僧救唐王"彩色壁画等,都具有极高价值。塔林位于寺西300米处,是历代高僧的墓塔,共232座,是中国现存最大的塔林。"天下功夫出少林,少林功夫甲天下",1982年电影《少林寺》使少林寺和少林功夫风靡世界。

2. 嵩岳寺塔

嵩岳寺塔位于嵩山太室山南麓,始建于北魏孝明帝正光元年(520年),是中国现存最古老的砖砌佛塔,有"天下第一塔"之誉。嵩岳寺塔为密檐式砖塔,由基台、塔身、密檐和塔刹构成,共15层,高约40米。第一层塔身特别高大,平面呈12角形,四面开有券门。塔身呈抛物线状,平面呈8角形,内部为空筒式,原有木梁楼板,可以登顶,现无存。这座砖塔建筑奇特,由青砖黄泥垒砌而成,历经千年而不倒。

3. 嵩阳书院

嵩阳书院位于嵩山南麓,原是北魏嵩阳寺旧址,宋代改为嵩阳书院,宋代理学家程颢、程颐、司马光、范仲淹、朱熹曾在这里讲过学,与商丘应天书院、湖南岳麓书院和江西白鹿洞书院并称北宋时期中国四大书院。书院占地1万多平方米,多为明清建筑,灰色筒瓦流脊硬山房,中轴线上建筑共有五进:大门、先圣殿、讲堂、道统祠、藏书楼。现存两棵古老柏树,是西汉元封元年(公元前110年)汉武帝所封的"大将军"和"二将军",其中"二将军"柏是中国树龄最高的柏树,高20多米,胸径5.4米,树龄4 500多年。《大唐嵩阳观纪圣德感应之颂碑》高9.02米,是河南省现存最大的碑刻,为唐代著名书法家徐浩所书,雕刻精美,讲述嵩阳观道士孙太冲为唐玄宗李隆基炼丹九转的故事。

【练习】

嵩山有中国"六最"之说,即:最早的禅宗寺院——_____、现存规模最大的塔林——_____、现存最古老的密檐式砖塔——_____、现存最古老的石阙——_____、树龄最高的柏树——_____、现存最古老的观星台——_____。

(五)云台山

云台山,国家5A级旅游景区、国家级风景名胜区、世界地质公园。位于焦作市修武县北部太行山脉南坡,因山体高峻如台,白云缭绕而得名。有大小名峰36座,峰峦叠翠,雄奇险秀,主峰茱萸峰海拔1 308米。

云台山集"雄、险、秀、幽、奇"于一身,以地质奇观著称,远峰近峦、悬崖峭壁、峡谷溪潭、飞瀑走泉相互辉映。登上茱萸峰顶,北望太行深处,巍巍群山层峦叠嶂;南望怀川平原,沃野千里,田园似棋,黄河如带。主要的景点有茱萸峰、温盘峪、老潭沟、小寨沟、百家岩、猕猴谷等。落差314米的云台天瀑气势壮观。汉献帝的避暑台和陵墓、"竹林七贤"隐居遗迹、万善寺、唐代药王孙思邈采药炼丹的洞府以及众多名人墨客的碑刻、文物,形成了云台山丰富深蕴的文化内涵。

【练习】
1. "竹林七贤"是指_____。
2. 写出王维的《九月九日忆山东兄弟》全文。

五、陕西省

陕西省,简称陕或秦,省会西安,面积20.58万平方千米,常住人口3 763.7万人(2013年),居住着汉、回、满、蒙古等民族,辖10个地级市和1个杨凌农业示范区。地处中国中部偏北,黄河中游、汉水上游,跨黄土高原中部,因在陕原以西而得名。总地势是南北高,中部低,北部为黄土高原,中部为渭河平原,南部为秦巴山地和汉水谷地。南北气候差异大,秦岭以南属亚热带季风气候,气候温暖,降水较多;秦岭以北为温带季风气候,冬冷夏热,降水较少,大陆性特征明显。

陕西历史悠久,也是华夏文明的主要发源地之一,有炎帝的故里及黄帝的葬地,更有"十三朝古都"西安。旅游名胜主要有西岳华山、西安碑林、大雁塔、西安城墙、半坡村遗址、秦始皇陵、秦兵马俑博物馆、临潼骊山风景区、黄帝陵、昭陵、乾陵、法门寺、革命圣地延安等。

【知识拓展】

陕西十大怪

又称"关中十大怪",是指陕西中部的关中地区(西安、咸阳、宝鸡、渭南、铜川等市)出现的十种奇特风俗习惯。

面条像裤带　辣子一道菜　锅盔像锅盖　碗盆难分开　不坐椅子蹲起来

房子半边盖　姑娘不对外　手帕头上戴　睡觉枕石块　秦腔不唱吼起来

【思考】
结合陕西关中地区的自然和人文条件,分析这些习俗的含义和形成原因。

（一）省会西安

西安市，位于秦岭以北、关中平原中部，是全省政治、经济、文化、交通的中心，是中国重要的科研、教育和工业基地。西安古称长安，历史悠久，有7 000多年文明史、3 100多年的建城史和1 100多年的建都史，先后有周、秦、汉、唐等13个王朝在此建都，有"十三朝古都"之说，与意大利罗马、希腊雅典、埃及开罗并称为世界四大历史古都。西安有丰富的文化遗存，堪称中国古代社会的天然历史博物馆。主要的名胜有秦始皇陵及兵马俑博物馆、明城墙、华清池、大雁塔、小雁塔、西安碑林、半坡博物馆等。

1. 大雁塔—大唐芙蓉园景区

景区位于西安曲江新区核心区域，总面积3.8平方千米，是中国唯一的唐文化主题景区，也是国家5A级旅游景区。

（1）大雁塔

大雁塔位于西安市南郊慈恩寺内，是世界文化遗产（2014年）、全国重点文物保护单位，是古都西安的象征和标志，有"不到大雁塔，不算到西安"之说。唐永徽三年（652年），从印度（古天竺）取经归来的玄奘法师为保存经卷佛像、翻译经文而建。整塔呈方锥形，共七层，通高64.7米，用砖砌成，塔内有楼梯，可以盘旋而上，属楼阁式塔。每层四面各有一个拱券门洞，可以凭栏远眺，长安风貌尽收眼底。底层四面石门的门楣上均有精美的线刻佛像，传为唐代大画家阎立本的手笔。南门两侧嵌置唐初四大书法家之一褚遂良所书《大唐三藏圣教之序》碑与《大唐三藏圣教序记》碑。

（2）大唐芙蓉园

大唐芙蓉园位于西安市南郊，是建在原唐代皇家御苑——芙蓉园遗址之上，占地0.67平方千米，水域面积0.2平方千米。全园景观分为12个文化主题区，从不同角度完整地再现了久负盛名的盛唐文化全貌，包括紫云楼、仕女馆、御宴宫、芳林苑、凤鸣九天剧院、杏园、陆羽茶社、唐市、曲江流饮等众多景点。这里有众多"世界之最"和"中国第一"：全球最大的仿唐建筑群、水幕电影、唐诗景观、户外香化工程；中国最大的唐代风俗文化商街、承载唐代女性典故最多的长廊、中国历代皇帝游幸最多的旅游胜地、最具特色的唐代女性文化展馆、最具地方民俗文化特色的戏楼广场。这里已形成了一个绚丽多彩的唐文化主体旅游区，被誉为"中华历史之园、精神之园、自然之园、人文之园、艺术之园"。

2. 秦始皇陵及兵马俑坑

陵园位于西安市临潼区骊山北麓，是中国历史上第一个皇帝嬴政（公元前259年—前210年）的陵墓，是迄今保存最完整、规模最宏大的中国古代帝王陵园，是世界文化遗产（1987年）、国家5A级旅游景区、全国重点文物保护单位。秦王嬴政13岁登基就开始修建，历时39年。

整个陵园以墓冢为中心,封土高87米,状呈覆斗,底边周长1 700多米。墓冢四周有内、外两道城墙,象征着皇城和宫城,内城周长3千米,外城周长6千米。地面建筑都不复存在。墓冢之下的地宫,面积约18万平方米,中心深度约30米,深藏玄机和珍宝,《史记》曰:"穿三泉,下铜而致椁,宫观百官,奇器异怪徙藏满之。以水银为百川江河大海,机相灌输。上具天文,下具地理,以人鱼膏为烛,度不灭者久之。"

秦陵四周分布着600多处大量形制不同、内涵各异的陪葬坑和墓葬。兵马俑坑,被誉为"世界第八大奇迹",位于陵园东侧1 500米处,自1974年发现1号兵马俑坑以来,已发现3座,坐西向东呈"品"字形排列,并出土仿真人、真马大小的陶俑、陶马近8 000件。陶俑神情生动,形象准确、轩昂;陶马造型逼真,刻画精致自然。从各坑的形制结构及其兵马俑装备情况判断,1号坑象征由步兵和战车组成的主体部队,2号坑为步兵、骑兵和车兵穿插组成的混合部队,3号坑则是统领1号坑和2号坑的军事指挥所。1980年12月,在封土西侧20米处出土了两组形体较大的彩绘铜质车马,这是迄今为止,中国所发现的年代最早、形体最大、结构最复杂、制作最精美的铜铸马车,被誉为中国古代的"青铜之冠"。

3. 华清池

华清池位于西安市临潼区骊山北麓,又名华清宫,有6 000年温泉利用史和3 000年的皇家园林建筑史,是目前中国保存最完整的唐代宫殿遗址群,是西安事变重要历史遗址,是国家5A级旅游景区、国家级风景名胜区、全国重点文物保护单位。

华清池有泉眼3处,水温43℃,富含多种矿物质,有很高的医疗价值。始建于周代,称"骊山汤",秦汉称"离宫",唐代称"汤泉宫""温泉宫""华清宫",北宋称"灵泉观",民国时称"华清池"。尤以唐代规模最大,据北宋《唐骊山宫图记》记载:"天宝六载,筑罗城于汤所,置百司公卿邸第,治汤为池,增起台殿,列峙山谷,明皇岁幸焉。"因改宫名为华清宫。每年唐玄宗携带杨贵妃到此过冬沐浴、赏景。白居易《长恨歌》写道:"春寒赐浴华清池,温泉水滑洗凝脂。侍儿扶起娇无力,始是新承恩泽时。"原来的建筑都已毁塌,现在的建筑是按照历史记载的布局于1959年重建的。最具代表性的景点有芙蓉园、九龙湖、唐华清宫御汤遗址博物馆、环园西安事变旧址与华清池温泉等。

(二) 西岳华山

华山位于华阴市东南,是国家5A级旅游景区、国家级风景名胜区,古称太华山,由东峰朝阳峰、西峰莲花峰、南峰落雁峰、北峰云台峰、中峰玉女峰及四周70多座峰岭和3条峡谷组成,远望似一朵盛开的莲花,故名华山。其中落雁峰最高,海拔2 160.5米,华山也成为五岳中海拔最高的。

华山以险著称,被称为"奇险天下第一山"。《水经注》曰:"其广十里,高五千仞。"自然景观奇特壮美。雨、雾、雪、莲台佛光、云天弧光、地球阴影、中方仙桥以及日出、日落、云海、红叶等景观，构成了华山绮丽多姿的自然风光。道教文化、杨氏文化、洞宄文化、围棋文化、碑石文化以及历史遗迹、神话传说和历代文人留下的诗文歌赋，构成了华山文化的主要内容。尤其是流传广泛的"劈山救母""吹箫引凤""巨灵劈山""观棋烂柯"等神话传说，让华山充满了神奇美丽的色彩。华山有"关中八景"第一景的仙掌崖；有削凿于千仞崖壁上的千尺幢、百尺峡、老君犁沟；有宽仅1.5米，长约百米的苍龙岭；有崖隙间横贯铁条，被誉为"华山第一险道"的长空栈道；有被誉为"亚洲第一索"的北峰索道；有闻名遐迩的千年古道"自古华山一条路"；也有洋溢着红色革命历史传奇的"智取华山路"。

图3-32 华山导游图

【知识拓展】

《宝莲灯》沉香劈山救母

华山西峰莲花峰之巅有块巨石，高一丈余，长数丈，拦腰裂为三段，如同斧劈，故名斧劈石，旁有一铁铸巨斧。传说是《宝莲灯》沉香劈山救母所留。

很久以前，扬州秀才刘彦昌到长安赶考，参拜华山圣母殿，巧遇玉帝之女三圣母杨婵，两人一见钟情，后结为良缘，生下儿子沉香。性情暴躁的二郎神杨戬得知妹妹私通凡人，派天兵天将捉拿，但因三圣母有一盏宝莲神灯，捉拿未果。后二郎神派哮天犬盗走宝莲神灯，才把三圣母擒获，压在莲花峰的一块巨石之下。沉香长大成人后，决心救出母亲，拜霹雳大仙为师，练就一身功夫，战胜了二郎神，用天赐月牙斧将巨石劈开，救出母亲，一家人终于团聚。

（三）革命圣地延安

延安市位于陕北黄土高原腹地，历来是陕北政治、经济、文化和军事中心。城区处于宝塔山、清凉山、凤凰山三山鼎峙，延河、汾川河二水交汇之处的位置，成为兵家必争之地，有"塞上咽喉""军事重镇"之称，被誉为"三秦锁钥，五路襟喉"。"三黄一圣"（黄帝陵、黄河壶口瀑布、黄土风情文化、革命圣地）享誉中外。粗犷豪放的安塞腰鼓、高亢激越的陕北民歌、古朴精美的民间剪纸、热烈欢快的陕北大秧歌，无不寄托着延安人民对美好生活的希冀。

1935年10月19日，中共中央随中央红军长征到达陕北吴起镇，到1948年3月23

日,毛泽东、周恩来、任弼时在陕北吴堡县东渡黄河,中共中央在陕北延安工作了13年,留下了许多红色革命遗址如枣园、杨家岭、王家坪、凤凰山、南泥湾、清凉山、延安革命纪念馆、延安新闻纪念馆、中国抗日军政大学纪念馆等,是中国红色旅游景点最多、内涵最丰富、知名度最高的地区。宝塔山也成为革命圣地延安的标志和象征。

【知识拓展】

黄帝陵

国家5A级旅游景区、国家级风景名胜区、全国重点文物保护单位。位于延安市黄陵县城北1千米的桥山之巅,是中华民族始祖轩辕黄帝的衣冠冢,被称为"华夏第一陵",是中华文明的象征。

景区面积3.3平方千米,分为陵墓区和轩辕庙两部分。陵前设有祭亭,内立郭沫若亲书"黄帝陵"碑。陵冢高3.6米,陵园周长48米。园内古柏参天,是中国最大的古柏林。陵园入口处有"汉武仙台",高数十米。桥山东麓有轩辕庙,庙内沿南北轴线依次有山门、诚心亭、碑亭、"人文初祖"大殿。大殿神龛内有用墨玉刻制的黄帝浮雕像。自唐代宗大历五年(770年)建庙祀典以来,一直是历代王朝举行国家大典的场所。现在清明节公祭已成为中华民族传统祭祀大典。

六、山西省

山西省,简称晋,省会太原,面积15.67万平方千米,常住人口3 629.8万(2013年),以汉族为主,有回族、满族、蒙古族、朝鲜族、藏族等34个少数民族,共辖11个地级市。地处黄河以东,太行山之西,地势东北高、西南低,为黄土广泛覆盖的山地高原,山区占70%以上。属温带季风气候,冬冷夏热,降水较少,大陆性特征明显。山西煤炭资源丰富,储量居全国之首。

山西历史悠久,也是华夏文明的主要发源地之一。"华夏古文明,山西好风光"。宋代以前的地上古建筑约占全国总数的70%多,被誉为"中国古代建筑艺术博物馆"。主要的旅游景点有五台山、北岳恒山、介休绵山、云冈石窟、应县木塔、晋祠、平遥古城、乔家大院、皇城相府、解州关帝庙、洪洞大槐树等。

【知识拓展】

山西八大怪

杏花村汾酒把客带　老陈醋也算一道菜　土豆白菜论麻袋　刀削面要比飞刀快
烙饼用的是石头块　墙上挖洞把房盖　路边的灰土当煤卖　新娘的盖头给驴盖

【思考】

结合山西的自然和人文条件,分析这些习俗的含义和形成原因。

(一)省会太原

太原位于山西省中央、太原盆地的北端,三面环山,汾河穿城而过,是全省的政治、经济、文化、交通中心。历史悠久,古称晋阳、并州、"龙城",是一座具有4 700多年历史的古城。主要的景点有晋祠、天龙山石窟、永祚寺、崇善寺、窦大夫祠、蒙山大佛、太山等。

【知识拓展】

晋　祠

国家4A级旅游景区、全国重点文物保护单位。位于太原市西南郊25千米处的悬瓮山麓,是为了纪念周武王的次子、晋国的开国候叔虞而建,又因位于晋水的源头,故名晋祠。始建于北魏,历代多次的修缮和扩建。

景区内殿宇、亭台、楼阁、桥树互相映衬,山环水绕,文物荟萃,古木参天,是一处中国少有的风景十分幽美的大型祠堂式古典园林,被誉为山西的"小江南"。晋祠的圣母殿、"鱼沼飞梁"被称为国宝,周柏唐槐、难老泉、宋塑侍女像被誉为"晋祠三绝"。

(二)平遥古城

平遥古城位于山西省的中部,太原盆地南端,始建于西周宣王时期(公元前827—前782年),距今已有2 700多年的历史,明代洪武三年(1370年)扩建。迄今为止,它还较为完好地保留着明、清时期县城的基本风貌,堪称中国汉民族地区现存最为完整的古城,是中国现存较好的四座古城中最完整的一座古城,也是世界文化遗产(1997年)。

平遥古城的特色,在于古城内基本以古建和民居为主。民居多为四合院形制,沿中轴线有几套院组成,中间多为矮墙、垂花门楼分隔,形成二进和三进的"日"和"目"字形基本布局形式。主建筑正房为三间或五间砖拱券窑洞,前面建木构披檐,明柱上有雀替和木雕。屋顶为平顶,有的上筑照壁,风水楼;东西厢房及倒座南房,均为单坡向内坡木结构瓦屋顶,街门一般在中轴线左侧倒座梢间或轴线上,街门对面有影壁。平遥古城内的街道、商店和民居都保持着传统的布局与风貌。街道呈十字形,商店铺面沿街而建。铺面结实高大,檐下绘有彩画,房梁上刻有彩雕,古色古香。铺面后的居民宅全是青砖灰瓦的四合院,轴线明确,左右对称。整座古城呈现出一派古朴的风貌。

平遥是中国古代商业中著名的"晋商"的发源地之一。清代道光四年(1824年),中国第一家现代银行的雏形"日升昌"票号在平遥诞生。三年之后,"日升昌"在中国很多省份先后设立分支机构。19世纪40年代,它的业务更进一步扩展到日本、新加坡、俄罗斯等国家。当时,在"日升昌"票号的带动下,平遥的票号业发展迅猛,鼎盛时期这里的票号竟多达22家,一度成为中国金融业的中心。

平遥古城是中国境内保存最为完整的一座古代县城,是中国汉民族城市在明清时期的杰出范例,在中国历史的发展中,为人们展示了一幅非同寻常的文化、社会、经济及宗教发展的完整画卷。

(三)云冈石窟

云冈石窟位于大同市西郊武周山北崖,石窟依山开凿,东西绵延1 000米,现存主要洞窟53个,大小窟龛252个,石雕造像5.1万余尊,大佛最高者17米,最小者仅几厘米。它是中国规模最大的四大石窟群之一,也是世界闻名的艺术宝库、世界文化遗产(2001年)、国家5A级旅游景区、全国重点文物保护单位。

据文献记载,云冈石窟开凿于北魏年间,距今已有1 500多年的历史。整个石窟分为东、中、西三部分,石窟内的佛龛,似蜂窝密布,大、中、小窟疏密有致地嵌贴在云冈半腰。东部的石窟多以造塔为主,故又称塔洞;中部石窟每个都分前后两室,主佛居中,洞壁及洞顶布满浮雕;西部石窟以中小窟和补刻的小窟为最多,修建的时代略晚,大多是北魏迁都洛阳后的作品。

云冈石窟雕刻以石雕造像气魄雄伟、内容丰富多彩、雕刻精细著称于世。其雕刻艺术继承并发展了秦汉雕刻艺术传统,吸收和融合了佛教艺术的精华,具有独特的艺术风格。对后来隋唐艺术的发展产生了深远的影响,在中国艺术史上占有重要地位,也是中国与亚洲国家友好往来、文化交流的历史见证。

(四)北岳恒山

恒山位于山西省北部,绵延250余千米,主峰天峰岭在山西省浑源县城南,海拔2 017米,气势雄伟,被称为"人天北柱""绝塞名山"和"天下第二山",是国家级风景名胜区。

恒山曾名常山、恒宗、元岳、紫岳。据史书记载,早在4 000多年前,舜帝北巡时,遥望恒山奇峰耸立,山势巍峨,遂叩封为北岳,为北国万山之宗主。秦始皇时,朝封天下十二名山,恒山被推崇为天下第二山。恒山山脉东西绵延500里,天峰岭与翠屏山,两峰东西对峙,断崖绿带,层次分明,蔚为壮观。两峰之间的金龙峡,峡谷幽深,峭壁侧立,形成绝塞天险,自古为兵家所必争的南北要道。

图3-33 悬空寺

恒山自古为道教圣地,早在汉代就有道教活动。佛教亦在恒山建寺院。据说,恒山在西汉初年即建有祠庙,到明、清时期,恒山已拥有规模宏大的古建筑群。仅主峰即有大小祠庙60余处,称为"三寺四祠七亭阁,七宫八洞十五庙"。恒山古有十八景,今尚存朝殿、会仙府、九天宫、悬空寺等10多处建筑,其中悬空寺为恒山第一胜景之首。

悬空寺位于恒山金龙峡的半崖峭壁间,始建于北魏后期的太和十五年(491年),为北岳恒山精华景点之一,被誉为"世界一绝",现为全国重点文物保护单位,在海内外享有很高的知名度。悬空寺整个建筑面对北岳恒山,背倚翠屏山,上载危岩,下临深谷,楼阁悬空,结构巧奇。共有大小殿阁四十间,皆为木质结构,充分利用力学原理,半插飞梁为基,巧借岩石暗托;梁柱上下一体,廊栏左右相连,曲折出奇,虚实相生。悬空寺是中国古建筑艺术中罕见的经典杰作,是中国现存最早的高空摩崖木构古建筑。唐代诗仙李白为其醉书"壮观"二字,明代旅行家徐霞客叹其为"天下巨观"。

(五) 五台山

五台山位于山西省忻州市东北部五台县境内,平均海拔1 000米以上,最高点北台叶斗峰海拔3 058米,被称为"华北屋脊"。五台山方圆约300千米,因五峰如五根擎天大柱,拔地崛起,巍然矗立,峰顶平坦如台,故名五台。又因山上气候寒冷,盛夏不知炎暑,故又别称清凉山,是世界文化景观遗产(2009年)、国家5A级旅游景区、国家级风景名胜区。

五台山是中国四大佛教圣地之一,五座台顶合围的地区,称为台内,其外围则称台外。山中众多的佛寺都聚集在台内台怀镇。这里寺庙林立,殿宇鳞次栉比,其中显通寺、塔院寺、殊像寺、罗睺寺和菩萨顶被称为五台山五大禅寺。台外的寺庙比较分散,其中以南禅寺、佛光寺最著名。

相传,这里最早的佛教寺庙始建于东汉,唐代因"文殊信仰"的繁盛,寺院多达360多处。清代,随着喇嘛教传入五台山,出现了各具特色的青、黄二庙,青庙住和尚,黄庙(藏传佛教寺院)住喇嘛。现存寺院48处,僧尼数百人。五台山是中国唯一汉地佛教和藏传佛教寺庙并存的道场,又以其建寺历史之悠久和规模之宏大,而居佛教四大名山之首,故有金五台之称,在日本、印度、斯里兰卡、缅甸、尼泊尔等国享有盛名。

五台山是文殊菩萨的道场,所以这里众多寺庙的正殿都以供奉文殊菩萨为主。文殊菩萨是释迦牟尼的左胁侍,关于他的来历,说法很多,而最流行的说法是他出身于舍卫国的婆罗门家庭,因有慈爱之心,后随释迦牟尼佛出家,成为佛的大弟子,帮助佛化导芸芸众生。他在诸大菩萨中智慧辩才第一,故专司佛的智慧,有"大智文殊"的尊号。文殊的坐骑为一青狮,表示智慧威猛。他手持宝剑,表示智慧锐利。文殊菩萨因智慧第一,所以被推为众菩萨之首,后因对观音信仰流传,逐渐被取而代之。

七、山东省

山东省,简称鲁,省会济南,面积15.79万平方千米,常住人口9 979.31万(2013年),有汉、回、满、壮、朝鲜等多个民族,下辖17个地级市。位于黄河下游,东临渤海和黄海,地形中部突起,为鲁中南山地丘陵区;东部半岛大部是起伏和缓、谷宽坡缓的波状丘陵,为鲁东丘陵区;西部、北部是黄河冲积而成的平原,是华北平原的一部分,为鲁西北平原区。气候属温带季风气候,降水集中,雨热同季,四季分明。

山西历史悠久,也是华夏文明的主要发源地之一,人文旅游资源众多而奇特。主要的旅游景点有东岳泰山、曲阜三孔、青岛的崂山、胶东半岛海滨等。

(一)省会济南

济南市,位于山东省中部偏西,北跨黄河,是全省政治、经济、文化、科技、教育和金融中心。济南风景秀丽,泉水众多,被誉为"泉城"。城内72名泉争涌,尤以趵突泉、黑虎泉、珍珠泉、五龙潭四大名泉群久负盛名,自古享有"家家泉水、户户垂柳"之誉。"四面荷花三面柳,一城山色半城湖"是济南的独特风光。主要的景点有四门塔、灵岩寺、大明湖、千佛山、趵突泉等。

(二)东岳泰山

泰山位于泰安市城北,古称岱山、岱宗,是世界文化与自然双重遗产(1987年)、国家5A级旅游景区、国家级风景名胜区。泰山总面积426平方千米,主景区面积195平方千米。主峰玉皇顶,海拔上型巨米,以鳃翘盼著称,高度居五岳第三位,排名却为第一,享有"五岳之首""五岳独尊""天下第一山"的盛誉。由于泰山崛起于平原之上,山体形象高大,巍峨壮丽,气势磅礴,有拔地通天之势,自古便被人们认为是崇高伟大的象征。

泰山是中华民族的象征,是灿烂东方文化的缩影,是"天人合一"思想的寄托之地。泰山自古便被视为是社稷稳定、政权巩固、国家昌盛、民族团结的象征,故历代帝王争相尊崇之。

历朝历代,无论谁当上皇帝,第一件大事就是朝拜泰山,泰山也因此成为中国唯一受过皇帝封禅的名山。从先秦(远古时)的无怀氏、伏羲氏、黄帝、炎帝到周成王等72位君主;到秦皇、汉武、唐宗、宋祖至明朝历代帝王,先后有12位皇帝,都亲临泰山封禅祭祀,其中汉武帝曾八至泰山。尤其自秦始皇东巡"登临泰山,周览东极",大举封禅活动后,历代帝王更是或亲赴或派使臣纷纷登泰山祭祀封禅。泰山脚下的岱庙就是举行封禅大典和祭祀泰山神的地方。泰山封禅祭祀,是中国诸多名山中特有的文化现象。

泰山也是各朝文人墨客、名家学者争相瞻仰、顶礼膜拜的心灵圣地。历代文人名士纷至沓来,为之留下了不朽之作。孔子"登泰山而小天下",传为佳话;杜甫"会当凌绝顶,一览众山小",成千古绝唱。历代赞颂泰山的诗词、歌赋多达1 000余首。

古人的活动,为泰山留下了众多的历史遗迹,山间遍布诗文碑刻,古寺亭桥。现保存较好的古建筑群有26处、楼台亭坊等单体建筑近百处、历代石刻1 800余处。其中,规模宏大的宫廷式古建筑群岱庙,中国唯一保存的秦刻石"李斯碑"以及堪称"大字鼻祖""榜书之宗"的北齐金刚经摩崖石刻和唐摩崖等,都已成为中华文化遗产中的瑰宝。

泰山形成于28亿年前的太古代,地质结构复杂,自然景观雄奇峻秀。景区内植被覆盖率达到了80%以上。满山的茂林,参天的古木,烘托出泰山雄伟壮丽的气势和深邃优美的自然景色。

泰山的名胜古迹与大自然的美景和谐地融成一体,别具一格。泰山山势壮丽,自然景观巍峨、雄奇、沉浑、峻秀,苍松翠柏、奇峰幽谷与古迹融为一体,展现了泰山有别于其他名山的特点。

登泰山有东西两路,一般从东路上山至极顶,再回到中天门,循西路的公路下山。东路从岱宗坊开始,至极顶共有9千米,上山蹬道计6 293级石阶。

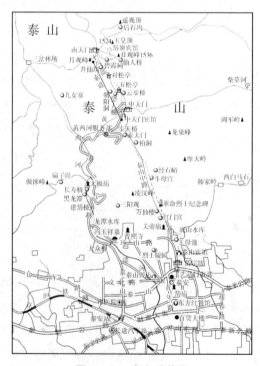

图3-34 泰山导游图

1. 岱庙

岱庙位于泰安市区北,泰山南,是历代帝王举行封禅大典和祭祀泰山神的地方,其创建年代久远,从秦、汉起历经修建,留有很多珍稀文物,总面积9.6万平方米,它是泰山最大、最完整的古建筑群,为道教神府。

岱庙是中国现存形制规格最高的庙宇建筑,以帝王宫城形制的传统礼制模式来营造泰山神宫。天贶殿是岱庙的主体建筑,为东岳大帝的神宫。殿面阔九间,进深四间,通高22米,面积近970平方米,为重檐庑殿式,上履黄琉璃瓦。天贶殿采用了在中国只有宫殿的正殿才能使用的"九五之制"及"重檐庑殿顶"。因此,岱庙被誉为"华夏名山第一庙"。

岱庙,碑刻林立,古木众多。泰山最早的刻石——泰山秦刻石就陈列于庙内。而树木以汉柏、唐槐知名,还有诸多的奇石盆景、四季鲜花,也独具特色。1988年,岱庙被国务院公布为全国重点文物保护单位。

2. 岱宗坊

岱宗坊位于岱庙正北,建于明代,为泰山之门户。四柱三间式,以泰山花岗岩建造,其北有"一天门"坊。岱宗坊往上,经富丽堂皇的红门宫、斗母宫、经石峪、回马岭等到中天门。

3. 中天门

中天门是东西两路会合处,这里地势开阔平坦,北望南天门,云梯高悬;南瞰众群山,透逸足下。这里现建有很多旅游服务设施,可在此小憩和食宿,有索道可直上岱顶月观峰。

4. 十八盘

十八盘是泰山最为陡峻的一段,这里两侧山壁陡峭,中间蹬道盘旋,十八盘岩层陡立,倾角70至80度,在不足1千米的距离内升高400米,行人几乎直上直下。泰山有三个十八盘之说。自开山至龙门为"慢十八",再至升仙坊为"不紧不慢又十八",又至南天门为"紧十八",共计1 630余阶。

5. 南天门、碧霞元君祠

攀上南天门,便是依悬崖、临深谷的平坦"天街",走过天街就是碧霞元君祠。碧霞元君祠,是岱顶上最大的建筑群。祠内建筑皆铜铁之瓦,正殿内供泰山女神碧霞元君铜像。道教认为元君乃东岳大帝之女,是受玉帝之命照察人间善恶之神。大殿前有明代铜碑两座,祠内有铜铸千斤鼎和万岁楼,南神门上有歌舞楼。在碧霞元君祠东北大观峰石崖上,摩崖碑刻遍布,其中《纪泰山铭》为唐玄宗封泰山时所书。

6. 玉皇顶

玉皇顶乃泰山极顶,顶上有玉皇殿,顶东有观日亭,顶西有望江亭,顶东南还有拱北石,这些为观岱顶四大奇观之处。

7. 岱顶奇观

泰山岱顶海拔1 545米,有日观峰、月观峰、丈人峰、象鼻峰簇拥着,亦有碧霞元君祠、玉皇殿、瞻鲁台、仙人桥衬托着，站在此处放眼远望，群山、河流、原野、城市尽收眼底。自古最为人们称道的有四大奇观："旭日东升""晚霞夕照""黄河金带"和"云海玉盘"。

（三）曲阜三孔

曲阜三孔列入世界文化遗产（1994年），属国家5A级旅游景区、国家级风景名胜区、全国重点文物保护单位。

1. 孔庙

孔庙位于曲阜城的中央，其建筑规模宏大、雄伟壮丽、金碧辉煌，为中国最大的祭孔要地。据史料记载，在孔子死后的第二年（公元前478年），鲁哀公就下令将孔子旧居改建为祭祀孔子的庙宇。经历代重建扩修，明代形成了现有规模，占地面积20万平方米，前后九进院落，以南北为中轴，分左、中、右三路，庙内共有殿阁亭堂门坊100余座。

孔庙的主要建筑都集中在南北中轴线上，气势雄伟，布局严谨，从南到北，依次为石坊、权星门、圣时门、壁水桥、弘道门、大中门、同文门、奎文阁、十三碑亭、大成门、杏坛、大成殿、寝殿、圣迹殿等。

大成殿，是孔庙的主殿，也是祭祀孔子的正殿，高32米，宽54米，九脊重檐，黄瓦覆顶，规模仅次于北京故宫太和殿，是中国三大宫殿建筑之一。大殿四廊有精雕的大理石柱28根，是中国古代石雕艺术精品。前廊10根石柱各雕两条正在戏珠的飞龙，工艺绝妙，为中国宫殿建筑中所罕见。两山廊及后檐支以18根八棱水磨石柱，浅雕团龙祥云。殿内廊柱皆楠木，都彩绘团龙填金。

杏坛，位于大成殿前甬道正中，杏坛据传是孔子生前讲学的地方，重檐八角楼阁，坛前有精雕石香炉和4株杏树。坛旁有一株古桧，称"先师手植桧"。

圣迹殿，位于大成殿以北，是存放以孔子一生经历为题材的石刻120幅"圣迹图"之地，这是中国最早的一套有完整故事的石刻连环画。殿内还有800多块汉魏以来的碑刻、画像雕刻以及珍贵的书法石刻，连同庙内原有的1 200多块碑刻，共2 100多块，形成中国罕见的大型碑林，被称为仅次于西安碑林的"中国第二碑林"。

整个孔庙就像一座大型历史博物馆，与北京故宫、承德避暑山庄、泰山岱庙等同为中国最大的古建筑群，在世界建筑史上占有重要地位，是中国珍贵的文化遗产。

2. 孔府

孔府旧称衍圣公府，位于孔庙东邻，是孔子世袭"衍圣公"的世代嫡裔子孙居住的地方，是中国仅次于明、清皇帝宫室的最大府第。府内有九进院落，总面积240多亩，房屋463间。从孔宗愿起至72代孙孔德成止，孔子后裔有30多代都居于此，历时900多年。

孔府布局分东、西、中三路。中路为主体部分，前部为官衙，设三堂六厅；后部为内宅，是眷属居住和活动的地方；最后面是孔府花园。西路为客厅院，东路为家庙。

孔府经历代帝王的扩建,可称为中国最大最豪华的古代贵族府第,是中国历史上历时最久、规模最大的地主庄园,同时又是一个官衙、家庙、住宅三位一体的古典建筑群。孔府收藏有大量文物,是研究东方儒学以及历史文化的最佳场所。

3. 孔林

孔林又称至圣林,位于曲阜城北门外,是孔子及其后代的家族墓地,面积大约 2 平方千米,周围林墙 5.6 千米,墙高 3 米多,厚 1 米。孔林内有坟冢 10 余万座,古树万余株,碑刻 4 000 余通,以及各类华表、石人、石兽。

孔林对于研究中国历代政治、经济、文化的发展以及丧葬风俗的演变,有着不可替代的作用。

(四) 青岛市

青岛市,位于山东半岛南端、黄海之滨。青岛依山傍海,风光秀丽,气候宜人,是一座独具特色的海滨城市,是中国重要的经济中心城市和港口城市,国家历史文化名城和风景旅游胜地。青岛是 2008 年第 29 届奥运会帆船比赛举办城市,是中国的"帆船之都"。青岛是中国 14 个沿海开放城市和 8 个国际会议城市之一,也是中国重要的海洋科研基地。

青岛市的主要景点有栈桥、中山公园、湛山寺、鲁迅公园、第二海水浴场、小青岛、汇泉湾、海产博物馆、五四广场等胜景。

1. 青岛海滨风景区

青岛海滨风景区位于青岛市区南部沿海一线,西起团岛,东至大麦岛,东西长约 25 千米,南北宽约 3 千米,陆地面积 8.4 平方千米,海域面积 5 平方千米,并环抱团岛湾、青岛湾、汇泉湾、太平湾和浮山湾,背倚观象山、观海山、信号山、青岛山、太平山和浮山,具有依山面海的优越地理环境,汇山、海、城于一体,熔自然与人工为一炉,是国家级风景名胜区当中少数位于城市中心的海滨风景区。主要风景游览区有八大关景区、八大峡景区、太平山景区和太平角景区。主要风景点有栈桥、鲁迅公园、小青岛、小鱼山、百花苑、汇泉广场、"五四"广场、音乐广场、燕儿岛公园、第一、二、三、六海水浴场及海滨观光大道—东海路、香港路等。

2. 崂山

崂山位于青岛市崂山区境内,绕山海岸线长 87 千米,是国家 5A 级旅游景区。崂山是中国东部沿海地区著名高山之一,它耸立于黄海之滨,气势雄伟,是闻名遐迩的海上名山,国务院确定的第一批国家重点风景名胜区之一。最高峰称"巨峰",又名崂顶,海拔 1 133 米,是山东省境内仅次于东岳泰山的第二高峰。

崂山在历史上是一座道教名山,宋初建造的太清宫(下清宫)坐落在崂山海湾,依山傍海,景色之美居崂山各寺殿之冠,是崂山成为道教名山的标志,也是崂山的主要风景区。崂山胜景有岩壑茂林中的南九水,以潮音瀑、鱼鳞瀑著称的北九水。

崂山地处中纬度暖温带滨海地区,气候终年温和湿润,山南坡接受南方暖湿气流较多,更为温润,有"小江南"之誉;因此,山上古木奇树郁郁葱葱,名花异草漫山遍野。春季繁花似锦,夏季绿树成荫,秋季红叶如丹,冬季松柏青翠。一年四季,整座崂山犹如一幅色彩鲜艳的天然画卷。

(五)蓬莱阁

蓬莱阁位于烟台市西北部,坐落在蓬莱城北面的丹崖山上,是中国四大名楼之一,是国家5A级旅游景区、全国重点文物保护单位。秦始皇访仙求药的历史故事和八仙过海的神话传说,给蓬莱阁抹上了一层神秘的色彩,因而古来即有"仙境"之称。

蓬莱阁始建于宋,是由三清殿、吕祖殿、苏公祠、天后宫、蓬莱阁等组成的古建筑群。主体建筑蓬莱阁是一座双层木结构建筑,阁楼高巧米,上悬清代著名书法家铁保手书"蓬莱阁"横匾。阁上的四周环以明廊,可供游人登临远眺,是观赏"海市蜃楼"奇异景观的景佳处所。蓬莱阁重檐翘角,雕梁画栋,素有"人间第一楼"称号。其中,"海市蜃楼"是闻名古今中外的海上奇观。阁内文人墨宝、楹联石刻,不胜枚举。

(六)威海刘公岛

刘公岛位于山东半岛最东端的威海湾内,东西长4.08千米,南北最宽1.5千米,最窄0.06千米,海岸线长14.95千米,面积3.15平方千米,最高处海拔153.5米,是国家5A级旅游景区。人文景观丰富独特,既有上溯千年的战国遗址、汉代刘公刘母的美丽传说,又有清朝北洋海军提督署、水师学堂、古炮台等甲午战争遗址,还有众多英租时期遗留下来的欧式建筑,素有"东隅屏藩"和"不沉的战舰"之称。其北部海蚀崖直立陡峭,南部平缓绵延,森林覆盖率达87%,有"海上仙山"和"世外桃源"的美誉。主要景点有中国甲午战争博物馆、刘公岛国家森林公园、刘公岛博览园、刘公岛鲸馆、旗顶山炮台、东泓炮台、铁码头等。

【项目小结】

黄河中下游旅游区包括7个省级行政区,是中国旅游业发达的地区。本区地貌类型多样,海陆兼备;气候以温带大陆性气候为主,四季分明;区内交通发达,物产丰富。本区人文旅游资源极其丰富,历史文胜古迹以古都城、历史文化名城、皇陵和宗教遗迹为主;自然景观以名山和海滨风光尤为突出。

项目三　黄河中下游旅游区

【项目测试题】

一、填空题

1. 黄河中下游旅游区组成了以_____为中心的全国陆、空交通总枢纽。
2. _____是中国第一大旅游城市。
3. 黄河中下游旅游区的黄金旅游季节是_____。
4. 当今世界上最大的城市中心广场是_____。
5. _____是中国现存最大的一处坛庙建筑。
6. 明长城中现存最好的一段是北京的_____。
7. 当今世界上保存完整、埋葬皇帝最多的墓葬群是_____。
8. 中国北方最大的沿海开放城市是_____。
9. 中国现存最大的皇家园林是_____。
10. 中国古代被称为"中原""中州"的是_____省。
11. 素称"九朝古都"的是_____市,被誉为"泉城"的是_____市。
12. _____是中国最早打开城门、对外开放的城市,也是世界四大历史文化古都之一。
13. 中国唯一汉地佛教和藏传佛教寺庙并存的道场是山西省的_____。
14. 曲阜三孔是指_____、_____、_____。
15. 中国首列集文化与自然为一体的世界双重遗产是_____。

二、简答题

1. 黄河中下游旅游区包括哪些行政区?本区的旅游资源有哪些特征?
2. 黄河中下游旅游区共有几个旅游胜地被联合国教科文组织列入《世界遗产名录》?说出具体名称。
3. 北京是一座怎样的城市?
4. 北京故宫为什么闻名于世?试简介其布局。
5. 为什么说北京颐和园是国内外享有盛誉的古典园林?其布局分为哪几个区?试简介其景观的精华。
6. 中岳嵩山的"中国六最"是指什么?其表现在哪里?
7. 西安是一座怎样的城市?
8. 西岳华山"险"在哪些方面?
9. 太原晋祠被誉为国宝建筑的有哪些?为什么?其有哪"三绝"?绝在哪里?
10. 东岳泰山为什么被合国教科文组织列入《世界自然和文化遗产名录》?说出其主要的游览景点。

项目四

长江中下游旅游区

项目四 长江中下游旅游区

长江中下游旅游区位于中国长江中下游,包括湖南、湖北、江西、江苏、浙江、上海、安徽六省一市,按其所处位置,又可分为中游的荆楚文化区和下游的江南水乡区两部分。本区地理位置优越,大部分处于秦岭—淮河与南岭之间,气候条件良好,经济文化发达,水陆交通方便,旅游资源丰富。

【学习目标】

知识目标

1. 了解长江中下游旅游区的地形特征、气候类型特点、风物特产等概况
2. 掌握长江中下游旅游区的旅游资源特征
3. 熟悉区内各省级行政区的旅游环境及主要的旅游胜地,重点熟悉世界遗产和人与生物圈自然保护区。

能力目标

1. 能在地图上指出长江中下游旅游区的省级行政区及省会城市的位置
2. 能说出长江中下游旅游区的旅游资源特征及相应的特色旅游资源
3. 能根据学习内容尝试旅游线路设计

任务一 地理环境概况

长江中下游旅游区又可分为中游荆楚文化(含湖南、湖北、江西)和下游江南水乡(含江苏、浙江、上海、安徽)两部分,总面积约91.6万平方公里。本区人口集中,物产丰富,自古经济繁荣。

一、地形

长江中下游旅游区的地形以平原和低山丘陵为主,包括长江中游平原(江汉平原、鄱阳湖平原、洞庭湖平原)、长江下游及三角洲平原、江南丘陵、浙皖丘陵、黄淮平原及淮南山地等几个自然单元。河流众多,主要河流有长江及其支流、淮河、钱塘江、京杭大运河等。

二、气候

本区旅游气候比较舒适,冬温夏热,降水丰沛且分配均匀,四季皆可游览。春秋两季

为旅游旺季,尤其秋季是黄金季节,春季虽降水稍多,但正值春暖花开,万物峥嵘,又无北方风沙之患,也是良好的旅游季节。盛夏虽热,但本区的风景名山、湖岸、海滨区是理想的避暑胜地。冬季与北方相比,并无严寒,因此一些景点仍不乏游人。另外,每年6月下旬~7月上旬江淮地区会有连续性降水,称"梅雨"。武汉、南昌、南京等城市夏季炎热,有"火炉"之称。

【知识拓展】

"火炉"武汉

据气象观测部门统计,自2000年以来,武汉日最高温已退出全国前三位。在2010年民间新"四大火炉"的排名中,一直被冠以"四大火炉"之一的武汉被剔除出队伍,在中国气象局出炉的全国省会城市高温日排名统计中,武汉也未进入前十。

尽管不被称为"火炉",但武汉的夏天却更加难熬。据统计,2010年7月份,武汉地区平均酷热日数却较常年平均值要多2天,而且武汉的最低温也多年位居全国首位,夜间气温经常达30℃以上不落。

三、交通

本区自古交通发达,过去以水路为主,长江、淮河横贯东西,京杭大运河纵贯南北。现在更建立起便利的铁路、公路和民用航空交通运输网。航空运输以上海、南京、杭州、合肥、南昌、武汉、长沙为中心,联系区内及国内外主要大中城市。主要铁路干线有京广、京沪、沪杭、浙赣、焦枝、枝柳等线。公路网也四通八达,遍布各县市。总之,便利的交通发达的经济为本区旅游业的发展提供了强有力的保障。

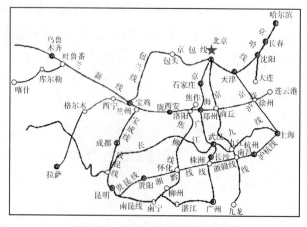

图4-1 中国主要铁路线示意图

四、特产

本区农业发达,物产非常丰富,素有"鱼米之乡"的美称。粮、棉、麻、蚕丝、茶叶、花生、水产等的生产均在全国占有十分重要的地位。长江三角洲平原、江汉平原、洞庭湖平原、鄱阳湖平原均是中国重要的商品粮基地。

此外,本区工艺美术品的生产历史悠久,技艺精湛,著名的工艺美术品有景德镇的陶瓷、宜兴的紫砂陶瓷、常熟的花边、无锡惠山的泥人、扬州的漆器和玉雕、黄山市的徽墨、泾县的宣纸、芜湖的铁画、湖州的湖笔、青田的叶腊石雕、宁波的草席、东阳的木雕、湖南的苗族扎染等。

图 4-2 丝绸和陶瓷

五、民俗

本区民族以汉族为主,少数民族主要分布在湖南湖北,有土家族、苗族、瑶族、侗族、白族、回族等。

【知识拓展】

梅　雨

中国江淮地区,每年初夏 6~7 月期间,常是阴雨连绵的天气。此时,降雨次数多,降水量大,因正值江南梅子黄熟的季节,称为"黄梅雨",简称"梅雨"。由于这段时期多雨阴湿,日照时间短,因此衣物极易发霉变质,又俗称"霉雨"。

梅雨是南北冷暖气团僵持在江淮地区所引起的,它持续的时间越久,梅雨期越长;否则,梅雨匆匆而过,形成"空梅"或"少梅"天气,会造成江淮地区大范围的干旱天气。江淮地区梅雨期的降水量占全年降水量的 20%~30%,梅雨适时、适量对水稻的生长非常有利。

正常年份,梅雨期平均为 24 天,最多的 1896 年为 65 天,最短的 1971 年只有 6 天。

任务二　旅游资源特色

一、名湖荟萃

本区属于长江中下游平原,降水丰富,河网密布,湖泊众多。代表有:五大淡水湖(鄱阳湖、洞庭湖、太湖、洪泽湖、巢湖),园林风景湖有杭州西湖、武汉东湖、嘉兴南湖、南京玄武湖等。

图 4-3　长江下游湖泊分布卫星示意图

1. 鄱阳湖

古名彭蠡,亦称彭泽或彭湖,位于江西省北部的长江南岸,南宽北窄,形似葫芦,承纳了赣江、抚河、信江、修水、饶河等五大河,面积 3 914 平方公里。

鄱阳湖是中国第一大淡水湖,在鄱阳湖的南部,以永修县吴城镇为中心,包括大湖池、中湖池等大小湖泊及其周围的湖滩草洲组成的候鸟保护区,总面积33.6万余亩,为中国最大的候鸟保护区之一,每年冬季有成千上万只候鸟在这里越冬。保护区内有鸟类150多种,其中数量最多的是雁形目中的野鸭,此外还有灰雁、鸿雁、白额雁等大型候鸟和美丽、洁白的天鹅。

2. 洞庭湖

古称云梦泽,为中国第二大淡水湖,接纳湘江、资水、沅水、澧水四水后注入长江,面积 2 820 平方公里,跨湘鄂两省,号称"八百里洞庭"。洞庭湖碧波万顷,浩无涯际,素以水天一色、气象万千而得名,有"洞庭天下水"之美称。潇湘八景中的"洞庭秋月""平沙落雁""远浦归帆""江天暮雪""渔村夕照"五景均在此处。

君山是洞庭湖中一个美丽的小岛,满目青翠、万木葱茏。君山所产的银针茶,是中国十大名茶之一。山上还有舜帝的二妃墓、秦始皇的封山印,柳毅传书的传书亭和柳毅井、吕洞宾的朗吟亭、汉武帝的酒香亭等。

3. 太湖

太湖横跨江苏、浙江两省,面积约 2 400 平方公里,是中国第三大淡水湖。太湖东、北、西沿岸和湖中诸岛,为吴越文化发源地,有大批文物古迹遗存湖岸。鼋头渚是无锡境内太湖西北岸的一个半岛,因有巨石突入湖中,状如浮鼋翘首而得名。鼋渚风光,山清水秀,胜景天然,为太湖风景精粹所在,故有"太湖第一名胜"之称。著名诗人郭沫若诗赞:"太湖佳绝处,毕竟在鼋头。"

二、近代革命圣地

本区曾是现代中国革命早期活动的中心,辛亥革命的首发之地,南昌起义、秋收起义、井冈山会师都发生这里,江西瑞金建立了第一个中华苏维埃政权,红军二万五千里长征是从这里出发的,本区也是许多革命先驱工作和生活过的地方,因此留下了丰富的革命胜迹。

其中著名的有湖北武汉中央农民运动讲习所旧址、武昌起义纪念馆、湖南韶山冲毛主席故居、湖南宁乡刘少奇故居、井冈山革命根据地、南昌起义总指挥部旧址、红色故都瑞金、湖南岳麓山的爱晚亭、湖南橘子洲头等。

三、风景名山

此处自然风光秀丽,多山地旅游资源,如安徽黄山、九华山、天柱山、浙江天台山、雁荡山、普陀山,湖南衡山、武陵源、岳麓山、江西庐山、井冈山、龙虎山、三清山,湖北武当山,江苏茅山等都是本区的风景名山。山岳不仅景色秀丽,而且寺庙道观林立,自然与人文旅游资源都很丰富。本区还是中国道教活动的中心之一,武当山、龙虎山、三清山、茅山均为道教圣地。

四、园林荟萃

本区气候温和,河流湖泊众多,加之常绿阔叶林和花卉的种类多,为造园提供了优越的自然条件。本区著名的园林有上海的豫园,南京的梅园、瞻园,苏州的拙政园、留园、狮子林、沧浪亭,无锡的蠡园、梅园、寄畅园,扬州的个园,绍兴的沈园。

五、特色古村镇

明清时期,以太湖为中心的江南地区经济繁荣,一些原来只是居民很少的小村,随着市场交易的扩大,逐步发展成为繁荣的市镇。这些小城镇都依傍在水道边,形成了以水路交通为主体的交通网。其中旅游开发较好的有周庄、同里、乌镇、西塘、南浔、甪直,这六镇被称为"江南六镇"。

此外,江西婺源,安徽西递、宏村属于徽州文化的代表,它们以世外桃源般的田园风光、保存完好的村落形态、工艺精湛的徽派民居和丰富多彩的历史文化内涵而闻名。

六、江南名楼

湖南岳阳楼、湖北黄鹤楼、江西滕王阁被誉为江南三大名楼。

1. 岳阳楼

岳阳楼位于岳阳市西门城头,耸立于洞庭湖边。三国吴将鲁肃在洞庭湖边操练水师,建阅军楼,即为岳阳楼的前身。宋庆历五年(1045年)重修岳阳楼,请范仲淹撰《岳阳楼记》,因文中"先天下之忧而忧,后天下之乐而乐"的千古名言,使得岳阳楼声名远播,成为千古名楼。

今日岳阳楼为清同治六年(1867年)重建。为宋代风格。平面为长方形,风格独特,主楼三层通高19.72米,重檐盔顶,纯木结构。楼中四根楠木大柱直贯

图4-4　岳阳楼

三楼,四面环以明廊,腰檐设有平座,建筑精湛,气势雄伟。登上楼来,放眼望去,浑无际涯的"八百里"洞庭湖直入眼底,令人陡然间心旷神怡。

2. 黄鹤楼

黄鹤楼位于武汉市武昌区长江南岸蛇山之巅。始建于三国时期(223年),传说孙权为实现"以武治国而昌"("武昌"的名称由来于此),筑城为守,建楼以瞭望。自古以来,在黄鹤楼上留下了不少的脍炙人口的传世名篇。其中最为人们熟悉的是唐代诗人崔颢一首七律诗《黄鹤楼》,这也是黄鹤楼得以名扬

图4-5　黄鹤楼

天下的重要原因。

黄鹤楼的建筑特色,是各层大小屋顶交错重叠,翘角飞举,仿佛是展翅欲飞的鹤翼。楼层内外绘有仙鹤为主体,云纹、花草、龙凤为陪衬的图案。第一层大厅的正面墙壁,是一幅表现"白云黄鹤"为主题的巨大陶瓷壁画。2至5层的大厅都有其不同的主题,在布局、装饰、陈列上都各有特色。走出五层大厅的外走廊,举目四望,视野开阔,这里高出江面近90米,大江两岸的景色,历历在望,令人心旷神怡。

3. 滕王阁

滕王阁位于南昌沿江路赣江边,始建于唐永徽四年(653年),为唐高祖李渊之子李元婴任洪州都督时所创建。李元婴在贞观年间曾被封为滕王,故阁以"滕王"一名冠之。滕王阁因"初唐四杰"之首的王勃一篇雄文《滕王阁序》而得以誉满天下,特别是其中的千古丽句"落霞与孤鹜齐飞,秋水共长天一色"更是脍炙人口。

图4-6 滕王阁

滕王阁主体建筑净高57.5米,建筑面积13 000平方米。其下部为象征古城墙的12米高台座,分为两级。台座以上的主阁取"明三暗七"格式,即从外面看是三层带回廊建筑,而内部却有七层,就是三个明层,三个暗层,加屋顶中的设备层。新阁的瓦件全部采用宜兴产碧色琉璃瓦,因唐宋多用此色。正脊鸱吻为仿宋特制,高达3.5米。勾头、滴水均特制瓦当,勾头为"滕阁秋风"四字,而滴水为"孤鹜"图案。台座之下,有南北相通的两个瓢形人工湖,北湖之上建有九曲风雨桥。

七、三国遗迹

历史上魏、蜀、吴三国鼎立的半个世纪,是一个群雄争霸的时代,分别以曹操、刘备、孙权为首的三个军事政治集团围绕着争帝的目标,斗智、斗勇、斗谋,演绎出一个又一个动人心弦的故事。这些故事脍炙人口,世代相传,为中国人民所熟知,而本区则是这些故事的主要发生地,留下了大量三国遗存。

襄樊隆中为诸葛亮出山前躬耕之处,家喻户晓的刘备三顾茅庐请军师的故事就发生在这里。此外赵子龙单骑救幼主的当阳长坂坡、关羽走麦城兵败身亡的麦城、埋藏关羽身躯的当阳关林等都在湖北省境内。岳阳楼曾为赤壁之战以后东吴鲁肃的阅兵台,至今岳阳楼东南300米有鲁肃墓,附近有周瑜之妻小乔墓,益阳有关云长单刀赴会的鬼蛇山等。众多的三国遗存、遗迹为本区开展三国文化专项旅游提供了及其优越的条件。

【知识拓展】

赤壁何在

今天湖北省有两个赤壁,一是赤壁市西北的"周郎赤壁",二是黄冈市城外的"东坡赤壁"。"周郎赤壁"(蒲圻赤壁)是历史上有名的古战场,有翼江亭、乌林寨、武侯宫、拜风台等景点。东坡赤壁(黄州赤壁),北宋著名文学家苏轼多次往游,写下了脍炙人口的《赤壁怀古》《前赤壁赋》《后赤壁赋》等怀古诗文,有二赋堂、挹爽楼、剪刀峰、留仙阁、碑阁、坡仙亭、放鹤亭、酹江亭、喜雨亭、放龟亭、睡仙亭、栖霞楼、荷花池等景点。

【练习】

图 4-7 中国行政区标注练习图

1. 请在图中标出湖南、湖北、江西、江苏、浙江、上海、安徽的位置。
2. 请在图中标出湖南、湖北、江西、江苏、浙江、安徽的省会城市。

任务三 主要旅游胜地

一、湖北省

湖北省简称鄂,省会武汉,人口6 028万。位于洞庭湖以北,地形大致为东、西、北三面环山,中间低平,略呈向南敞开的不完整盆地状。长江自西向东,贯穿全省。湖北是中国湖泊最多的省份之一,境内湖泊多达一千多个,素有"千湖之省"之称。湖北为多民族省份之一,有土家、苗、回、侗、满、壮、蒙古等少数民族。

省辖地级市有12个:武汉市、十堰市、襄樊市、随州市、荆门市、孝感市、宜昌市、黄冈市、鄂州市、荆州市、黄石市、咸宁市;1个自治州:恩施土家族苗族自治州。

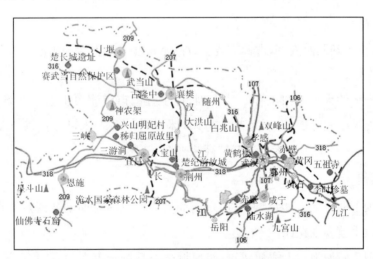

图 4-8 湖北省主要旅游景点示意图

(一) 省会:武汉

武汉,又称"江城",湖北省省会,中国国家区域中心城市(华中)。辛亥革命中首义武昌起义便发生在这里。

武汉位于中国腹地中心,长江及其最大支流汉江横贯市区,将武汉一分为三,形成武昌、汉口、汉阳跨江鼎立的格局。武汉是世界各大城市中人均拥有水量最多的城市。主要的旅游景点有黄鹤楼,东湖,武汉大学的樱花也闻名遐迩。

【知识拓展】

不妨对樱花门票多点理解

　　武汉大学的樱花树又在春风中静悄悄地绽放了。这是每年都令人期待的时刻,却也不免是年年令人烦恼的时候,樱花节甚至一度成为"樱花劫",年年带来这样那样的争议,而今焦点则是武汉大学收取的樱花门票了。

　　近年来,为了方便市民,诸多公园等绿色休闲地方,都开始对市民免费。而具体到武汉大学的樱花门票上,有网友质问,武汉大学平时是免费出入,为什么"樱花节"期间就要收费?更有人质疑武大是在靠樱花敛财。确实,乍看起来,樱花不只是属于高校的,开放的公立大学不是景区不是商业单位,不应"经营樱花",谁都有权利欣赏美景,收费似乎不应该。但应该看到,拥有樱花资源的武大,虽然不是景区,但也不是公园,而是拥有大量师生的高校,欣赏樱花是自由的,但赏美景的前提是不损害他人的权利,具体而言,就是不能过于影响学校的教学秩序。而收费则是秩序维持和权利平衡的必要代价,对此应该多一些理解和包容。作为游客来讲,不能只看到欣赏樱花的权利,而忽视了高校师生们享有的正常上课学习活动的权利。

(二) 宜昌

　　宜昌市,位于湖北西南部,古称夷陵。宜昌是长江三峡上游与中游的分界点,也是长江三峡的最东端。

　　世界上最大的水利枢纽工程三峡大坝,位于宜昌市南津关上游三斗坪附近的中堡岛。大坝为混凝土重力坝,坝顶高为海拔185米,坝长3 035米,坝高185米,正常蓄水位175米,目前,蓄水位为135米,已初具"高峡平湖"景观。

(三) 荆州

　　荆州为天下九州之一,因地处荆山之南而得名。三国时期刘备假意哭荆州、关公大意失荆州的故事就发生在此。

　　荆州城现存砖城为明末清初建筑,整座城呈不规则长方形,东西长3.75公里,南北宽1.2公里,城垣周长10.5公里,城内面积4.5平方公里,1970年后,随着交通事业发展的需要,经国务院批准,城垣上新开3座三孔城门,加上原有的6座城门,共有9座城门。砖城内有土筑城墙,与砖城相依,城上可通行。砖城外有外环道与水城环绕,水城俗称护城河。

　　荆州城自明末清初最后一次修复以来,已有350年历史,至今保存完好,是中国现存为数很少的古代城垣中较完好的一座,也是长江中游地区唯一一座完好的古城垣,在国内外享有盛名。

(四) 武当山

武当山位于丹江口市的西南部，又名太和山、玄岳山，武当意为"非真武不足当之"，是中国著名的道教圣地。1994年12月15日入选《世界遗产名录》。武当主峰天柱峰，海拔1 612米，周围又有"七十二峰""三十六岩""二十四涧"等胜景环绕，风光旖旎，气势宏伟，被世人赞为"万山来朝"。武当山不但风景美，而且是中国一座文化宝库，山上古代建筑中规模宏伟、工程浩大的道教宫观，则更负盛名，称得上是世界古代建筑史上的奇迹。

图4-9　武当山金殿

【知识拓展】

朱棣：武当山的塑造者

朱元璋亲自选定的继承人是他的长孙朱允炆，他在1398年即位时，还只是一个21岁的年轻人，称为建文帝。自即位开始，建文帝就着手废除朱元璋留下来的一堆藩国。在几个较弱的藩王被消灭后，1399年8月，深感受威胁的燕王朱棣决心孤注一掷，发动军事叛乱。多次战役中，朱棣都曾遇险，只有在道教人士的保护下，朱棣本人才被救走而幸免于难。1402年7月，朱棣的军队攻入南京，建文帝失踪，朱棣成为了新的皇帝。

篡位而缺乏合法性的阴影一直萦绕在成祖的心中，对他造成了巨大的心理压力。他急于通过道教仙人的扶持来证明自己拥有真正的上天之命。从1405年开始，成祖开始急切地派人寻访张三丰，尊称他为真仙。虽然一直未能找到张三丰，但为了报偿武当的援助，或许也是为了借助武当派的力量寻访失踪的建文帝，从1412年开始，朱棣下令修建了规模宏大的武当的道教神庙，可以与北京的宫廷媲美。他还为这些寺庙撰写了热情洋溢的碑文。在十五世纪初叶，武当一跃而为武术世界最为显赫的门派。

(五) 世界文化遗产——明显陵

明显陵位于钟祥市东北郊的松林山，是明世宗嘉靖皇帝朱厚熜父母的合葬墓，1988年1月被列为全国重点文物保护单位，2000年11月与清东陵、清西陵一起作为明清皇家陵寝被联合国教科文组织列入《世界遗产名录》。

明代共建有 18 座皇帝陵墓。显陵面积达 183.13 公顷，是明代帝陵中最大的单体陵墓。显陵的建造是明中叶重大事件"大礼议"的产物，关联着嘉靖初年的社会思想、信仰和一些政坛首脑人物的命运，具有重大历史意义。

显陵在建筑手法上也有其独特之处，如一座陵墓二座地下宫殿、金瓶形的外罗城、九曲回环的御河、龙形神道和内外明塘等都是明陵中仅见的孤例。

【知识拓展】

大礼议事件

正德十六年四月，年仅 31 岁的正德皇帝明武宗朱厚照病死。朱厚照做了十六年的皇帝，却没有一儿半女。更要命的是，他的父亲明孝宗也仅仅只有他这一个儿子。最后，明孝宗的侄子，明武宗的堂弟，兴献王朱祐杬之子朱厚熜承袭了皇位，即为嘉靖皇帝。

大礼议事件，简单地说，是大臣要嘉靖皇帝认他的伯父为父亲，而改称自己的亲生父亲为叔叔，改称自己依旧在世的亲生母亲为叔母。而嘉靖则坚持要尊己父为兴献皇帝，母为兴献皇后。由此开始了以首辅杨廷和等为一方，以皇帝和张璁、桂萼等为另一方的"大礼议"之争。这样一个仅仅出于礼仪上的问题，牵动了整个朝局的变化，很多届内阁因此倒台，很多人因此失去官位甚至生命。

图 4-10 明显陵

（六）人与生物圈自然保护区——神农架

神农架位于长江与汉水之间的川鄂交界地带，属于秦岭、大巴山东段，茫茫群峰竞相耸立，千峰攒簇，云遮雾绕。相传上古时期的神农氏曾经在这里遍尝百草，为人们治病，后人为了纪念他，就把这里称为"神农架"。神农架面积 3 253 平方公里，保留了大片的原始森林，生长着众多珍稀的、濒危的动植物，自然生态保存完好，1990 年被联合国教科文组织列入世界"人与生物圈"保护区网。1995 年世界自然基金会又将神农架定为"生物多样性保护示范点"。

【知识拓展】

野人的传说

神农架野人历史上流传之久,三千年以前的古籍中早有记载。从1976年开始,中国科学院和湖北省人民政府有关部门组织科学考察队对神农架野人进行了多次的考察。考察中,发现了大量野人脚印,长度从21厘米到48厘米;收集到数千根野人毛发;在海拔2 500米的箭竹丛中,考察队还发现了用箭竹编成的适合坐躺的野人窝。神农架野人是神农架山区客观存在的一种奇异动物,参加研究的科学家认为,野人属于一种未知的高级灵长类动物。虽然已初步了解到这种动物活动地带和其活动规律,但要揭开这千古之谜,还需要进行一系列的科学考察,神农架旅游委员会已将野考作为一项旅游项目。

二、湖南省

湖南位于长江中游,因湘江贯穿全境,简称"湘",古称"潇湘""湖湘""三湘",省会长沙。全省三面环山,地貌以山地、丘陵为主。省内河湖密布,水网纵横,有全国第二大淡水湖——洞庭湖。

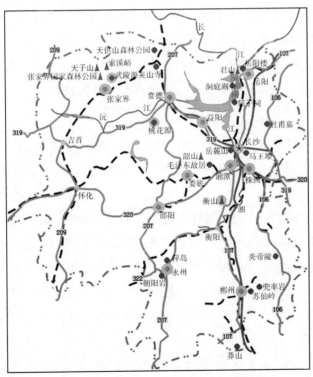

图 4-11 湖南省主要旅游景点示意图

湖南少数民族众多,有土家族、苗族、瑶族、侗族、白族、回族、维吾尔族等40个少数民族,因此少数民族风情成为旅游的一大特色。

省辖地级市有13个:长沙市、株洲市、湘潭市、衡阳市、邵阳市、常德市、益阳市、娄底市、郴州市、永州市、怀化市、张家界、岳阳市;1个自治州:湘西土家族苗族自治州。

(一) 省会:长沙

长沙别称星城,古称潭州,位于湖南省东部偏北,是湖南省的政治、经济、文化、交通和科教中心,中南地区重要的交通和航运中心,是著名的娱乐之都。

长沙是中国首批历史文化名城,有3 000年悠久的历史文化,是著名的楚汉名城、屈贾之乡、伟人故里,楚文化和湖湘文化的重要始源地之一,早在春秋战国时期即为楚国雄踞南方的附属地,曾为汉长沙国国都和南楚国都。

长沙主要的旅游景点有岳麓山风景名胜区(包括岳麓山、岳麓书院和橘子洲),花明楼(含刘少奇纪念馆、刘少奇故居等)。

【知识拓展】

岳麓山与青年毛泽东

岳麓山的爱晚亭,始建于清乾隆五十七年,原名红叶亭,后根据唐代诗人杜牧"远上寒山石径斜,白云生处有人家。停车坐爱枫林晚,霜叶红于二月花"的诗句,改名爱晚亭。爱晚亭与安徽滁县的醉翁亭、杭州西湖的湖心亭、北京陶然亭公园的陶然亭并称中国四大名亭。爱晚亭是革命活动胜地,毛泽东青年时代,经常与革命同志聚会爱晚亭下,纵谈时局,探求真理。现该亭匾额"爱晚亭"三字即为毛主席亲笔书写。

(二) 衡阳

衡阳,为湖南省辖地级市,地处南岳衡山之南,因山南水北为"阳",故得此名;因"北雁南飞,至此歇翅停回",栖息于市区回雁峰,故衡阳雅称"雁城"。主要的旅游景点有南岳衡山。

衡山位于湖南衡山县,主峰祝融峰,海拔1 290米,是根据火神祝融氏的名字命名的。相传祝融氏是上古轩辕黄帝的大臣,人类发明钻木取火后却不会保存火种和不会用火,祝融氏由于跟火亲近,成了管火用火的能手。黄帝就任命他为管火的火正官。因为他熟悉南方的情况,黄帝又封他为司徒,主管南方事物。他住在衡山,死后又葬在衡山。为了纪念他对人们的重大贡献,将衡山的最高峰命名祝融峰。在古语中,"祝"是持久,"融"是光明,让他永远光明。

南岳衡山气候温暖,风景秀丽,植物繁茂,自古就有"五岳独秀"之誉。衡山最令人神往的是"四绝",即祝融峰之高、藏经殿之秀、方广寺之深和水帘洞之奇。

图 4-12　衡山

（三）岳阳

岳阳古称巴陵、通衢，又名岳州，公元前505年建城，是一座有着2 500多年悠久历史的文化名城，以"洞庭天下水、岳阳天下楼"著称于世。岳阳西临洞庭湖，北接长江，南连湘、资、沅、澧四水，区位优越，风景秀丽，土地肥沃，物产丰富，素有"鱼米之乡"的美誉。境内有岳阳楼、君山岛、屈子祠等景点。

（四）张家界

张家界是湖南省辖地级市，原名大庸市，位于湖南西北部，澧水中上游，属武陵山区腹地。张家界因旅游建市，是中国最重要的旅游城市之一，是湘鄂西、湘鄂川黔革命根据地的发源地和中心区域。1982年9月，张家界国家森林公园成为中国第一个国家森林公园。

武陵源位于中国湖南省西北部，由张家界市的张家界森林公园、慈利县的索溪峪自然保护区和桑植县的天子山自然保护区组合而成，总面积约500平方公里。于1992年12月入选世界自然遗产。

武陵源独特的石英砂岩峰林属国内外罕见，在360多平方公里的面积中，有山峰3 000多座，这些突兀的岩壁峰石连绵万顷，层峦叠嶂。武陵源水绕山转，据称仅张家界就有"秀水八百"，景区分布了众多的瀑、泉、溪、潭、湖。金鞭溪是一条十余公里长的溪流，从张家界沿溪一直可以走到索溪峪，两岸峡谷对峙，山水倒映溪间，别具风味。武陵源的溶洞数量多、规模大，极富特色，其中最为著名的是索溪峪的"黄龙洞"。洞全长7.5公里，洞内分为四层，景观奇异，是武陵源最为著名的游览胜地之一。

图 4-13 武陵源风光

【知识拓展】

价值一亿的定海神针

定海神针是黄龙洞景区的标志景点,高 19.2 米,围径 40 公分,为黄龙洞最高石笋,两头粗中间细,最细处直径只有 10 厘米,按专家测定的黄龙洞石笋的年平均生长速度仅为 0.1 毫米,依此推算,"定海神针"生长发育至今已有 20 万年历史了,而且仍在继续生长,如果再长 6 万年,再长 6 米,就可直抵穹顶而"顶天立地"了!为了更好地保护这一标志景点,黄龙洞景区 1998 年特地为"定海神针"买下一亿元人民币保险,创世界为资源性资产买保险之先河。

(五)凤凰

凤凰古城建于清康熙四十三年,隶属于湘西土家族苗族自治州,东与泸溪县交界,南与麻阳县相连,西同贵州省铜仁市、松桃苗族自治县接壤,北和吉首市、花垣县毗邻,史称"西托云贵,东控辰沅,北制川鄂,南扼桂边"。曾被新西兰著名作家路易艾黎称赞为中国最美丽的小城。

(六)世界自然遗产——中国丹霞:崀山

崀山位于湖南省南部跟广西交界的新宁县,2010 年 8 月以中国丹霞之一入选世界遗产。

崀山发育了青年、壮年、晚年各个时期丹霞的地貌,是中国丹霞景区中丹霞地貌发育丰富程度和品位最有代表性和最优美的景区,完整的红盆丹霞地貌,全国第一。青山、绿水、红崖交相辉映,蜡烛峰的陡峭,红华赤壁的艳丽,将军石的俊俏,骆驼峰的形状,具有极高的美景观赏价值,被地质专家们赞誉称为"丹霞瑰宝"。

图4-14 崀山风光

三、江西省

江西省,简称赣。因公元733年唐玄宗设江南西道而为省名,又因为江西省最大河流为赣江而得简称,"自江北视江南,江东在左,江西在右",别称江右。自古以来江西人文荟萃、物产富饶,有"文章节义之邦,白鹤鱼米之国"的美誉。

江西省地处中国东南偏中部长江中下游南岸,东邻浙江、福建,南连广东,西靠湖南,北毗湖北、安徽而共接长江。江西为长江三角洲、珠江三角洲和闽南三角洲地区的腹地。古称江西省为"吴头,楚尾,粤户,闽起",乃"形胜之区"。

图4-15 江西省旅游景点分布示意图

全境有大小河流 2 400 余条,赣江、抚水、信江、修水和鄱江为江西五大河流。鄱阳湖为中国最大的淡水湖,同时也是世界上最大的候鸟栖息地。

省辖地级市有 11 个:南昌、九江、赣州、吉安、萍乡、鹰潭、新余、宜春、上饶、景德镇、抚州。

(一) 省会:南昌

南昌,简称洪,又称洪城、英雄城,是江西省省会,江西省政治、经济、文化、科技和交通中心,中国重要的综合交通枢纽和现代制造业基地。

南昌地处江西省中部偏北,赣江、抚河下游,濒临中国第一大淡水湖鄱阳湖西南岸,自古就有"粤户闽庭,吴头楚尾"之称。南昌是国家历史文化名城,有着两千两百多年的建城史,因南方繁荣昌盛而得名,一直都是府、州、省、道治所,1927 年中国共产党在这里诞生,让这里成为著名的革命英雄城市。旅游景点主要有滕王阁、百花洲、八一起义纪念馆等。

(二) 九江

九江,简称"浔",古称柴桑、江州、浔阳,是一座有着 2 200 多年历史的江南名城。九江位于长江、京九两大经济开发带交叉点,是长江中游区域中心港口城市,是中国首批 5 个沿江对外开放城市之一,也是东部沿海开发向中西部推进的过渡地带,号称"三江之口,七省通衢"与"天下眉目之地",有"江西北大门"之称。

九江有"九派浔阳郡,分明似画图"之美称。中国最大淡水湖鄱阳湖有三分之二的水域面积在九江,主要景点有庐山、佛教净土宗发源地东林寺等。

庐山位于九江市南,北濒长江,东接鄱阳湖,以"奇、秀、险、雄"闻名于世,素有"匡庐奇秀甲天下"的美誉。1996 年 12 月入选世界文化景观遗产。

全山共 90 多座山峰,总面积 302 平方公里,最高峰为大汉阳峰,海拔 1 474 米,拥有"秀甲天下"的自然风光。晋代高僧慧远(334—416 年)在山中建立东林寺,开创了佛教中的"净土宗",使庐山成为中国封建时代重要的宗教圣地。此外,这里还有中国四大书院之一的白鹿洞书院,是中国古代教育和理学的中心学府。

1895 年英国传教士李德立花 200 两白银租借牯岭长冲河一带的 800 亩土地为避暑之所,此后,俄、美、英、法、德、意、日、瑞典、瑞士、丹麦、挪威、葡萄牙等 20 多个国家的商贸名流和国内各界人士争相来此兴建度假别墅,总数达 640 多栋,可谓"世界别墅建筑艺术博物馆",庐山遂亦成为驰名世界的旅游避暑胜地。其中最著名的美庐,是庐山特有的一处人文景观,它曾作为蒋介石的夏都官邸,"主席行辕",曾是当年第一夫人宋美龄生活的"美"的房子,它演化出的历史轨迹与世纪风云紧密相联。

(三)景德镇

景德镇,别名"瓷都",位于江西省东北部,黄山、怀玉山余脉与鄱阳湖平原过渡地带,处于皖、浙、赣三省交界处,是中国重要的交通枢纽中心。景德镇位于长江之南,历史上与广东佛山、湖北汉口、河南朱仙镇并称全国四大名镇。

(四)婺源

婺源,位于赣东北,东邻国家历史文化名城衢州,西毗瓷都景德镇,北枕国家级旅游胜地黄山,南接江南第一仙山三清山,是一颗镶嵌在皖、浙、赣三省交界处的绿色明珠。婺源素有"书乡""茶乡"之称,是全国著名的文化与生态旅游县,被外界誉为"中国最美的乡村"。

(五)瑞金

瑞金是享誉中外的"红色故都"、共和国摇篮、中央红军长征出发地。瑞金在中国革命历史上曾经写下了光辉灿烂的一页,有着重要的历史地位,是中国第一个红色政权——中华苏维埃共和国临时中央政府的诞生地,第二次国内革命战争时期中央革命根据地的中心,是红军二万五千里长征的出发地之一。

(六)世界自然遗产之中国丹霞——龙虎山

龙虎山原名云锦山,国家重点风景名胜区,位于江西省鹰潭市郊西南20公里处。2010年8月以中国丹霞之一入选世界遗产。

源远流长的道教文化、独具特色的碧水丹山和规模宏大的崖墓群构成了龙虎山风景旅游区自然景观和人文景观的"三绝"。

东汉中叶道教第一代天师张道陵后裔世居于此,在这里承袭了63代,历时1 900年,历来被尊为道教祖庭。兴盛时期曾建有十大道宫,二十四道观,三十六道院。至今保留完好的龙虎山上清嗣汉天师府,占地3万多平方米,建筑恢宏,尚存建筑6 000余平方米,全部雕花镂刻,朱红细漆,古色古香,一派仙气,历史上皇帝赐号"宰相家""大真人府"。

图4-16 龙虎山风光

(七) 世界自然遗产——三清山

三清山位于上饶地区玉山、德兴两县交界处。主峰玉京峰海拔 1 817 米,因山有玉京、玉华、玉虚三峰巍峨奇伟,状如道教始祖(即玉清、上清、太清)居坐群峰之巅,故名"三清山"。2008 年 7 月入选世界自然遗产。

三清山经历了 14 亿年的地质运动、风雨沧桑,形成了举世无双的花岗岩峰林地貌,最令人叹为观止的是三清山"三绝",它们是"神女峰""观音听琵琶"和"巨蟒山"。

东晋时期,著名道士葛洪来此开山修道,之后的 1 700 年漫长岁月中,三清山为道家文化积累了大批建筑和文物,现今山上存道教遗迹和古建筑近 300 处。随处可见的道教文化遗迹,不仅给了三清山"露天道教博物馆"的美名,更塑造了三清山清绝尘嚣的品性。

图 4-17 三清山风光

四、浙江省

浙江省地处中国东南沿海长江三角洲南翼,面积 10.18 万平方公里,是中国面积最小的省份之一。境内最大的河流钱塘江,因江流曲折,称之江,又称浙江,省以江名,简称"浙"。省会杭州。浙江文化灿烂,人文荟萃,科技教育发达,名胜古迹众多,素享"文物之邦,旅游之地"美誉。

浙江地形复杂,大致可分为浙北平原、浙西丘陵、浙东丘陵、中部金衢盆地、浙南山地、东南沿海平原及滨海岛屿等六个地形区。省内有钱塘江、瓯江、灵江、苕溪、甬江、飞云江、鳌江、京杭运河(浙江段)等八条水系;有杭州西湖、绍兴东湖、嘉兴南湖、宁波东钱湖四大名湖及人工湖泊千岛湖。

气候特点是季风显著,四季分明,年气温适中,光照较多,雨量丰沛,空气湿润,雨热季节变化同步,气候资源配置多样,气象灾害繁多。

项目四　长江中下游旅游区

图 4-18　浙江省的主要旅游景点示意图

省辖地级市有 11 个:杭州市、宁波市、温州市、嘉兴市、湖州市、绍兴市、金华市、衢州市、舟山市、台州市、丽水市。

(一)省会:杭州

杭州,简称杭,位于中国东南沿海、浙江省北部、钱塘江下游北岸、京杭大运河南端,是中国七大古都,自古有"人间天堂"的美誉。元朝时曾被意大利旅行家马可·波罗赞为"世界上最美丽华贵之城"。

杭州拥有两个国家级风景名胜区——西湖风景名胜区、"两江两湖"(富春江——新安江——千岛湖——湘湖)风景名胜区;两个国家级自然保护区——天目山、清凉峰自然保护区;七个国家森林公园——千岛湖、大奇山、午潮山、富春江、青山湖、半山和桐庐瑶琳森林公园;一个国家级旅游度假区——之江国家旅游度假区;全国首个国家级湿地——西溪国家湿地公园。杭州还有全国重点文物保护单位 25 个、国家级博物馆 9 个。

1. 世界文化景观——杭州西湖

2011 年 6 月入选世界文化遗产的文化景观类。西湖位于杭州城西,三面环山,东面濒临市区,南北长 3.3 公里,东西宽 2.8 公里,水面面积约 5.66 平方公里,包括湖中岛屿为6.3平方公里,湖岸周长15公里。苏堤和白堤将湖面分成里湖、外湖、岳湖、西里湖和小南湖五个部分。

图4-19　西湖风光——三潭印月

西湖处处有胜景,最著名的是南宋定名的"西湖十景"和1985年评出的"新西湖十景"。西湖十景为苏堤春晓、曲院风荷、平湖秋月、断桥残雪、柳浪闻莺、花港观鱼、雷峰夕照、双峰插云、南屏晚钟、三潭印月。新西湖十景有云栖竹径、满陇挂雨、虎跑梦泉、龙井问茶、九溪烟树、吴山天风、阮墩环碧、黄龙吐翠、玉皇飞云、宝石流霞。

【知识拓展】

人民币上的风景

你有没有留意过人民币上的风景?钱币被称为"国家的名片",我们现在正在流通中的人民币上正面多是国家领袖,而背面则是中国最著名的风景。从珠峰到长城,从泰山到井冈山,人民币上的风景浓缩了中国自然、历史、文化中最典型的代表。

"三潭印月"是我们日常生活中最常见、"接触"最多的风景,因为它出现在第五套人民币面值1元的钱币上。三潭印月是杭州西湖的标志性景观,是江南园林"自然风光与人工建筑结合"的典范。人民币上的图案并非完全写实,摄影师所在角度只能拍到两座石塔。

图4-20　"人民币99版1元背面"

【练习】

请同学们辨认其他面值的人民币,其他版本的人民币背面分别是什么景点。

2. 世界人与生物圈——天目山

天目山地处浙江省西北部临安市境内,古名浮玉山,主峰仙人顶海拔1 506米。于1996年加入联合国教科文组织人与生物圈保护区网络。

"天目"之名始于汉,因东、西峰顶各有一池,宛若双眸仰望苍穹,由此得名。天目山保存着长江中下游典型的森林植被类型,素有"大树华盖闻九州"之誉。其森林景观以"古、大、高、稀、多、美"称绝。"古":天目山保存有中生代孑遗植物野生银杏,被誉为"活化石"。该物种全球仅在天目山有天然的野生状态林。"大":天目山自然保护区现有需三人以上合抱的大树400余株,享有"大树王国"之美誉;"高":天目山金钱松的高度居国内同类树之冠,最高者已达60余米,被称为"冲天树";"稀":天目山有许多特有树种,以"天目"命名的动植物有85种。其中天目铁木,全球仅天目山遗存5株,被称为"地球独生子"。

(二)宁波

宁波,简称甬,是浙江省第二大城市。宁波地处东南沿海,位于中国大陆海岸线中段,长江三角洲南翼,东有舟山群岛为天然屏障,北濒杭州湾,西接绍兴市的嵊州、新昌、上虞,南临三门湾,并与台州的三门、天台相连。著名的旅游景点有蒋介石的故乡奉化溪口镇。

(三)嘉兴

嘉兴位于浙江省东北部、长江三角洲杭嘉湖平原腹心地带,是长江三角洲重要城市之一。嘉兴自古为富庶繁华之地,素有"鱼米之乡""丝绸之府"之美誉,主要景点有南湖景区,月河历史街区,乌镇,西塘古镇等。

(四)温州

温州,简称"瓯";浙江省三大中心城市之一,是中国民营经济发展的先发地区与改革开放的前沿阵地,在改革开放初期,以"南有吴川,北有温州"享誉全国。地理位于浙江省东南部,瓯江下游南岸。温州是中国南戏的故乡,温州人被国人称之为东方犹太人。境内国家级重点风景名胜区雁荡山、楠溪江。

南麂列岛,位于浙江省鳌江口外30海里的东海,距鳌江港56千米,离台湾岛约150千米。隶属平阳县。区域总面积200平方千米,陆域面积11.3平方千米,由大小52个岛屿组成。海洋风光秀丽,生态保持良好,1990年成为中国首批5个海洋类型的自然保护区之一,是中国唯一的国家级贝藻类海洋自然保护区,被誉为"贝藻王国",于1999年被联合国教科文组织列为世界生物圈保护区网络。

(五) 四大佛教名山——普陀山

位于杭州湾以东约100海里,是舟山群岛中的一个小岛。全岛面积12.5平方公里,呈狭长形,最高处佛顶山,海拔约300米。普陀山兼有山海之景,风光旖旎、洞幽岩奇、古刹琳宫、云雾缭绕,名胜古迹比比皆是,吸引了众多的游客。

传说在五代后梁时(916年),日本高僧慧锷曾从山西五台山请得观音圣像一尊,经明州(今宁波)乘船回国,途经普陀洋面,遇风受阻,洋面上出现了数百朵铁莲花挡住了慧锷的去路,几经努力,船仍无法前进,此时慧锷立刻省悟到,可能是观音菩萨不肯离开中国故土去日本。于是慧锷祈祷说,如是观音菩萨不肯去日本,那么就在船到之处建庙供奉。忽然铁莲花随即隐去,船飘到了普陀山下的潮音洞,于是慧锷与岛上居民在紫竹林中建了一座"不肯去观音院"。此后,普陀山佛教日渐兴盛,寺院渐增,僧人云集,成为中国著名的佛教圣地,并被开辟为观音菩萨的道场。全盛时,全山寺庵达200余座,有僧尼数千。现存古刹中以普济、法雨、慧济三大寺最为著名。

五、江苏省

江苏省简称苏,省会南京。位于中国东部黄海之滨,扼长江入海门户。公元1667年,因江南布政使司东西分置而建省,省名为"江宁府"与"苏州府"合称之简称。

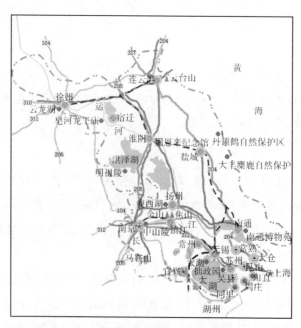

图 4-21 江苏省的主要旅游景点分布示意图

江苏地形以平原为主,主要有苏南平原、苏中江淮平原、苏北黄淮平原组成,其中点缀着五大淡水湖中的太湖、洪泽湖,自然条件优越,物产丰富,历史上素有"鱼米之乡"的美誉。

省辖地级市有13个:南京市、无锡市、徐州市、常州市、苏州市、南通市、连云港市、淮安市、盐城市、扬州市、镇江市、泰州市、宿迁市。

(一)省会:南京

南京,简称宁,地处长江下游的中心地带。南京历史悠久,有着6 000多年文明史、近2 600年建城史和近500年的建都史,是中国七大古都之一,有"六朝古都""十朝都会"之称,是中华文明的重要发祥地。南京旅游资源丰富,旅游业发达,主要景点有秦淮河、玄武湖、莫愁湖、中山陵、明孝陵等。

明孝陵坐落在南京市紫金山南麓独龙阜玩珠峰下,东毗中山陵,南临梅花山,是南京最大的帝王陵墓,亦是中国古代最大的帝王陵寝之一。2003年明孝陵入选世界文化遗产。

明孝陵是明朝开国皇帝朱元璋和皇后马氏的合葬陵墓,因皇后谥"孝慈",故名孝陵。作为中国明陵之首的明孝陵壮观宏伟,代表了明初建筑和石刻艺术的最高成就,直接影响了明清两代500多年帝王陵寝的形制,依历史进程分布于北京、湖北、辽宁、河北等地的明清帝王陵寝,均按南京明孝陵的规制和模式营建,在中国帝陵发展史上有着特殊的地位,故而有"明清皇家第一陵"的美誉。

图4-22 明孝陵石像生

【知识拓展】

秦淮八艳

秦淮河是南京古老文明的摇篮,南京的母亲河,这里素为"六朝烟月之区,金粉荟萃之所",更兼十代繁华之地,"衣冠文物,盛于江南;文采风流,甲于海内",被称为"中国第一历史文化名河"。明清两代,尤其是明代,是十里秦淮的鼎盛时期。明末清初,秦淮八艳的事迹更是脍炙人口。

秦淮八艳的事迹,最先见于余怀的《板桥杂记》分别写了顾横波、董小宛、卞玉京、李香君、寇白门、马湘兰等六人。后人又加入柳如是、陈圆圆而称为八艳。她们八人有几个共同点,首先都具有爱国的民族气节;秦淮八艳除马湘兰以外,其他人都经历了由明到清的改朝换代的大动乱。当时好多明朝的贪官贪生怕死,卖国求荣,而和他们形成鲜明对比的是:秦淮八艳虽然是被压迫在社会最底层的妇女,在国家存亡的危难时刻,却能表现出崇高的民族气节。然后,她们在诗词和绘画方面都有很高的造诣。她们八人个个能诗会画,只是大部分已经散失,只有柳如是作品保留下来较多,她们创作勤奋,努力表达自己的生活感受。

(二)苏州

苏州,古称吴,简称苏,又称姑苏、平江等,位于江苏省东南部、长江以南、太湖东岸、长江三角洲中部。苏州有文字记载的历史已逾四千年,是吴文化的发祥地和集大成者,历史上长期是江南地区的政治经济文化中心。

苏州以其独特的园林景观被誉为"中国园林之城",素有"人间天堂""东方威尼斯""东方水城"的美誉。苏州园林是中国私家园林的代表,被联合国教科文组织列为世界文化遗产。

苏州城内有大小园林近200处,其中沧浪亭、狮子林、拙政园和留园分别代表着宋、元、明、清四个朝代的艺术风格,被称为苏州"四大名园"。

苏州园林中的拙政园、留园和网师园,于1997年被列入《世界遗产名录》。2001年沧浪亭也被列入《世界遗产名录》。2000年11月苏州艺圃、藕园、沧浪亭、狮子林和退思园5座园林作为苏州古典园林的扩展项目被批准列入《世界遗产名录》。

沧浪亭位于苏州城南,是苏州最古老的一所园林,始建于北宋庆历年间(1041—1048年),南宋初年(12世纪初)曾为名将韩世忠的住宅。沧浪亭造园艺术与众不同,未进园门便设一池绿水绕于园外。园内以山石为主景,迎面一座土山,沧浪石亭便坐落其上。山下凿有水池,山水之间以一条曲折的复廊相连。假山东南部的明道堂是园林的主建筑,此外还有五百名贤祠、看山楼、翠玲珑馆、仰止亭和御碑亭等建筑与之衬映。

狮子林位于苏州城内东北部,始建于元至正二年(1342年)。因园内石峰林立,多状似狮子,故名"狮子林"。狮子林平面呈长方形,面积约15亩,林内的湖石假山多且精美,建筑分布错落有致,主要建筑有燕誉堂、见山楼、飞瀑亭、问梅阁等。狮子林主题明确,景深丰富,个性分明,假山洞壑匠心独具,一草一木别有风韵。

留园坐落在苏州市阊门外,始建于明代,清代称"寒碧山庄",俗称"刘园",后改为"留园"。留园占地约50亩,中部以山水为主,是全园的精华所在。主要建筑有涵碧山房、明瑟楼、远翠阁、曲溪楼、清风池馆等处。留园内建筑的数量在苏州诸园中居冠,其在空间上的突出处理,充分体现了古代造园家的高超技艺和卓越智能。

拙政园位于苏州娄门内,是苏州最大的一处园林,也是苏州园林的代表,明正德年间(1506—1521年)修建。现存园貌多为清末时(20世纪初)所形成,占地面积达62亩。拙政园的布局主题以水为中心,池水面积约占总面积的五分之一,各种亭台轩榭多临水而筑。主要建筑有远香堂、雪香云蔚亭、待霜亭、留听阁、十八曼陀罗花馆、三十六鸳鸯馆等。拙政园建筑布局疏落相宜、构思巧妙,风格清新秀雅、朴素自然。

网师园位于苏州城东南部。始建于南宋时期(1127—1279年),当时称为"渔隐"。清代乾隆年间(1736—1796年)重建,取"渔隐"旧意,改名为"网师园"。网师园占地约半公顷,是苏州园林中最小的一座。园内主要建筑有丛桂轩、濯缨水阁、看松读画轩、殿春簃等。网师园的亭台楼榭无不临水,全园处处有水可依,各种建筑配合得当,布局紧凑,以精巧见长,具有典型的明代风格。

图4-23 拙政园风光

(三) 无锡

无锡,简称"锡",古称梁溪、金匮,被誉为"太湖明珠"。无锡市位于长江三角洲平原腹地,江苏南部,它北倚长江,南濒太湖,东接苏州,西连常州,京杭大运河从中穿过。无锡自古就是鱼米之乡,素有布码头、钱码头、窑码头、丝都、米市之称,是中国国家历史文化名城。主要景点有鼋头渚、灵山大佛、影视城等。

(四) 扬州

扬州古称广陵、江都,地处江苏省中部,东与盐城市、泰州市毗邻;南临长江,与镇江市隔江相望;西南部与南京市相连;西部与安徽省滁州市交界。

扬州历史悠久,建城史可至公元前486年,历史上有"扬一益二"的美誉。扬州环境宜人,景色秀丽,主要有瘦西湖、何园、个园等。

（五）世界人与生物圈——盐城自然保护区

江苏盐城国家级珍禽自然保护区又称盐城生物圈保护区(简称盐城保护区),位于盐城市区正东方向40公里,地跨响水、滨海、射阳、大丰、东台五县(市)最近的城镇为射阳县盐东镇。该区主要保护类型是内陆湿地和水域生态系统,主要保护对象是湿地及丹顶鹤等珍贵水禽,朱哲琴的歌曲《一个真实的故事》就发生在这里。

图4-24 盐城保护区风光

六、上海市

上海市简称沪或申,位于东海之滨,长江入海口,为中国四个中央直辖市之一,是中国最大综合性城市和海港,也是中国著名的大都市之一。

图4-25 上海市的主要旅游景点分布示意图

上海地处长江入海口,东向东海,隔海与日本九州岛相望,南濒杭州湾,西与江苏、浙江两省相接,共同构成以上海为龙头的中国最大经济区"长三角经济圈"。上海拥有深厚的近代城市文化底蕴和众多历史古迹,江南的吴越传统文化与各地移民带入的多样文化相融合,形成了特有的海派文化。2010年成功举办了2010年世界博览会。主要景点有外滩、豫园、东方明珠电视塔等。

（一）外滩

上海有300多幢世界各国不同风格的特色建筑,特别是坐落在外滩的20多幢风格迥异的欧洲古典建筑,被称为"万国建筑博览会"。这一先后建于20世纪20～40年代的建筑群集各种建筑艺术风格于一体,虽然不是由同一位设计师设计,也非建造于同一年代,但它们的建筑基调基本上是统一的,整条建筑轮廓线的处理也是协调的,有异曲同工之妙。外滩建筑群均装上了先进的泛光照明。夜晚,灯光下的外滩光彩夺目,显得格外迷人,它是上海的标志和象征。

（二）东方明珠广播电视塔

东方明珠广播电视塔于1994年建成,塔高468米。电视塔巧妙地融合了宇宙空间、飞船火箭和原子结构的形象,创造了"大珠小珠落玉盘"的意境,体现了现代科技与东方文化的完美统一,已成为上海市的标志之一。

图4-26 东方明珠广播电视塔

七、安徽省

安徽简称皖,建于清朝康熙六年(1667年),省名取当时安庆府、徽州府(今歙县)两府首字合成,因安徽安庆市潜山县境内有皖山、春秋时期有古皖国而简称皖。

安徽省地形地貌呈现多样性,全省大致可分为五个自然区域:淮北平原、江淮丘陵、皖西大别山区、沿江平原、皖南山区。主要山脉有大别山、黄山、九华山、天柱山,最高峰黄山莲花峰海拔 1 860 米。全省共有河流 2 000 多条,湖泊 110 多个,著名的有长江、淮河、新安江和全国五大淡水湖之一的巢湖。

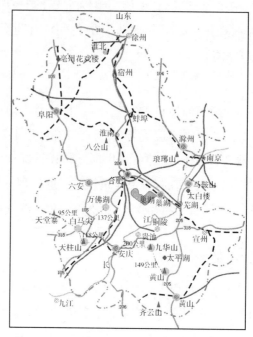

图 4‐27　安徽省的主要旅游景点分布示意图

安徽地跨长江、淮河南北,拥有徽文化(徽州文化)、皖江文化、淮河文化、中原文化、吴越文化等多元文化及地域特征。粤商、徽商、晋商、浙商、苏商一道,在历史上被合称为"五大商帮"。

省辖地级市有 16 个:合肥,安庆,芜湖,马鞍山,六安,阜阳,铜陵,池州,滁州,亳州,宿州,宣城,蚌埠,淮北,淮南,黄山。

(一)省会:合肥

合肥,古称"庐州""庐阳",位于安徽省正中央,长江、淮河之间、巢湖之滨,襟江拥湖,沿海腹地、内地前沿,具有承东启西、贯通南北的重要区位优势,历为江淮地区行政军事首府。

合肥是首批中国国家园林城市,自然景色锦绣多姿,文化古迹甚多。

(二)黄山

黄山市,古称新安、歙州、徽州。1987 年废除徽州建制,以境内山岳"黄山"之名设立地级市。境内汇聚丰富的自然资源与历史人文遗迹于一身,是著名的国际旅游城市,与绩溪县、婺源县共同构成的古徽州地区创造了中华三大地域文化之一的徽文化,孕育了明清商界闻名达 500 余年的徽商。自古即有"无徽不成镇""徽商遍天下"之说。其秀美瑰丽的大好山河与世外桃源般的田园风光让多少文人骚客魂牵梦绕,让人由衷发出"一生痴绝处、无梦到徽州"的人生感叹。

1. 世界双重遗产——黄山

位于安徽省南部黄山市内,古称黟山,因传说轩辕黄帝曾在此修身炼丹,唐天宝六年(747 年)改名。1990 年 12 月,黄山被评为世界自然与文化双重遗产。

黄山作为中国名山之代表,素有"五岳归来不看山,黄山归来不看岳"之称,并与长江、长城、黄河并称为中华民族的象征。黄山集中国各大名山的美景于一身,尤其以奇松、怪石、云海、温泉"四绝"著称。

奇松是黄山最奇特的景观,百年以上的黄山松就数以万计,多生长于岩石缝隙中,盘根错节,傲然挺拔,显示出极顽强的生命力,已命名的多达近百株,玉女峰下的迎客松更成为黄山的象征。

黄山险峰林立,危崖突兀,峰脚直落谷底,山顶、山腰和山谷等处广泛分布着花岗岩石林和石柱,巧石怪岩犹如神工天成,形象生动,构成一幅幅绝妙的天然图画,著名的有"松鼠跳天都""猴子望太平"等。

"自古黄山云成海",黄山是云雾之乡,以峰为体,以云为衣,其瑰丽多姿的"云海"以美、胜、奇、幻享誉古今,尤其是雨雪后的初晴,日出或回落时的"霞海"最为壮观。

黄山温泉,古称"灵泉""汤泉""朱砂泉",由紫云峰下喷涌而出,与桃花峰隔溪相望,传说轩辕黄帝就是在此沐浴七七四十九日羽化升天的。温泉中含有多种对人体有益的微量元素。水质纯正,温度适宜,可饮可浴。

图 4-28　黄山迎客松

2. 世界文化遗产——西递、宏村

位于安徽黟县,是安徽南部民居中最具有代表性的两座古村落,2000 年被纳入了《世界遗产》名录,它们以世外桃源般的田园风光、保存完好的村落形态、工艺精湛的徽派民居和丰富多彩的历史文化内涵而闻名天下。

西递距黟县县城8公里,始建于北宋皇祐年间(1049—1054年),为胡姓人家聚居之地。距今已有近千年的历史。整个村落呈船形,保存有完整的明、清古民居124幢,祠堂3幢,堪称徽派古民居建筑艺术之典范。现有居民300余户,人口1 000余人,被誉为"中国传统文化的缩影""中国明清民居博物馆"。西递村头的三间青石牌坊建于明万历六年(1578年),四柱五楼,峥嵘巍峨,结构精巧,是胡氏家族地位显赫的象征。

图4-29 西递村牌坊

宏村位于黟县县城东北10公里处,始建于南宋绍兴元年(1131年),原为汪姓聚居之地。现存明清时期古建筑137幢,承志堂是其中最为宏大、最为精美的代表作,被誉为"民间故宫"。它堪称一所徽派木雕工艺陈列馆,各种木雕层次丰富,繁复生动,经过百余年时光的消磨,至今仍金碧辉煌。宏村地势较高,经常云蒸霞蔚,好似一幅徐徐展开的山水长卷,因此被誉为"中国画里的乡村"。

图4-30 宏村一角

古宏村人规划、建造的牛形村落和人工水系,不仅为村民解决了消防用水,而且调节了气温,为居民生产、生活用水提供了方便,创造了一种"浣汲未防溪路远,家家门前有清泉"的良好环境,是当今"建筑史上一大奇观"。

【知识拓展】

徽派建筑

徽派建筑与其地区汉族传统民居的都有共同的特点,聚族而居,坐北朝南,注重内采光;以木梁承重,以砖、石、土砌护墙;以堂屋为中心,以雕梁画栋和装饰屋顶、檐口见长。

徽派建筑集徽州山川风景之灵气,融汉族风俗文化之精华,风格独特,结构严谨,雕镂精湛,不论是村镇规划构思,还是平面及空间处理、建筑雕刻艺术的综合运用都充分体现了鲜明的地方特色。尤以民居、祠堂和牌坊最为典型,被誉为徽州古建三绝,为中外建筑界所重视和叹服。

在总体布局上,依山就势,构思精巧,自然得体;在平面布局上规模灵活,变幻无穷;在空间结构和利用上,造型丰富,讲究韵律美,以马头墙、小青瓦最有特色;在建筑雕刻艺术的综合运用上,融石雕、木雕、砖雕为一体,显得富丽堂皇。

(三) 安庆

安庆,别称宜城,原安徽省省会。龙山凤水,人杰地灵,拥有"万里长江此封喉,吴楚分疆第一州"的美誉。素有中国"黄梅戏乡"之称,国粹京剧的起源地。

安庆位于皖赣鄂三省交界处,是长江沿岸重要的滨江港口城市,主要旅游景点有天柱山。

(四) 蚌埠

蚌埠是安徽省第一个设市的地级市、省辖市(1947 年),位于安徽省东北部,民国时期曾是安徽省政府驻地和凤阳县政府驻地。蚌埠位于华北平原南端京沪铁路和淮南铁路的交汇点,同时也是京沪高铁、京九高铁,京福高铁交汇点,地处中国南北分界线,淮河穿城而过。由于盛产珍珠,从而誉名"珠城"。千百年来,都有"两淮重镇,沪宁咽喉"的美誉。

【项目小结】

本项目通过教学长江中下游旅游区的位置范围、旅游资源特征、重要城市和各省级行政区内的世界遗产和世界"人与生物圈"保护网的国家自然保护区等重要旅游名胜。通过学学练练了解本区的旅游线路和线路上可能参观的旅游景点,通过模拟实践设计旅游线路。

【项目训练】

选择一个省级行政区,设计一条该行政区内行程为5至6天的旅游线路,要求写出每天的具体行程、简介旅游景区特色和温馨提示。

【项目测试题】

一、单项选择题

1. 古彭蠡是指今天的 （　　）
   A. 洞庭湖　　B. 鄱阳湖　　C. 太湖　　D. 青海湖

2. 古云梦泽是指今天的 （　　）
   A. 洞庭湖　　B. 鄱阳湖　　C. 太湖　　D. 青海湖

3. 古称广陵的是 （　　）
   A. 扬州　　B. 苏州　　C. 杭州　　D. 南京

4. 岳阳楼因（　　）的诗句扬名天下。
   A. 屈原　　B. 李白　　C. 范仲淹　　D. 崔颢

5. "落霞与孤鹜齐飞,秋水共长天一色"的诗句写的是 （　　）
   A. 岳阳楼　　B. 黄鹤楼　　C. 鹳雀楼　　D. 滕王阁

6. 人民币一元钱上的风景是 （　　）
   A. 杭州西湖　　B. 武汉东湖　　C. 江西鄱阳湖　　D. 无锡太湖

7. 以下与黄山无关的景点是 （　　）
   A. 松鼠跳天都　　B. 迎客松　　C. 朱砂泉　　D. 金顶

8. 素有中国"黄梅戏乡"之称的地区是 （　　）
   A. 安庆　　B. 凤阳　　C. 昆山　　D. 黄山

9. 有野人传说的山是 （　　）
   A. 大别山　　B. 神农架　　C. 雁荡山　　D. 大巴山

10. 以下不属于苏州四大名园的是 （　　）
    A. 拙政园　　B. 网师园　　C. 留园　　D. 沧浪亭

11. 以生产紫砂陶著名的是 （　　）
    A. 宜兴　　B. 景德镇　　C. 佛山　　D. 东阳

12. 浙江普陀山是（　　）的道场。
    A. 地藏　　B. 普贤　　C. 观音　　D. 文殊

13. 雁荡山位于浙江 （　　）
    A. 温州　　B. 宁波　　C. 杭州　　D. 东阳

14. 南岳衡山的最高峰是为了纪念（　　）而得名。
   A. 神农　　　B. 黄帝　　　C. 共工　　　D. 祝融
15. 爱晚亭与中国哪个历史人物关系密切　　　　　　　　　　　（　　）
   A. 毛泽东　　B. 周恩来　　C. 刘少奇　　D. 叶剑英

二、填空题

1. 京杭大运河北起_____，南至_____，全长1 782公里，沟通了_____、黄河、_____、长江和_____五大水系。

2. 中国古代江南三大名楼是湖北的_____、湖南的_____和江西的_____。

3. 苏州四大名园是_____、_____、_____和_____。

4. 四大佛教名山中_____为观音菩萨的道场。其余三座山分别为_____、_____和_____。

5. 被誉为"瓷都"的是_____，历史上曾与_____、_____、_____并称全国四大名镇。

6. 宜兴有"_____"之誉，所产紫砂陶制品淡雅古朴，加工精细，富有生活气息。

7. 中国目前现存最大的帝王陵墓是_____，位于南京紫金山。_____的建造是明中叶重大事件"大礼议"的产物。

8. 中国最大的淡水湖是_____，次之是_____。

9. 黄山集中国各大名山的美景于一身，尤其以_____、_____、_____、_____"四绝"著称。

10. "飞流直下三千尺，疑是银河落九天"描绘的是_____的瀑布。

三、综合题

1. 完成下列表格，写出本区的世界遗产并分类。

省、直辖市	自然遗产	双重遗产	文化遗产
江苏省			
浙江省			
安徽省			
江西省			
湖南省			
湖北省			

2. 介绍苏州园林。

项目五

南部沿海旅游区

项目五　南部沿海旅游区

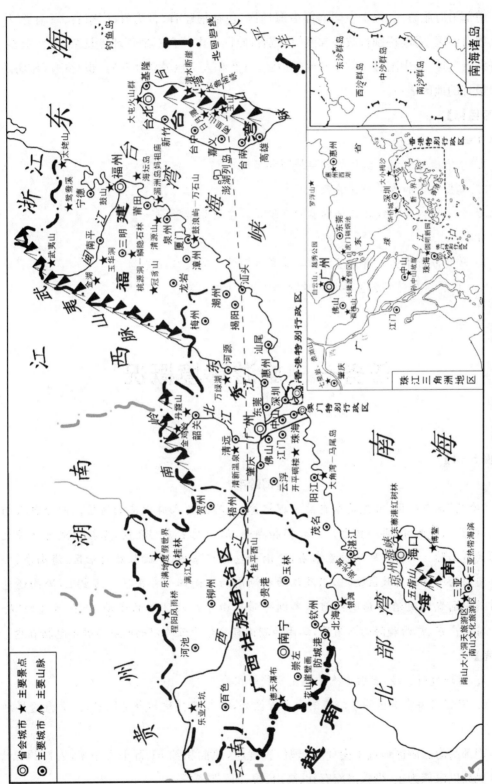

图 5-1　南部沿海旅游区主要景点分布图

南部沿海旅游区,位于中国南部沿海地区,包括福建省、台湾省、广东省、海南省、广西壮族自治区、香港特别行政区和澳门特别行政区。本区自然地理环境复杂,侨乡众多,经济发展迅速,是中国最早对外开放的地区,自然和人文旅游资源独特,也是中国旅游业发展最好的地区之一。

【学习目标】

知识目标

1. 了解南部沿海旅游区的旅游地理环境概况
2. 掌握本区的旅游资源特色
3. 熟悉区内各省级行政区的旅游环境及其主要旅游胜地

能力目标

1. 学会分析本区旅游地理环境与旅游资源特色的关系
2. 对照地图,熟记各主要旅游胜地的位置、地位和特色

任务一　旅游环境概况

【案例 5-1】

何谓岭南?

"岭南"这个称谓,首先是个自然地理概念,是指南岭山脉以南的地区。南岭自云南东来,经广西东北部,再横亘于广东北部和湖南、江西两省南部之间,东接福建与江西交界的武夷山脉。从自然地理位置来看,岭南应包括广东省、广西壮族自治区、海南省、香港和澳门两个特别行政区全境,以及江西和湖南两省南部部分山区。历史上,岭南还包括曾属中国皇朝统治的越南红河三角洲一带。由于行政区划的变动,现在所说的"岭南",特指广东、广西和海南三省区,江西和湖南部分位于五岭以南的县市并不包括在内。

【思考】

1. 南岭也叫五岭,自西向东依次由哪些岭组成?
2. 南部沿海旅游区除了岭南的几个省区外,还包括福建和台湾两省,您觉得这样划分,合适吗?

南部沿海旅游区地近东南亚,地理位置优越,总面积约 61 万平方千米,人口约 2.1 亿。民族以汉族为主,少数民族有壮、高山、黎、回、苗、畲等。

一、地形

本区地形以低山丘陵为主,主要有南岭、武夷山、五指山等山脉,其他地区多为海拔500米以下的丘陵。本区没有大面积的平原,平原多分布在河流两侧和河口三角洲。面积相对较大的平原有珠江三角洲、台湾西部平原、韩江平原和泉州平原等。

本区海岸线曲折漫长,有许多优良的港湾,如福州、厦门、高雄、基隆、汕头、深圳、湛江、香港、北海、三亚等著名的港口,为本区的进出口提供了优越的海运条件。本区岛屿众多,且类型多样。大小岛屿2万多个,其中台湾岛属于大陆岛,面积3.5万多平方千米,是中国第一大岛,海南岛是中国第二大岛。南海诸岛由东沙、西沙、中沙和南沙四组群岛组成,多属珊瑚礁岛。蓝天、大海、椰林和礁岛组成南海独特的热带海洋风光。

二、气候

本区属于典型的热带、亚热带季风气候,长夏无冬,降水丰沛,年均降水量为1 000~2 000毫米,台湾北部的火烧寮最多年降水量达8 507毫米,是中国降水最多的地方。台风每年5月至11月多在本区沿海地区登陆,对台湾、福建、广东、海南的降水影响很大,多带来狂风暴雨等灾害,同时可缓解当地的旱情。本区几乎一年四季都可旅游,冬季温暖,是全国的避寒疗养和旅游中心。

三、水体

本区水系众多,河网密布,汛期长,水量丰富,含沙量小。主要有珠江、韩江和闽江三大水系,其中以珠江水系最大,河流上游峡谷众多,景色壮观。本区地下水资源丰富,闽粤两省温泉众多,大部分温泉都建立了供休闲疗养的度假村。广州从化温泉、清新温矿泉、恩平金山温泉和珠海御温泉等都很著名。

四、交通

本区旅游交通相当便捷。铁路运输以京广线、京九线、鹰厦线、来福线为主干,京广、厦深、贵广、南广等高铁已在运营;海上运输有福州、厦门、广州、海口、高雄、香港等重要港口;珠江三角洲的内河航运也占相当重要的地位。航空以广州、福州、南宁、海口、香港、台北、澳门为本区主要的空港城市,联系区内外的交通。公路运输四通八达,方便了旅游。

五、物产

本区物产丰富而独特。本区以水稻种植为主,兼种多种热带、亚热带经济作物和水果。

甘蔗是本区最重要的经济作物,荔枝、香蕉、柑橘和菠萝号称广东四大名果。海南省盛产热带水果,有"百果园"之誉。台湾是富饶的宝岛,享有"米仓""糖库"和"水果之乡"的美誉,是亚洲著名的天然动植物园,盛产樟树、蝴蝶和兰花等,有"蝴蝶王国"之称。本区又是中国热带经济作物生产基地,橡胶、咖啡、可可、黄麻和油棕等颇为著名。台湾的乌龙茶、福建乌龙茶、铁观音、武夷岩茶、广东的梅州金柚、四会沙糖橘、凤凰单枞茶、广西的八角、罗汉果、沙田柚子等也很有名。主要的工艺品有台湾的竹藤制品,海南的椰雕、珊瑚盆景,广东的粤绣、石湾陶瓷,潮州的金漆木雕,福建的脱胎漆器、广西的三雕等,深受游客的喜爱。

六、经济

本区经济发达,是中国对外开放最早的地区,有深圳、珠海、汕头、厦门和海南五大经济特区,经过20多年的发展,经济已处于全国领先地位,珠江三角洲已成为最发达的工业区之一。台湾、香港、澳门地区经济发达,其中台湾地区和香港地区均被称为"亚洲四小龙"之一。本区矿产资源相对缺乏,工业以轻工业为主,服装、电子电器、玩具制造等工业在全国举足轻重。

七、民俗

本区地处南部沿海,北部山地阻隔,文化方面既具有地方特色,又受到中原等地和海外文化影响。少数民族有高山族、畲族、黎族、壮族等,汉族也有闽南和粤东客家人、潮汕人、广府人等不同,语言有较大差异。少数民族多干栏式民居,喜欢酸食和嚼槟榔。建筑一般略高些,遮阳、通风效果好。有粤、闽两大菜系,做工精细,讲究鲜活,口味偏淡。民族活动多样,喜欢赛龙舟,信仰妈祖,相信鬼神。

任务二 旅游资源特色

【案例 5-2】

何谓岭南文化?

岭南文化是岭南人民在长期的社会实践中创造的物质文化和精神文化的总称,是在岭南土著文化的基础上,接受中原及各地优秀文化,并吸收海外文化精华,从而形成富有活力和地方特色的本地区文化。从地域上来说,岭南文化大体分为广东文化、桂系文化和海南文化三大块,主要以属于广东文化的广府文化、广东客家文化和潮汕文化为主,这是岭南汉文化的主体。

【思考】
1. 岭南文化为什么与中原文化有较大差异性?
2. 福建、台湾的闽越文化为什么与岭南文化有较大相似性?

一、热带、亚热带风光

本区位于中国纬度最低的地区,北回归线穿过台湾、广东、广西,台湾岛南部、广东的雷州半岛和海南的全部属于热带,其他地区属于南亚热带,呈现出热带、亚热带自然景观。本区的自然植被为终年常绿的热带雨林——季雨林和南亚热带绿阔叶林,它们和地带性的砖红壤和赤红壤构成本区自然景观的基本特征。这里的植被终年青绿,种类多,成分繁杂,森林中林冠参差不齐,椰子树、榕树、木棉花等是其主要的树种。福建武夷山自然保护区、广东肇庆鼎湖山、广西花坪、广州的华南植物园等,是本区生物集中之地。参天的热带林木和明媚的海景,构成典型的南国风光。

二、特殊的地貌景观

本区地貌类型独特,地貌旅游资源丰富,有典型的海岸、丹霞、花岗岩、岩溶地貌。

本区濒临东海和南海,海岸线漫长,又有众多的岛屿,为开展海滨和海上各项旅游提供了优越的条件。这里多属基岩海岸,长期的海水侵蚀,形成独特的海蚀崖、海蚀平台、海蚀柱、海蚀天桥等,如台湾北部的野柳岬、福建的海坛岛、海南三亚的"鹿回头"等。在相对平坦的海湾地区,形成了洁白如玉的沙滩,如海南三亚的亚龙湾和大东海、广西的北海银滩、深圳的大小梅沙等,都已开放成著名的海滨浴场。本区的生物海岸地貌独具特色,红树林主要分布在福建福鼎以南的海岸地区,深圳的红树林公园、海南东寨港的红树林自然保护区等都吸引大量游客驻足观赏。珊瑚礁海岸主要分布在海南岛和南海诸岛,是观赏热带海底世界绚丽风光的好去处。

侏罗纪至第三纪内陆盆地沉积的红色沙砾岩层,后经地壳抬升,流水切割侵蚀,形成"色如渥丹、灿若明霞"的丹霞地貌在本区发育良好,主要有广东仁化县的丹霞山、乐昌县的金鸡岭和福建武夷山等。

花岗岩地貌在本区也分布广泛,在长期湿热的气候下花岗岩球状风化突出,岩体硕大,形态古朴淳厚,景观别具一格,如厦门的日光岩和万石岩、泉州的清源山、海南三亚的天涯海角等。

广西是中国石灰岩分布面积大、岩溶发育最典型的区域。桂林山水和肇庆的七星岩,是本区主要的岩溶风景区。

三、独特的岭南文化

本区历史悠久,有众多的文物古迹,加之古代海上丝绸之路发端于泉州、广州,海上贸易发达。鸦片战争以来,各地人民为了反抗清政府的腐败统治、外敌入侵和争取民族独立,浴血奋战,留下众多的革命遗迹、遗址,建立了相应的陈列馆,是进行爱国主义教育和革命思想教育的好课堂。主要遗址有东莞虎门销烟池遗址、中山翠亨村孙中山故居、广州花都洪秀全故居、广州三元里抗英遗址、黄花岗七十二烈士墓、中山纪念堂、农民运动讲习所、福建的古田会议旧址、厦门集美的陈嘉庚故居、海南琼崖纵队纪念馆、广西百色起义旧址等。

本区是中国历史上旅外华侨最多的地区。中国现有华侨、华人3 000多万,97%分布在东南亚各国,其祖籍以粤、闽最多。广东的潮汕地区、梅州、江门、中山等地,福建的厦门、晋江、福清、南安等地,一向以侨乡著称。此外,港、澳、台地区同胞的投资观光、寻根问祖,使其已成为本区重要的旅游客源之一。

本区是中国经济高速发展的地区,随着城市化进程的不断加速,城市建设日新月异,现代化建筑成为城市风景的重要组成部分。广州、深圳、香港、澳门、台北、福州、厦门等都是现代化国际性大都市,市内高楼大厦林立,街道繁华,人流如潮。本区的游乐活动场所较多,如深圳的"世界之窗""锦绣中华",珠海的国际高尔夫球场、珍珠园游乐场,还有港澳的游乐活动场所等,吸引了大量的游客。

截至2014年8月,本区已有福建武夷山、福建土楼、中国丹霞之福建泰宁、澳门历史城区、广东开平碉楼与村落、中国丹霞之广东丹霞山、南方喀斯特之广西桂林和环江等8处名胜被联合国教科文组织列入《世界遗产名录》。

任务三　主要旅游胜地

一、福建省

福建省简称闽,省会福州,位于中国东南沿海,东隔台湾海峡与台湾省相望,西北隔武夷山脉与江西省相邻。面积约12万平方千米,常住人口3 748万(2013年)。地势西北高,东南低,山地与丘陵占全省面积80%以上,气候属亚热带海洋性季风气候。工业主要集中在沿海的福州、厦门、泉州、漳州等城市。主要的旅游景点有武夷山、厦门鼓浪屿、泉州清源山等。

(一) 省会福州

福州,地处福建省东部的闽江口,与台湾省隔海相望,是福建省的政治、经济、文化中心,又是国家历史文化名城、著名的港口商贸城市和沿海开放城市。唐开元十三年(725年),因西北有福山,设福州都督府,福州之名自此始。唐末因城中榕树独盛,故号"榕城"。宋代开始,还因城内有于山、乌山、屏山鼎足而立,故又别称"三山"。

福州倚山面海,群山环抱,正处在福州盆地的中心,闽江横贯其中,沿长门港和梅花港注入东海,自古以来被誉为"环山、沃野、派江、吻海"的形胜之地。城内三山鼎峙,两塔(白塔、乌塔)耸立,构成"城在山之中,山在城之内"的特殊景观。主要的景点有鼓山涌泉寺、西禅寺、林则徐墓和故居、西湖公园等。福州东南的海坛岛以"海滨沙滩冠全国,海蚀地貌甲天下"著称。

图 5-2 海坛泮洋石帆

(二) 武夷山

武夷山位于福建省北部武夷山市区西南约15千米,属典型的丹霞地貌,有"碧水丹山""奇秀甲东南"之誉,是世界自然和文化双重遗产(1999年)、国家5A级旅游景区、国家级风景名胜区。

武夷山风景名胜区分为武夷宫、九曲溪、桃源洞、云窝天游、一线天——虎啸岩、天心岩、水帘洞七大景区,自然风景奇秀幽深。"三三秀水清如玉、六六奇峰翠插天"是其自然风景的写照,"三三"是指九曲溪,"六六"是指三十六座山峰。九曲溪是武夷山景点集中的地方,全长7.5千米,依山而流、山溪相环,构成"曲曲山回转、峰峰水抱流"的奇异风景,游人凭借一张竹筏顺流而下,即可阅尽武夷秀色。

图 5-3 九曲溪

武夷山气候温暖湿润,动植物资源十分丰富,它保存着大量古老和珍稀的植物物种,其中很多是中国独有的;还生存着大量爬行类、两栖类和昆虫类动物,被国内外学者称为研究亚洲两栖和爬行动物的钥匙。色艳、香浓、味醇的武夷岩茶以其"药饮兼具"的功效,名扬四海,其中的"大红袍"为茶中珍品。

武夷山也是一座历史悠久、人文旅游资源景观丰富的文化名山,拥有千古之谜架壑船、朱子理学的摇篮紫阳书院和大量的寺庙宫观。古人称:"东周孔丘,南宋朱熹,北有泰岳,南有武夷。"南宋理学家朱熹在此居住40多年,设帐授徒,著书立说,使这里成为中国东南文化的中心,被誉为"道南理窟"。道家也把这里称为"第十六洞天"。

图 5-4 玉女峰

【知识拓展】

朱熹与理学

朱熹(1130—1200年)是南宋著名的思想家,字元晦,号晦庵,别号紫阳。祖籍徽州婺源(今属江西),出生于福建尤溪。14岁丧父,随母定居崇安(今福建武夷山市)。自幼聪明过人,勤于思考。他认为在超现实、超社会之上存在一种标准,即"天理"。只有去发现和遵循天理,才是真、善、美。提出"存天理,灭人欲"的客观唯心主义思想。朱熹是理学的集大成者,是继孔子之后又一位儒家思想的主要代表。他的学术思想,在元明清三代,一直是封建统治阶级的官方哲学。

(三)鼓浪屿

鼓浪屿位于厦门岛西南,隔600米的鹭江与厦门岛相望,景观秀丽多姿,素有"海上花园""万国建筑博览""音乐家摇篮"和"钢琴之岛"之誉,是国家5A级旅游景区、国家级风景名胜区。

碧海环抱中的鼓浪屿,面积1.87平方千米,常住人口2万多。岛上四季如春,树木繁茂,鸟语花香,海礁嶙峋,山峦叠翠,峰岩跌宕,加之鳞次栉比的欧陆风格建筑,自然造化和人工雕凿相映成趣。主要景点有日光岩、菽庄花园、港仔后海滨浴场、郑成功纪念馆、皓月园、毓园等。

日光岩又名"晃岩",位于鼓浪屿中部,海拔92.68米,为鼓浪屿最高峰,山顶有一直径40多米的巨石凌空耸立,成为厦门的象征,且有"未上日光岩等于没到厦门"之说。民族英雄郑成功收复台湾时,曾屯兵于此,留下许多动人的传说,如今尚保留有"山寨门"和郑成功水操台等遗址,山下建有郑成功纪念馆。登上山顶,凭栏远眺,轻风拂面,

图5-5　日光岩

海天一色,四周尽收眼底,天气晴朗时可眺见大、小金门岛,可抒祖国统一的热切心情。

【知识拓展】

陈嘉庚与集美

陈嘉庚(1874—1961年),著名爱国华侨领袖、教育事业家。1874年10月21日,出生于福建同安县集美村(现属厦门市集美)。17岁,赴新加坡协助其父经营米店。不久,其父破产,陈嘉庚独立经营后首先偿还父亲的全部债务,获得良好信誉。此后,事业顺利。1925年,他已成为东南亚的"橡胶大王",著名的大企业家、百万富翁。陈嘉庚致富后,首先想到的是兴学报国,先后创办幼稚园、小学、中学、师范、水产、商科、农林、国学专科等学校,后称"集美学村"。1921年,他创办了厦门大学。在抗日战争期间,他积极捐款捐物支援抗战。陈嘉庚的名字,永远铭刻在千百万华侨心中,受到祖国人民的尊敬和怀念。毛泽东称赞陈嘉庚为"华侨旗帜,民族光辉"。现在厦门集美区保留有鳌园(陈嘉庚墓园)、归来堂(陈嘉庚先生故居)、集美大学和嘉庚公园等。

(四)湄洲岛妈祖庙

湄洲岛,位于莆田市东南方40多千米处的湄洲湾内,1992年10月被辟为国家级旅游度假区。

湄洲岛因形似娥眉而得名,岛长9.6千米,东西宽约1.3千米,面积约16平方千米,这里四季如春,绿树成荫,天蓝水净,景色秀丽。岛上的妈祖庙是全世界2 000多座妈祖

图5-6　妈祖石雕像

庙(宫)的祖庙,闻名中外。始建于宋雍熙四年(987年),后经历代扩建,日益雄伟。现在妈祖庙金碧辉煌,雕梁画栋,有殿、堂、楼、阁等10多座建筑,是海内外华人顶礼膜拜和向往的圣地。已经建成的妈祖文化园区规模更为宏大壮观。农历三月廿三和九月初九,庙宇内外人山人海,香火鼎盛。山顶屹立着一尊14米高的巨型石雕妈祖像,形象高大慈祥。

【知识拓展】

妈祖的传说

妈祖原名林默,宋太祖建隆元年(960年)农历三月廿三,出生在湄洲岛。自幼聪颖灵悟,成人后识天文,懂医理,相传可"乘席渡海,预知人休咎事",又急公好义,助人为乐,做了很多好事,深受人们的爱戴和崇敬。北宋雍熙四年(987年)农历九月初九,年仅28岁的妈祖在一次抢救海难中不幸遇难,相传羽化升天。从此以后,妈祖多次显灵救助苦难。在人们遇到困难时只要求声"妈祖保佑",妈祖就会闻声而至,使人们逢凶化吉,遇难呈祥。据历史资料记载,北宋宣和五年(1123年)路允迪出使高丽途中,遇大风巨浪,"八舟七溺",唯有路允迪"祈求妈祖保佑"。忽而一道红光出现,只见有一朱衣女子端坐桅间,瞬间风平浪静,终于平安脱险。路允迪返朝后奏明圣上,宋徽宗下诏赐"顺济"匾额。此后,历史上有众多人士受到妈祖的庇佑,留下许多动人的故事。历代皇帝对妈祖进行了30多次的褒封,封号有"天妃""天后""海上女神""天上圣母"等,"妈祖"是百姓对她的尊称。妈祖遇难后,人们为了缅怀她,就在湄洲岛建庙祭祀,这就是最早的妈祖祖庙。郑和下西洋前向妈祖进香朝拜,平安归来后向皇上奏称:"神显圣于海上",于是在第七次下西洋前奉旨来到湄洲岛主持御祭,将庙宇修缮一新。

(五)福建土楼

土楼主要分布在福建西部和南部崇山峻岭中的永定、南靖、华安等县,尤以永定土楼著名,是世界文化遗产(2008年)。它以其独特的建筑风格和悠久的历史文化著称于世。福建土楼产生于宋元时期,经过明代早、中期的发展,明末、清代、民国时期逐渐成熟,并一直延续至今。福建土楼是世界上独一无二的山区大型夯土民居建筑,创造性的生土建筑艺术杰作。福建土楼依山就势,布局合理,吸收了中国传统建筑规划的"风水"理念,适应聚族而居的生活和防御的要求,巧妙地利用了山间狭小的平地和当地的生土、木材、鹅卵石等建筑材料,是一种自成体系,具有节约、坚固、防御性强的特点,又极富美感的生土高层建筑类型。

土楼主要分圆楼、方楼、五凤楼三种。圆形土楼是客家民居的典范,堪称天下第一楼。它像地下冒出来的"蘑菇",又像自天而降的"飞碟"。这种圆楼都由两三圈组成,由内到外,环环相套,外圈高十余米,四层,有一、二百个房间,一层是厨房和餐厅,二层是仓库,三、四层是卧室;二圈两层有三五十个房间,一般是客房,中一间是祖堂,是居住在楼内的几百人婚、丧、喜、庆的公共场所。楼内还有水井、浴室、磨房等设施。土楼采用当地生土夯筑,不需钢筋水泥,墙的基础宽达三米,底层墙厚 1.5 米,向上依次缩小,顶层墙厚也不小于 0.9 米。然后沿圆形外墙用木板分隔成众多的房间,其内侧为走廊。五凤楼主要分布在永定县一带,历史最悠久,是一种中原四合院式民居在福建特定环境下衍变的产物。方楼是从五凤楼演变出来的一种,加强了防卫性,建筑构造趋于简单,因而成了客家人广泛采用的住宅。现存方楼数量最多,仅永定一县就有方楼 4 000 余座。

图 5-7　福建土楼

土楼除具有防卫御敌的奇特作用外,还具有防震、防火、防盗以及通风采光等特点。由于土墙厚度大,土楼隔热保温,冬暖夏凉。

中国"福建土楼"在 2008 年 7 月 6 日在加拿大魁北克城举行的第 32 届世界遗产大会上,被正式列入《世界遗产名录》。申遗成功的"福建土楼"由"六群四楼"组成,即永定县初溪、洪坑、高北土楼群及衍香楼、振福楼、南靖县田螺坑、河坑土楼群及怀远楼、和贵楼、华安县大地土楼群。

与入选世界遗产名录的许多遗址、古迹、皇宫相比,中国"福建土楼"的奇特之处,恰恰蕴含在一种平实的、平民的生活之中。这里至今人丁兴旺,文化繁荣,相处和谐,是客家人族聚生活形态的"活"标本。

在中国已有的 37 处世界遗产中,1997 年入选的云南丽江古城、2000 年入选的皖南古村落、2007 年入选的广东开平碉楼与古村落,加上刚刚入选的福建土楼,中国南方民居已有四处成为全人类共有的世界遗产。

(六) 泰宁大金湖

大金湖位于福建省西北的三明市泰宁县,总面积 492.5 平方公里,其中丹霞地貌面积 252.7 平方公里。以典型青年期丹霞地貌为主体,是中国东南诸省中丹霞地貌面积最大的地区之一,拥有举世罕见的"水上丹霞""峡谷大观园""洞穴博物馆"三大奇观;地质遗迹十分丰富,是研究中生代西太平洋活动大陆边缘地质历史构造演化的理想场所;素有"汉唐古镇,两宋名城"之美誉,人文历史积淀深厚,是世界自然遗产(2010 年)。主要景点有猫儿山、状元岩、九龙潭、泰宁古城、寨下大峡谷、上清溪、金湖等。

二、台湾省

台湾省简称台,位于中国东南海面,西隔台湾海峡与福建省相望,东临太平洋,由台湾岛、澎湖列岛、兰屿、绿岛、彭佳屿、钓鱼岛、赤尾屿等 86 座海岛组成,总面积为 3.6 万平方千米,人口 2 337 万(2013 年)。台湾岛山地丘陵占全岛面积的 2/3,平原主要分布在台湾西部沿海,是全省农业、工业、城市和人口的主要集中分布区。气候主要为亚热带海洋性季风气候,高温多雨。台湾经济发达,为亚洲四小龙之一。台湾省的旅游名胜有阿里山、日月潭、阳明山、北投温泉等。

【知识拓展】

郑成功收复台湾

郑成功(1624—1662 年),明清之际民族英雄,汉族,本名森,又名福松,字明俨,号大木,福建省南安市石井镇人。明朝灭亡后,郑成功组织人马在福建继续抗清。荷兰殖民者于 1624 年(明天启四年)侵占了台湾,对台湾人民进行残酷的剥削和压迫,并不断骚扰福建、广东沿海地区,激起中国人民的无比愤慨。1661 年 3 月 23 日,郑成功亲率将士 2.5 万、战船数百艘,自金门料罗湾出发,经澎湖,出敌不意地在鹿耳门及禾寮港登陆。先以优势兵力夺取荷军防守薄弱的赤嵌城(今台南市内),继又对防御坚固的首府台湾城(今台南市安平区)长期围困。经过九个月的苦战,1662 年 2 月 1 日,荷兰侵略军被迫投降,被侵占达 38 年之久的台湾终于重归祖国怀抱。现在台湾和福建各地还保留许多与郑成功有关的遗迹、遗址。

图 5-8　台北 101 大厦

(一)省会台北

台北市,位于台湾岛北部、台北盆地的中央,四周与台北县相邻,是全台的政治、经济、文化中心,为台湾第一大城市。

清光绪元年(1875 年),钦差大臣沈葆桢在此建立了台北府,统管台湾行政,从此有"台北"之名。1885 年,清朝政府在台湾建省,首任巡抚刘铭传将台北定为省会。1949 年后,这里仍然是最高行政机构所在地。

台北市是台湾北部的游览中心,除阳明山、北投风景区外,还有省内最大、建成最早占地 8.9 万平方米的台北公园和规模最大的木栅动物园。外双溪的故宫博物院是岛内外首屈一指的艺术宝库,外观仿北京故宫博物院,采用中国宫廷式设计,气势宏伟,共收藏包括原北京故宫在内的文物 70 万余件,其中以陶瓷、书画、青铜器、玉器、漆器、雕刻、织绣、满蒙档案文献最为丰富。台北 101 大厦楼高 508 米,地上 101 层,地下 5 层,曾是世界第一高楼(2004.12.31—2010.1.4),是台北的地标性建筑。

【知识拓展】

台北故宫博物院

坐落在台北市基隆河北岸士林区外双溪,始建于 1962 年,1965 年夏落成。占地总面积约 16 公顷,依山傍水,碧瓦黄墙,为中国宫殿式建筑,共 4 层,正院呈梅花形。院前广场耸立由 6 根石柱组成的牌坊,气势宏伟,整座建筑庄重典雅,富有民族特色。院内设有 20 余间展览室,文化瑰宝不胜枚举。院内收藏有自北京故宫博物院、南京国立中央博物院、沈阳故宫、热河行宫、中国青铜器之乡宝鸡运到台湾的二十四万余件文物,商周青铜器、历代的玉器、陶瓷、古籍文献、名画碑帖等皆为稀世之珍,展馆每三个月更换一次展品。文物中极品甚多,主要有:铜器中的西周毛公鼎、散氏盘;玉器中的翠玉白菜、辟邪雕刻(六朝古墓出土);书法中的王羲之《快雪时晴帖》;颜真卿、宋徽宗(赵佶)书法手迹;画卷中的张宏《华子冈图》;以及中唐至清历代名家的代表作;瓷器中的宋、明、清名窑名家亲制品,官窑制御用艺瓷等。

图 5-9　台北故宫博物院

（二）阿里山

阿里山,在台湾岛中部的嘉义县东北,是大武恋山、尖山、祝山、塔山等 18 座山的总称,主峰塔山海拔 2 663 米,有森林铁路盘山而上。山区气候温和,盛夏时依然清爽宜人,加上林木葱翠,是全台湾最理想的避暑胜地,有"不到阿里山,不知阿里山之美,不知阿里山之富,更不知阿里山之伟大"的说法。从阿里山麓到山顶的空间距离仅 15 千米,但由山下一层一层盘旋绕上山顶的铁路,竟长达72千米,连通各森林区的支线,总长度有1 000多千米。沿途有82条隧道,最长的达1 300米。火车穿过热、亚热、温、寒四带迥异的森林区。通往阿里山的铁路与"阿里四景"(日出、云海、晚霞、森林)合称"五奇"。

图5-10 阿里山登山铁路

(三)日月潭

日月潭,位于阿里山以北南投县鱼池乡水社村,是台湾最著名的风景区,也是台湾岛上最大的天然湖泊,其天然风姿可与杭州西湖媲美。湖面海拔740米,面积7.73平方千米,湖周长35千米,平均水深40米。潭中有一小岛名珠仔屿,亦名珠仔山,海拔745米。以此岛为界,北半湖形状如圆日,南半湖形状如一弯新月,日月潭因此而得名。旧台湾八景之一的"双潭秋月"就是由此而来。

日月潭之美在于环湖重峦叠峰,湖面辽阔,潭水澄澈;一年四季,晨昏景色各有不同。7月平均气温不高于22℃,1月不低于15℃,夏季清爽宜人,为避暑胜地。

图5-11 日月潭

(四)野柳岬

野柳风景区位于台湾岛基隆市西北方约15公里处的基金公路,是一突出海面的岬角,长约1 700米,宽约250米,远望如一只海龟蹒跚离岸,昂首拱背而游,因此也有人称之为野柳龟,受造山运动的影响,深埋海底的沉积岩上升至海面,产生了附近海岸的单面山、海蚀崖、海蚀洞等地形,海蚀、风蚀等在不同硬度的岩层上作用,形成蜂窝岩、豆腐岩、薑状岩、姜状岩,风化窗等世界级的岩层景观。风景区分三大区:第一区女王头、仙女鞋、乳石等;第二区豆腐岩、龙头石等;第三区海蚀壶穴、海狗石等。岩石因风化、海蚀作用显得鬼斧神工,其中又以"女王头""仙女鞋""烛台石"等最为有名,具有很高的观光旅游和学术研究价值。

图 5-12 女王头

三、广东省

广东省简称粤,省会广州,位于祖国大陆南部,与香港、澳门接壤,南临南海,面积约18万平方千米,常住人口10 644万(2013年)。广东是中国开放最早的地区,经济发展迅速,国民生产总值(GDP)、旅游业产值多年居全国之首。工业、人口和城市主要集中在珠江三角洲地区。沿海岸线曲折,港湾众多,大陆岸线长3 368.1千米,居全国各省区第一位。

广东省聚集最多奇特景观的地区在粤北,粤北包括韶关和清远,那些山地的自然景观非常美丽,有以丹霞山和金鸡岭为代表的丹霞地貌,有喀斯特地貌的连南、阳山、英德山群及溶洞;粤西则有着漫长而曲折的海岸线,拥有为数众多的优质海滩;粤东的梅州、河源、潮汕和惠州地区一向以其独特的客家文化而在广东自成体系,民风古雅,古文化遗存丰富,近年来也成为旅游热点。

(一)省会广州

广州,位于珠江三角洲的北端,是广东省政治、经济、文化中心,素有中国"南大门"之称,又名"羊城""穗城",又因气候温暖,四季繁花似锦,又称"花城"。广州名胜古迹众多,风景优美,主要的景点有白云山、越秀公园、中山纪念堂、三元里抗英遗址、黄埔军校旧址、黄花岗七十二烈士墓、陈家祠、

图 5-13 广州塔

光孝寺、广州塔等。

【知识拓展】

图 5-14 五羊雕塑

五羊的传说

公元前9世纪,周朝的楚国在如今的广州建造了一个城邑,名叫楚庭。有一年,楚庭因连年灾害,田地荒芜,农业失收,百姓饥荒。有一天,南海的天空出现五朵祥云,上有五位仙人,身穿红橙黄绿紫五色彩衣,分别骑着五只仙羊,仙羊口衔一棵一茎六穗的稻子,徐徐降落在这座城市。仙人把稻穗赠予百姓,把五只羊留下,祝愿这里永无饥荒,然后腾空而去。从此,广州成了岭南最富庶的地方;也开始有了"羊城""五羊城""穗城"之称。

1. 白云山风景区

白云山风景区位于广州市的东北部,自古就有"羊城第一秀"之称,主峰摩星岭海拔382米,峰峦重叠,溪涧纵横,常有白云在山顶盘绕,故名,是国家5A级风景区、国家级风景名胜区。"蒲涧濂泉""白云晚望""景泰僧归"均为"羊城八景"之一。景区从南至北共有7个游览区,依次是:麓湖游览区、三台岭游览区、鸣春谷游览区、摩星岭游览区、明珠楼游览区、飞鹅岭游览区及荷依岭游览区。白云山山体不太高,森林茂密,小溪潺潺,花团锦簇,是市民周末登山的好去处。

2. 长隆旅游度假区

长隆旅游度假区位于广州市番禺区,是一处集旅游景点、酒店餐饮、娱乐休闲于一体的大型旅游度假区,是国家5A级旅游景区。拥有香江野生动物园、长隆欢乐世界、长隆水上乐园、长隆国际大马戏、广州鳄鱼公园等旅游景点。

香江野生动物园占地2 000多亩,以大规模野生动物种群放养和自驾车观赏为特色,是亚洲最大的野生动物主题公园。园内拥有华南地区亚热带雨林大面积原始生态;拥有10只澳洲树熊(考拉)、5只中国大熊猫、洪都拉斯食蚁兽等世界各国国宝在内的460余种,20 000余只珍稀动物;拥有全国首创的自驾车看动物模式;拥有全世界表演阵容最强大的白虎表演等五大动物表演秀。

长隆欢乐世界占地面积1 500余亩,是集乘骑游乐、特技剧场、巡游表演、生态休闲、特色餐饮、主题商店、综合服务于一体的超大型主题游乐园。拥有垂直过山车、国际特技剧场、四维影院、摩托过山车、超级大摆锤、超级水战、U形滑板等八大世界或亚洲之最,同时还拥有国内最大的室内儿童恒温游乐城——开心乐园。

项目五　南部沿海旅游区

图 5-15　十环过山车

（二）深圳市

深圳地处中国广东省南部沿海地区，与香港一河之隔，是中国内地与香港唯一接壤的城市。深圳 1979 年建市，1980 年设立经济特区。

深圳是中国内地经济发展速度最快的城市。经济以第二、第三产业为主。近几年，高新技术产业发展迅速，目前已形成了以计算机及其软件、通信与网络、微电子及基础元器件、光机电一体化、数字视听以及生物技术和新材料等为主的高新技术产业群。

1. 华侨城旅游度假区

华侨城旅游度假区位于风光旖旎的深圳湾畔，面积 4.8 平方千米，已形成以文化旅游景区为主体，其他旅游设施配套完善的旅游度假区，是国家 5A 级旅游景区。主要包括锦绣中华、中国民俗文化村、世界之窗、欢乐谷等四个大型文化主题公园，每年接待 600 多万游客。每年还要举办"狂欢节""泼水节""国际啤酒节""玛雅狂欢节""城市现代雕塑艺术展"等十多个文化节庆活动。

锦绣中华内近百处景点大致按照中国区域版图分布，是中国自然风光与人文历史精粹的缩影。这里既有名列世界八大奇迹的万里长城、秦陵兵马俑；金碧辉煌的北京故宫、天坛、孔庙；肃穆庄严的黄帝陵、成吉思汗陵、明十三陵；玲珑精巧的苏州园林等文化景观，也有雄伟壮观的黄山、泰山；险峻挺拔的长江三峡；如诗似画的杭州西湖、漓江山水等自然风光；还可以欣赏到皇帝祭天、孔庙祭典与民间的婚丧嫁娶风俗。锦绣中华您可以在一天之内领略中华五千年历史风云，畅游大江南北锦绣河山。

世界之窗将世界奇观、历史遗迹、古今名胜、自然风光、民居、雕塑、绘画以及民俗风情、民间歌舞表演汇集一园。景区按世界地域结构和游览活动内容分为世界广场、亚洲区、大洋洲区、欧洲区、非洲区、美洲区、现代科技娱乐区、世界雕塑园、国际街九大景区，内建有 118 个景点，包括埃及金字塔、柬埔寨吴哥窟、美国大峡谷、夏威夷火山、尼亚加拉大瀑布、巴黎凯旋门和埃菲尔铁塔、梵蒂冈圣彼得大教堂、印度泰姬陵、澳大利亚悉尼歌剧院、意大利斗兽场和比萨斜塔等。不出国门,便可游览世界各地奇景,感受迷人的异国风情。

图 5-16 世界之窗

【知识拓展】

东部华侨城

东部华侨城,坐落在深圳市大梅沙,占地近9平方千米,由华侨城集团斥资35亿元精心打造,是国内首个集休闲度假、观光旅游、户外运动、科普教育、生态探险等主题于一体的大型综合性国家生态旅游示范区,主要包括大峡谷生态公园、茶溪谷休闲公园、云海谷体育公园、大华兴寺、主题酒店群落、天麓大宅等六大板块,体现了人与自然的和谐共处。一期工程2004年12月30日动工建设,2007年7月28日正式开放。

2. 大、小梅沙

大梅沙海滨公园,位于深圳东部大鹏湾,背倚青翠挺拔的梧桐山脉,面向浩瀚无边的南海,该海滨公园由政府投资兴建,免费向游客开放,夏季每逢周末,休闲的市民和游客蜂拥而至,欢声笑语充满了整个海滩。

小梅沙位于深圳东部大鹏湾,三面青山环抱,一面海水蔚蓝,一弯新月似的沙滩镶嵌在蓝天碧波之间。它无闹市的繁华与喧嚣,却有美丽的阳光、沙滩与海浪。这里,环海沙滩延绵千里,海滨浴场洁净开阔,蓝色的大海碧波万顷,茂盛的椰树婆娑起舞。

(三)开平碉楼与村落

开平碉楼位于广东省开平市赤坎、蚬冈、塘口、百合、赤水等镇,规模宏大、品类繁多、造型别致,被誉为"华侨文化的典范之作""令人震撼的建筑文艺长廊",是世界文化遗产(2007年)。

广东省开平市是中国著名的侨乡,也是建筑之乡、碉楼之乡。现存最早的开平村落建于14世纪;开平碉楼建于16世纪,是一种集防卫、居住和中西建筑艺术于一体的多层塔楼式建筑,到20世纪二三十年代,随着大量华侨回乡置业,开平碉楼出现了一个前所未有的鼎盛时期,最多时有3 000多座,至今仍完好保存了1 833座。

开平碉楼与村落数量之多,建筑之精美,风格之多样,及其中西文化交融的人文景观、自然生态、乡风民俗等,都保持得相当完整和真实,在国内乃至国际的乡土建筑中实属罕见,是20世纪开平华侨与村民主动把外国建筑文化与当地建筑文化相结合的结晶。开平碉楼主要用于防匪、防涝和居住。碉楼最具特色的是顶部的装饰艺术,由分布于世界各地的华侨吸取各自侨居国的建筑风格,结合中国建筑传统而设计建造,风格迥异,有中国古代建筑的硬山顶式,中西合璧的园林式、别墅式、古罗马式、中东式、美国式、英国式、德国堡垒式、教堂式等十余种。开平现存碉楼大致可分为泥楼、青砖楼、钢筋水泥楼。它以世界各国建筑艺术总汇而著称,反映了侨乡文化的超前性和创新性,在中国乡村建筑史上堪称奇迹,开平也因而被称为近代建筑博物馆。

图 5-17　开平碉楼群

(四) 韶关丹霞山

韶关丹霞山位于广东省韶关市的仁化县境内,是广东四大名山之一,因"色如渥丹、灿若明霞"而得名,是丹霞地貌的命名地,被誉为"中国红石公园",是世界自然遗产(2010年)、国家5A级旅游景区。丹霞山海拔408米,不算高,但它的山崖,远看似染红霞,近看

图 5-18　僧帽峰

则色彩斑斓,许多悬崖峭壁,像刀削斧,直指蓝天,无数奇岩美洞,隐藏于山中,景色相当奇丽。因而,有人曾说过这样过誉的话:"桂林山水甲天下,不及广东一丹霞。"景区内有大小石峰、石墙、石柱、天生桥680多座,群峰如林,疏密相生,高下参差,错落有序;山间高峡幽谷,古木葱郁,淡雅清静,风尘不染。锦江秀水纵贯南北,沿途丹山碧水,竹树婆娑,满江风物,一脉柔情。丹霞山的阳元石和阴元石形象酷似,堪称一绝。

【知识拓展】

广东四大名山—丹霞山、鼎湖山、西樵山和罗浮山

鼎湖山,国家5A级旅游景区,位于肇庆城区东北18公里,是中国第一个自然保护区,被中外学者誉为"北回归线上的绿宝石""北回归线上的绿洲"。

西樵山,国家5A级旅游景区,位于佛山南海区西樵镇,风光清幽秀丽,峰峰皆奇,洞洞皆幽,更有湖、瀑、泉、涧、岩点缀其间,古人赞之为"谁信匡庐千嶂瀑,移来一半在西樵"。一代武林宗师黄飞鸿,就诞生在此。

罗浮山,国家5A级旅游景区,位于惠州博罗县,是著名的道教名山,被道教称为"第七洞天、第三十四福地",与南海西樵山是姐妹山,此地盛产荔枝,宋代文豪苏东坡有诗云:"罗湖山下四时春,卢橘杨梅次第新。日啖荔枝三百颗,不辞长作岭南人。"

四、香港特别行政区

香港特别行政区,地处珠江口东侧,南海之滨,三面环海,北连深圳特区,由香港岛、九龙半岛、新界及周围235个岛屿组成,总面积为1 104平方千米,人口700.89万。香港地形以丘陵为主,气候为亚热带海洋性季风气候,全年温暖湿润。香港地理位置优越,并有优良的维多利亚深水海港。香港是自由贸易港,是亚太地区乃至国际的金融中心、国际航运中心、地区贸易中心。1997年7月1日,回归祖国后实行"一国两制""港人治港"政策,社会、经济更为发展,经济以转口贸易、出口加工、金融、旅游等为主,有"东方之珠""购物天堂""美食天堂""娱乐天堂"和"动感之都"等美称。主要的游览胜地,有太平山、海洋公园、天坛大佛、迪士尼乐园等。

(一)太平山

太平山,雄踞香港岛的西部,海拔554米,是香港岛的最高峰,是香港岛著名旅游景点。

太平山顶是观赏香港美妙夜景的最佳去处,其中又以缆车总站附近古色古香的狮子亭和空旷宜人的山顶公园为最佳观赏位置。坐缆车从山下到山顶全程1.4千米,只需8分钟就可到达山顶。山上空气清新,风景优美,登上瞭望台俯瞰,香港全貌尽收眼底。

每当夜幕降临之际,站在太平山上放眼四望,在万家灯火的映照下,港岛和九龙宛如镶嵌在维多利亚港湾的两颗明珠,交相辉映。中环地区,更是高楼林立,壮观无比。太平

山以其得天独厚的地理环境和人文景观,成为人们到香港的必游之地。

图 5‑19 太平山俯瞰下的香港夜景

(二) 海洋公园

香港海洋公园,位于港岛的南部,三面环海,东濒深水湾,建成于 1977 年元月,占地 87 万平方米,是世界最大的海洋公园之一,拥有东南亚最大的海洋水族馆及主题游乐园。凭山临海,旖旎多姿,是访港旅客最爱光顾的地方,不仅可以看到趣味十足的露天游乐场、海豚表演,还有千奇百怪的海洋鱼类、高耸入云的海洋摩天塔,更有惊险刺激的越矿飞车、极速之旅,堪称科普、观光、娱乐的完美组合。海洋公园内有"太平洋海岸",洋溢着北美加州海岸的文化魅力和自然美景。有海涛奔腾、海岸嶙峋及宁静宜人的沙滩景致,也有训练有素的海狮和海豹迎接游人。

香港海洋公园建筑分布于南朗山上及黄竹坑谷地。山上以海洋馆、海洋剧场、海涛馆、机动游戏为主。山下则有水上乐园、花园剧场、金鱼馆及仿照历代文物所建的集古村,村内有亭台楼阁、庙宇街景,反映中国历史风貌,使中国古代街景重现,并有民间艺术表演。由中央政府赠送的大熊猫安安和佳佳,深受广大市民欢迎。2007 年香港回归十周年时,中央人民政府赠送给香港的大熊猫盈盈和乐乐都在香港海洋公园内。

图 5‑20 海洋剧场"海豚表演"

(三)迪士尼乐园

香港迪士尼乐园,是全球第五个以迪士尼乐园模式兴建、迪士尼全球的第十一个主题乐园,也是首个根据加州迪士尼(包括睡公主城堡)为蓝本的主题乐园。位于大屿山的欣澳,环抱山峦,与南中国海遥遥相望,是一座融合了美国加州迪士尼乐园及其他迪士尼乐园特色于一体的主题公园。

图5-21 睡公主城

香港迪士尼乐园包括四个主题区:美国小镇大街、探险世界、幻想世界、明日世界。每个主题区都能给游客带来无尽的奇妙体验。在美国小镇大街,可以欣赏美国街市的怀旧建筑、各款典雅的古董车,可以品尝各种中西佳肴美食;探险世界里,沿着一条条巨大的河流,穿过非洲大草原,进入亚洲神秘森林,到达泰山小岛,勇敢的领航员会带领游客探索大自然的神奇密境;充满欢乐的幻想世界,是梦幻中的童话世界,美丽善良的白雪公主、纯真活泼的小飞象、天真可爱的小熊维尼,每一个童话中的主角都能给人带来欢乐和幻想;明日世界,可以让人体验太空惊险之旅,探索宇宙。

(四)购物天堂

香港拥有各式各样的露天市集、充满奇趣的夜市和琳琅满目的豪华大型商场,商品种类包罗万象,价格公道,堪称购物天堂。

香港购物区主要分为"香港岛"及"九龙"两个地段。九龙以地铁线上的"尖沙咀""佐敦"及"旺角"为3个重点;香港岛以地铁线上的"中环""金钟""铜锣湾"及"上环"为4个重点。

铜锣湾位于香港岛的核心区域,有多间大型购物商场:时代广场、SOGO崇光百货、皇室堡……百德新街、罗素街、霎东街林立着一间间时尚服饰专门店。另有物超所值的大型化妆品超级市场,即使是最新最流行的货品,也是以批发价发售,让您一次买个够。此外,香港的化妆品是免税的,是旅游的最佳纪念品。

五、澳门特别行政区

澳门特别行政区,位于南海之滨,珠江口西侧,近邻珠海,与东侧的香港相望。包括澳门半岛、凼仔岛和路环岛,面积为29.2平方千米,人口54.92万。地形多以丘陵、台地为主,平地多为填海而成。澳门属亚热带海洋性季风气候,全年温暖湿润。1999年12月

20日,回归祖国后采用"一国两制""澳人治澳"政策,经济发展迅速。经济以出口加工、旅游博彩、金融业和地产建筑等为主。与美国的拉斯维加斯和摩纳哥的蒙特卡罗并称为世界三大赌城,有"东方的蒙特卡罗"之称。

澳门历史城区,于2005年7月被列入《世界文化遗产目录》。它是一片以澳门旧城区为核心的历史街区,其间以相邻的广场和街道连接而成,包括妈阁庙前地、亚婆井前地、岗顶前地、议事亭前地、大堂前地、板樟堂前地、耶稣会纪念广场、白鸽巢前地等多个广场空间,以及妈阁庙、港务局大楼、郑家大屋、圣老楞佐教堂、圣若瑟修院及圣堂、岗顶剧院、何东图书馆、圣奥斯定教堂、民政总署大楼、三街会馆(关帝庙)、仁慈堂大楼、大堂(主教座堂)、卢家大屋、玫瑰堂、大三巴牌坊、哪吒庙、旧城墙遗址、大炮台、圣安多尼教堂、东方基金会会址、基督教坟场、东望洋炮台(含东望洋灯塔及圣母雪地殿圣堂)等20多处历史建筑。

澳门历史城区保存了澳门400多年中西文化交流的历史精髓。它是中国境内现存年代最远、规模最大、保存最完整和最集中,以西式建筑为主、中西式建筑相互辉映的历史城区;是西方宗教文化在中国和远东地区传播历史的重要见证;更是400多年来中西文化交流互补、多元共存的结晶。

(一)大三巴牌坊

大三巴牌坊,即圣保罗教堂的遗迹,位于澳门半岛中央大炮台山西侧。圣保罗教堂建成于1637年,整座教堂体现了欧洲文艺复兴时期建筑风格与东方建筑特色的结合,是当时东方最大的天主教堂。1835年,圣保罗教堂被一场大火烧毁,仅残存了现在的前壁部分,因为它的形状与中国传统牌坊相似,所以取名为"大三巴牌坊"。精美绝伦的艺术雕刻,将大三巴牌坊装饰得古朴典雅。无论是牌坊顶端高耸的十字架,还是铜鸽下面的圣婴雕像和被天使、鲜花环绕的圣母塑像,都充满着浓郁的宗教气氛,给人以美的享受。现在,大三巴牌坊已经成为澳门的象征之一。

图5-22 大三巴牌坊

(二) 妈祖阁

妈祖阁俗称天后庙,坐落在澳门半岛的东南面,建于1488年,是澳门最古老的庙宇。妈祖阁历来香火鼎盛,经常紫烟弥漫,一派祥和气氛,故有"妈阁紫烟"之称。葡萄牙人首次在澳门登陆就在妈祖阁附近,因不知到达之地名,便问当地人,被问者误以为问庙名称,遂告之"妈阁",由此MACAU便成了葡萄牙人对澳门的正式称谓。

图 5-23 妈祖阁

妈祖阁依山临海、古木婆娑、石狮镇门、飞檐凌空,是富有中国民族特色的古建筑。庙宇包括大殿、石殿、弘仁殿、观间阁四大主要建筑。农历三月廿三是妈祖的诞生日,此时妈祖阁香火最为鼎盛。

六、广西壮族自治区

广西壮族自治区简称桂,省会南宁市,位于中国南部,南临北部湾,西南与越南毗邻。面积约24万平方千米,常住人口4 719万(2013年)。广西是以壮族为主体的少数民族自治区,也是全国少数民族人口最多的省区之一。境内居住着壮、汉、瑶、苗、侗、仫佬、毛南、回、京、彝、水、仡佬等12个世居民族。

广西地处云贵高原东南边缘,地势由西北向东南倾斜,地形以低山丘陵为主,岩溶地貌发育良好。气候为亚热带季风气候,温暖湿润。

广西旅游资源非常丰富,拥有举世闻名的桂林山水、江河、湖泊、泉水、瀑布、海滨景色和原始森林、珍稀动植物等自然旅游资源,还有古人类遗址、古水利和军事工程、古建筑、古城址、古园林和革命纪念地、众多的民族风情及习俗等人文旅游资源。最著名的是桂林到阳朔的百里漓江风景区,集岩溶风景之大成,素有"山水甲天下"之美称,为全国四大旅游胜地之一。桂林漓江、桂平西山和宁明花山为国家级风景名胜区。

【知识拓展】

刘三姐与"三月三"对歌

刘三姐是壮族民间传说人物。其传说最早见于南宋王象之《舆地纪胜》卷九十八《三妹山》。明清以来,有关她的传说与歌谣文献记载很多。据传,刘三姐为唐代壮族农家女,年幼聪颖过人,被视为"神女"。12岁即出口成章,妙语连珠,以歌代言,名扬壮乡,有"歌仙"之誉。然而她的才华却遭到流氓恶霸的嫉恨,后被害死于柳州,传说她死后骑鲤鱼上天成了仙。"三月三",是壮族地区最大的歌圩日,又称"歌仙节",相传是为纪念刘三姐而形成的民间纪念性节日。现在歌节期间,除传统的歌圩活动外,还要举办抢花炮、抛绣球、碰彩蛋及演壮戏、舞彩龙、擂台赛诗、放映电影、表演武术和杂技等丰富多彩的文体娱乐活动。

(一)首府南宁

南宁市简称"邕",位于广西南部邕江两岸,是广西壮族自治区的首府。南宁地处亚热带,山清水秀、四季如春、瓜果飘香,素有"中国绿城"的美誉。一年一度的南宁国际民歌艺术节,备受世人瞩目。主要的游览地有南湖公园、人民公园、动物园、凤凰湖、青秀山、昆仑关、伊岭岩、大明山和广西药用植物园等。广西博物馆收藏约10万件文物及标本,其中收藏有世界最大的古铜鼓,直径1.65米,重约300千克。

(二)桂林市

桂林市,位于广西东北部,漓江两岸,是中国著名的风景旅游城市和历史文化名城。桂林有独特的喀斯特地貌,以山清、水秀、洞奇、石美著称,有"桂林山水甲天下"之誉,2014年作为"南方喀斯特"的代表被列入世界自然遗产。

桂林山水素以三山两洞一条江为代表。三山是指叠彩山、伏波山、象鼻山;两洞是指七星岩和芦笛岩,为著名溶洞;一条江是指漓江。

1. 象鼻山

象鼻山,位于桃花江和漓江交汇的江滨,因山形酷似一头酣饮江水的巨象而得名,是桂林山水的代表、桂林的象征。象鼻山海拔200米,高出水面55米,长108米,宽100米。山体面积1.3公顷,它是由3.6亿年前海底沉积的纯石灰岩组成的。主要景点有水月洞、象眼岩、普贤塔、宏峰寺及寺内的太平天国革命遗址陈列馆等。附近还有隋唐开元寺仅存的舍利塔。山上有象眼岩,左右对穿,极像大象的眼睛。在象山的"象鼻"和"象身"之间,有一个溜圆的大洞,名曰"水月洞"。水月洞倒影清流,构成"水底有明月,水上明月浮"的奇观。洞中有历代珍贵石刻五十余件,以宋刻为最。

图 5-24 象鼻山

2. 漓江景区

漓江发源于兴安县的猫儿山，流经桂林、阳朔，至平乐县恭城河口，全长437千米。由桂林至阳朔84千米的漓江，像一条青绸绿带，盘绕在群峰山峦之间，奇峰夹岸，碧水环绕，青山浮水，犹如一幅百里画卷。"江作青罗带，山如碧玉簪"。千百年来它不知陶醉了多少文人墨客。1982年，漓江作为神秀天下的山水名胜，以桂林漓江风景名胜区的名义，被国务院批准列入第一批国家级风景名胜区名单。2007年5月8日，桂林市漓江景区被国家旅游局正式批准为国家5A级旅游景区。

图 5-25 漓江山水

3. 阳朔风景

阳朔位于桂林南65千米，独特秀美的山水风光得到了"阳朔山水甲桂林"的美誉。自然景观主要是山、水、岩洞、古榕等；人文景观主要是亭、台、楼、阁、石刻等。可供观赏的大小山峰数百座，一条十分诱人的漓江河，30多个岩洞，10多处楼台亭阁，近百处石刻，一株令人流连忘返的千年古榕。分5大景区，150余处景点。著名的景点有莲花岩、碧莲洞、聚龙潭、世外桃源、刘三姐水上公园、滨江公园、蝴蝶泉、遇龙河、田家河等。

4. 龙胜龙脊梯田

龙脊梯田景区位于桂林市北77千米的龙胜各族自治县,主要是以农业梯田景观为主体,融入壮、瑶等少数民族传统民族风情为一体的、集自然景观与人文资源因素的综合旅游景区,被誉为"天下一绝""诗境家园"。可分以平安龙脊和大寨金坑两处梯田景观。龙脊梯田景观区主要有金竹壮寨、黄洛红瑶寨、龙脊古壮寨、平安壮寨、龙脊梯田(九龙戏珠、七星伴月)等;金坑梯田景观区主要有金坑红瑶寨群、金坑梯田、下布茶园风光、下布峡谷、下布瀑布群等。

图5-26 龙脊梯田

【知识拓展】

环江喀斯特

环江喀斯特位于广西北部河池市环江毛南族自治县,与贵州荔波喀斯特共同组成了从高原到低地斜坡地形上的锥状(峰丛)喀斯特地貌,展示了丰富多样的地表和地下喀斯特地貌形态及生物生态特征,是亚热带锥状喀斯特的杰出代表。法国洞穴生物专家露易斯·德哈文先生说:环江喀斯特地貌独特,所有峰丛、峰林几乎在同一海拔上,以及洞穴生物的丰富性均为亚洲第一。环江喀斯特2014年作为"南方喀斯特"的代表被列入了世界自然遗产。

(三)北海市

北海市,位于广西的南部、北部湾东北岸,南北西三面环海,是中国首批沿海开放城市之一。拥有北海银滩、涠洲岛、星岛湖、冠头岭、山口、儒艮(美人鱼)国家自然保护区、白龙珍珠城遗址、合浦汉代墓葬保护区和大士阁、东坡亭古建筑群等著名的旅游景点,集"海、滩、岛、湖、山、林"于一体,自然风光和人文景观兼备。

银滩,位于北海市南,北部湾畔,绵延24千米,以"滩长平、沙白细、水温静、浪柔软、无鲨鱼"著称,为中国11个国家级旅游度假区之一。建成了银滩公园、海滩公园、银滩乐园等旅游景点,推出了海滨浴场、海上运动、沙滩运动、大型音乐喷泉、欧陆风格建筑群、世界风情歌舞表演、海洋动物表演、会议培训等一系列旅游项目。附近的合浦,是中国最大的珍珠产地,所产的南珠是世界明珠。

图5-27 银滩的雕塑"潮"

七、海南省

海南省简称琼,省会海口市,地处中国最南部,北隔琼州海峡与广东省雷州半岛相望,包括海南岛和西沙群岛、中沙群岛、南沙群岛等岛屿及附近海域。所属海域面积200多万平方千米,全省陆地面积约3.4万平方千米,其中海南岛面积3.39万平方千米,是中国第二大岛。全省常住人口895万(2013年),汉族、黎族、苗族、回族是海南省世居民族。黎族是海南岛上最早的居民。海南岛是中国最大的经济特区。

海南岛四周低平,中间高耸,呈穹隆山地形,以五指山、鹦哥岭为隆起核心,向外围逐级下降,由山地、丘陵、台地、平原构成环形层状地貌,梯级结构明显。气候为热带季风气候,全年暖热,雨量充沛,干湿季节明显,通常风较大,热带风暴和台风频繁,气候资源多样。

海南岛是中国橡胶、椰子、油棕、咖啡、胡椒等热带经济作物的主要产地和热带水果、反季节瓜菜重点生产基地。整岛椰树高耸挺拔,迎风摇曳,故名"椰岛"。主要旅游景点有三亚的亚龙湾、天涯海角、南山文化旅游区、琼海博鳌旅游区、海口东寨港红树林等。

(一)省会海口

海口市,位于海南岛北端,因在南渡江入海口西侧,故名。海口又称椰城,是海南省的省会城市,全省政治、经济、文化、交通中心,国家历史文化名城。海口市是中国著名的热带海滨城市,沿江靠海,市区椰树成林,有20千米的滨海林带,沿海岸有不少月牙形的松软沙滩,成为著名的海滨浴场。主要的名胜有五公祠、海瑞墓、李硕勋烈士纪念亭、秀英炮台、万绿园、假日海滩、金牛岭烈士陵园、滨海公园、石山火山口、东寨港红树林等。

（二）三亚市

三亚，位于海南岛最南端，古称崖州，别称鹿城，是中国著名的热带滨海旅游城市，这里四季如夏，汇集了阳光、海水、沙滩、气候、森林、动物、温泉、岩洞、田园、风情等十大风景旅游资源，主要的旅游景点有天涯海角、鹿回头、亚龙湾、大东海、大小洞天、崖州古城、落笔洞三亚古人类遗址和南山文化旅游区等。

【知识拓展】

鹿回头的爱情传说

相传，古时候五指山有一位善良的黎家青年上山打猎时，发现了一只美丽的梅花鹿，便紧追不舍。九天九夜之后，他翻过了99座山，蹚过99条河，一直追到三亚湾的珊瑚礁上。前面是碧波万顷的茫茫大海，后面是紧追上来的猎手，梅花鹿已走投无路。就在猎手搭箭弯弓，准备发射的时候，只见眼前电光一闪，梅花鹿不见了，站在眼前的是一位美丽的黎家姑娘，之后两人便海誓山盟，结下百年之好，在此安居乐业、繁衍子孙，过着幸福美好的生活。后人将这地方称为"鹿回头"。三亚市也因此别称"鹿城"。

图5-28 鹿回头

1. 亚龙湾

亚龙湾位于三亚市东南28千米处，是海南最南端的一个半月形海湾，全长约7.5公里，沙粒洁白细软，海水澄澈晶莹，而且蔚蓝，能见度7~9米，适合潜水。海底世界资源丰富，有珊瑚礁、各种热带鱼、名贵贝类等。年平均气温25.5℃，海水温度22~25.1℃，终年可游泳，被誉为"天下第一湾""东方夏威夷"。"三亚归来不看海，除却亚龙不是湾"，这是游人对亚龙湾由衷的赞誉。1992年10月4日经国务院批准，在此建立了中国唯一具有热带风情的国家级旅游度假区——亚龙湾国家旅游度假区。

2. 天涯海角

天涯海角位于三亚市区西南23千米,是国家级风景名胜区、国家4A级景区。这里奇石林立,是花岗岩球状风化而成。碧海、青山、白沙、巨磊、礁盘浑然一体;椰林、波涛、渔帆、鸥燕、云霞辉映点衬。"南天一柱"石刻是清代宣统元年(1909年)崖知州范云梯题刻。"天涯"石刻是程哲任崖州知州期间的第四年(1727年)题刻的。"海角"石刻是1945年王毅将军率部队来此题刻。代表性景点主要有:天涯购物寨、民族风情园、历史名人雕塑园、"南天一柱""海判南天""天涯""海角"等。

图5-29 天涯海角

3. 南山文化旅游区

南山文化旅游区位于三亚市西南40千米处的南山,是融热带海洋风光、中国佛教文化、福寿文化、历史古迹、民间传说为一体,集生态旅游、休闲度假、社会教育、环境资源保护于一身的大型主题景区,是国家5A级旅游景区。

图5-30 南山海上观音像

南山文化旅游区共分为三大主题公园:南山佛教文化苑、中国福寿文化园和南海风情文化园。其主要建筑有南山寺、南海观音佛像、观音文化苑、天竺圣迹、佛名胜景观苑、十方塔林与归根园、佛教文化交流中心、素斋购物一条街等。最为瞩目的是仁立在南海之滨的108米高的"南山海上观音""一体化三尊",造型挺拔,气势恢宏,高越天下。这项被誉为"世界级、世纪级"的佛教造像工程历时6年,已于2005年4月24日(佛历三月十六)举行了举世瞩目的盛大开光大典。2007年5月8日,南山文化旅游区被国家旅游局正式批准为

4. 呀诺达雨林文化旅游区

呀诺达雨林文化旅游区位于三亚市保亭黎族苗族自治县,是海南岛五大热带雨林精品的浓缩,堪称中国钻石级雨林景区,是国家5A级旅游景区。整体规划面积45平方千米,周边是123平方千米的生态恢复保护区,景区坚持天人合一的生态开发理念。以天然自然景观为基础,保护和强化景区优美的自然生态环境,融汇"原始生态绿色文化、黎苗文化、南药文化、民俗文化"等优秀文化理念,形成以雨林谷、梦幻谷、三道谷、蓝月谷、志妈谷的海南绿色旅游旗舰产品和高端养生度假大型绿色旅游境区。

(三)五指山

五指山,是海南第一高山,是海南岛的象征,也是中国名山之一。该山位于海南岛中部,峰峦起伏呈锯齿状,形似五指,故得名。远眺五指山,只见林木苍翠,白云缭绕。

五指山中的最高峰为二指,海拔1 867米,在一峰、二峰之间,山势非常险要,攀登更难,有一座由天然巨石架成的"天桥",传说是座"仙桥",神童仙女还常到桥上云游玩耍。二峰之后是三峰,原是五指山的最高峰,后被雷劈去一截。接着四峰、五峰。这5座峰虽然峰巅分立,但却山体相连。

五指山区遍布热带原始森林,层层叠叠,透迤不尽。海南主要的江河皆从此地发源,水光山色交相辉映,构成奇特瑰丽的风光。五指山林区是一个蕴藏着无数百年不朽良树的绿色宝库。进入原始森林,落叶厚达50厘米以上。空气里充满了一种独特的树脂香味,薄雾像一条透明的纱巾,环绕在深深绿谷之间,轻轻地飘荡。五指山还是珍禽异兽的王国,这里生长着两栖类、爬行类、鸟类、兽类等多种动物。

(四)博鳌水城

位于海南岛东部琼海市博鳌镇,万泉河的入海口,濒临南海,是博鳌亚洲论坛总部所在地,这里融江、河、湖、海、山麓、岛屿于一体,集椰林、沙滩、奇石、温泉、田园等风光于一身。东部的一条猗长的沙洲"玉带滩"把河水、海水分开,一边是烟波浩瀚的南海,一边是平静如镜的万泉河;在山岭、河滩、田园的怀拥下有水面保存完美的沙美内海;万泉河、九曲江、龙滚河三江交汇,东屿岛、沙坡岛、鸳鸯岛三岛相望。因其独特的自然资源、精心的规划以及高水准的开发建设,博鳌水城被海南省政府列为重点开发的旅游项目。

图 5-31　博鳌亚洲论坛会址

【项目小结】

南部沿海旅游区位于中国最南部，依山傍海，是中国最早对外开放的地区，经济发展迅速，华侨众多，极大地促进了本地区的旅游业发展。自然和人文景观独特而丰富，既有典型的热带、亚热带自然风光，也有丰富多样的丹霞、花岗岩、岩溶和海岸等地貌，又加之为"海上丝绸之路"的起源地、拥有深受海外文化影响的岭南文化、众多的人造景观和现代城市建筑等，因而各地旅游特色明显，成为中国旅游业最发达的地区。

【项目测试题】

一、填空题

1. 武夷山是中国乘＿＿＿＿＿＿游览溪流最美的地方。

2. 南宋著名理学家＿＿＿＿＿＿在武夷山创建了武夷书院，讲学著述。

3. 武夷山最著名的物产是＿＿＿＿＿＿。

4. 广州市的传统标志是＿＿＿＿＿＿，＿＿＿＿＿＿已成为新广州的地标性建筑。

5. 中国建立的第一个经济特区城市是＿＿＿＿＿＿。

6. 世界上面积最大、内容最丰富的微缩景区是＿＿＿＿＿＿。

7. 台湾省的面积约＿＿＿＿＿＿平方公里，包括＿＿＿＿＿＿和＿＿＿＿＿＿、＿＿＿＿＿＿等许多岛屿。其土著民族是＿＿＿＿＿＿族。

8. 台湾最大的湖泊是＿＿＿＿＿＿。

9. ＿＿＿＿＿＿、＿＿＿＿＿＿、＿＿＿＿＿＿和＿＿＿＿＿＿是阿里山四大奇观。

10. 香港最大的岛屿是＿＿＿＿＿＿，澳门最古老的庙宇是＿＿＿＿＿＿。

11. 香港的标志是＿＿＿＿＿＿；澳门的标志是＿＿＿＿＿＿。

12. 三亚市别称＿＿＿＿＿＿，是中国最南端的＿＿＿＿＿＿滨海旅游城市。

二、问答题

1. 南部沿海旅游区包括哪些行政区？其相应的简称和行政中心分别是指什么？
2. 南部沿海旅游区的旅游资源特征主要有哪些？
3. 本区有哪些著名的丹霞地貌景区？各有什么特点？
4. 广州市是一座怎样的城市？有哪些景点？
5. 广东开平碉楼与古村落作为世界文化遗产，有哪些特色？
6. 本区的人造景区众多，试举一处说明它对本地旅游业发展起到的作用。
7. 台湾作为祖国的宝岛，有哪些著名旅游景点？
8. 说出香港、澳门地区的领土由哪几部分组成？各有哪些著名的旅游景点？
9. 桂林山水是什么地貌？有哪些著名景点？
10. 本区的海滨风光特别突出，有哪些著名海滨度假胜地？

项目六

西南旅游区

项目六　西南旅游区

　　西南旅游区包括云南、四川、贵州和重庆等三省一市,区内跨滇西山地、云贵高原和四川盆地三大地理单元,地形以山地、高原、丘陵为主,地势起伏大,山高水深,地形结构十分复杂,气候类型为亚热带湿润季风气候,又有湿带、亚热带型湿润季风气候,有"一山分四季、十里不同天"之说。因此,西南地区生机旺盛,物种众多,资源丰富,历来号称"动物王国"和"植物王国"。西南是中国主要的旅游目的地,旅游资源丰富多彩。

【学习目标】

知识目标

1. 了解西南旅游区的地形特征、气候类型特点、风物特产等概况
2. 掌握西南旅游区的旅游资源特征
3. 熟悉区内各省级行政区的旅游环境及主在的旅游胜地,重点熟悉世界遗产和国家自然保护区

能力目标

1. 能在地图上指出西南旅游区的省级行政区及省会城市的位置
2. 能说出西南旅游区的旅游资源特征及相应的特色旅游资源
3. 能根据学习内容尝试旅游线路设计

任务一　地理环境概况

【案例6-1】

　　截至2014年,中国列入《世界遗产名录》的世界遗产共有47项,各省、直辖市、自治区中,遗产数量名列前茅的有北京市(6项)、云南省(5项)、四川省(5项)等。另外位于西南旅游区的贵州省、重庆市各有3项。西南旅游区的世界遗产共有14处,其中自然遗产9处,双重遗产2处,文化遗产3处,是中国世界遗产分布较多的地区。

　　截至2013年,中国加入世界"人与生物圈"保护区网的自然保护区共有32处,其中四川省最多,共4处,云南省2处。贵州省2处,西南地区共有8处,占全国25%。

【思考】

1. 西南地区的世界遗产分布有什么特点?
2. 通过以上数据,说明中国西南旅游区哪类旅游资源最丰富?为什么?

　　西南旅游区位于中国西南地区,毗邻缅甸、泰国、老挝、柬埔寨、越南,包括四川、云

南、贵州、重庆4个省级行政区。总面积114.2万平方公里,总人口超过2亿,是中国少数民族的主要聚居地之一,主要有苗族、傣族、侗族、白族、纳西族、藏族、彝族、羌族等等。

【知识拓展】

  2013年央视举行大型公益节目"最美乡村医生"活动,个个乡村医生都用他们的故事感动着所有人。当李佳生乡村医生的视频播出令在场的人都为之震撼:傈僳族,一个云南省怒江州福贡县鹿马登乡11个村子唯一一名医生,靠着最基本的医疗手段和几乎原始的交通方式,成为当地百姓的救星。曾为给一个新生儿注射乙肝疫苗而在海拔1 800米的山上徒步走了两天。用一个自制的由铁滑轮和麻绳圈组成的滑具,悬空锁扣在一条400米长、50米高的钢索上溜索过江,感受着怒江的水在身下翻滚怒吼和内心恐惧的挑战,为江对面的村民送医送药就成为每天必备的功课。

  最美乡村医生李佳生的溜索过江的一幕震撼着每一个人……下面我们来了解西南的地理环境。

一、地形

  西南旅游区的地形以山地、高原、丘陵为主,地跨滇西山地、云贵高原和四川盆地三大地理单元,地形结构十分复杂,自然资源丰富。滇西山地自然景观的垂直分布十分明显,并有现代冰川分布,形成"一山见四季、十里不同天"的山地气候。云贵高原,岩溶地貌典型,分布广泛。四川盆地自古就有"天府之国"的美称,因堆积了厚达数千米的紫色或红色岩层,故有"红色盆地"之称。

二、气候

  本区除川西高原属高寒气候、川西南横断山地垂直气候明显外,其余绝大部分属于湿润的亚热带季风气候。其主要特征是:冬温夏热,四季分明;降水丰沛,季节分配比较均匀。大多数地区都具有冬无严寒、夏无酷暑的基本特征。

  本区保存有原始森林,拥有丰富的热带动植物,是中国最大的动植物宝库。大熊猫、金丝猴都是中国特有的动物,望天树、桫椤都是国家一级保护植物。

三、交通

  本区地形崎岖,新中建立前交通不便,建国后,成渝、宝成、黔桂、川黔、贵昆、成昆、湘黔、襄渝、南昆等铁路续建成。沪昆高铁、沪汉蓉高铁、贵广高铁等客运专线即将建成。内河航运,长江四季畅通。航空方面形成以成都双流国际机场、昆明长水国际机场、重庆江北国际机场为中心的西南机场群。高速公路有:京昆高速、银百高速、兰海高速、银昆高速、昆磨高速、沪蓉高速、沪渝高速、杭瑞高速、大丽高速、沪昆高速、厦蓉高速、广昆高速等,还修建了滇藏、川藏等公路,大大改变了西南交通落后面貌。

四、特产

本区物产丰富,盛产中药材,川黄连、川明参、川党参是四川著名中药材,三七、天麻、虫草、当归是云南著名的中药材,中成药中的"云南白药"誉满全球。西南山水秀丽,名酒迭出,名酒有剑南春、郎酒、泸州大曲、五粮液、董酒、茅台酒等。气候适宜,适合茶叶生长,是中国四大产茶区之一,四川的峨眉绿茶、云南的普洱茶、贵州的都匀毛尖茶、重庆的沱茶等都是茗茶。

五、民俗

本区人杰地灵,少数民族众多,著名的民族工艺品众多,四川的龚扇、剑阁手杖、蜀绣等,云南的斑铜、乌铜走银,贵州的蜡染、安顺"三刀"等,均享誉中外。川剧、变脸、傣戏、侗戏、花灯戏等地方民族戏曲丰富多彩。

【知识拓展】

茶叶是中国的三大特产之一,关于茶的文化内涵丰富,它不仅是日常重要的饮品,更是日常人际交往中重要的礼品……

什么是普洱茶?

普洱茶是原产于滇南、滇西澜沧江流域,以云南大叶种茶树鲜叶经晒青后为原料,气蒸压制成型的各种紧压茶和散茶,经一定时间贮存演变而成,或经人工渥堆发酵后加工而成普洱茶和普洱散茶。

"茶寿"是多少岁?

清晨,在公园锻炼的几位老者人互相问候。甲问:"老哥几个高寿了?"乙回答:"不算高,去年才过米寿。今年正好89。"丙回答:"我今年99正好到白寿。"丁接着说:"我也不算高,再过三年才到茶寿呢。"接着又问甲:"那你高寿了?"甲很快回答:"咱哥四个,我最小,前年过的喜寿,今年才79。"

你知道"茶寿"是指多少岁吗?这几个"寿"是什么意思?

原来有一次,华罗庚请教郭沫若先生,如果年龄没有到整数,如77岁、88岁、99岁,怎么称呼?郭老回答说,77岁可叫做喜寿,88岁可叫做米寿,99岁可叫做白寿。郭老进一步解释:七十七、八十八、九十九正好是三个字谜。"喜寿"可猜为七十七,是因为"喜"字的草体便由七十七三个字组成;"米寿"可猜为八十八,因为"米"字的上、中、下为八十八;"白寿"可猜为九十九,因为白字是谐音字"百"字去一横,就是一百去一,不正好是99

吗？还有一个，我认为也该说说，那就是"茶寿"，只要分析一下"茶"字，就可以知道应该是指"108岁"了。因为"茶"字上有二十，下有八十八，加在一起不正是108吗。

任务二　旅游资源特色

【案例6-2】
　　2014年6月23日联合国教科文组织世界遗产委员会在卡塔尔首都多哈举行第38届会议上中国的重庆金佛山、广西桂林、贵州施秉、广西环边等四处喀斯特地貌作为"中国南方喀斯特"世界自然遗产第二期扩展项目顺利通过审批，至此中国该项目的自然遗产共有七处。

【思考】
　　1. 这七处世界自然遗产集中分布于哪些省份？
　　2. 世界上不乏著名的喀斯特地貌分布区，为何中国有七处之多的喀斯特地貌列入世界自然遗产？

一、岩溶地貌发育典型

　　中国碳酸盐类岩石面积约有130万平方千米，是世界上岩溶面积最大的国家。碳酸盐岩石受水的溶蚀作用形成了各种地貌形态，如石芽、石林、峰林、溶斗、落水洞、溶洞等岩溶地貌。本区的岩溶地貌分布广、发育典型，代表旅游点有云南的路南石林、九乡和普者黑等，贵州的织金洞、龙宫、黄果树大瀑布和荔波等，四川兴文县石海洞乡等，重庆的武隆天坑和金佛山等。

【知识拓展】

世界喀斯特地貌分布及类型

　　南斯拉夫狄那里克阿尔卑斯山区，意大利和奥地利交界的阿尔卑斯山区，法国中央高原，俄罗斯乌拉尔山，澳大利亚南部，美国肯塔基和印第安纳州，古巴及牙买加等地。中国喀斯特地貌分布广、面积大。以广西、贵州和西南东部所占的面积最大，是世界上最大的喀斯特区之一。

　　按出露条件可划分为：裸露型喀斯特、覆盖型喀斯特、埋藏型喀斯特。
　　按气候带分为：热带喀斯特、亚热带喀斯特、温带喀斯特、寒带喀斯特、干旱区喀斯特。

按岩性分为：石灰岩喀斯特、白云岩喀斯特、石膏喀斯特、盐喀斯特。

【思考】

1. 中国喀斯特地貌主要发育于哪些地区？其地貌形态又有哪些？
2. 喀斯特地貌有哪些类型？（中国关于喀斯特的研究历史是否会更好）

二、多名山大川峡谷

本区地形多山地与高原。云南西北部是高山深谷的横断山区。云南省东部、贵州全省属于云贵高原。最高峰是西北部迪庆藏族自治州德钦县的梅里雪山，其主峰卡瓦格博峰海拔6 740米。贵州北部有大娄山，中南部苗岭横亘，东北境有武凌山，主峰梵净山高2 572米；西部高耸乌蒙山。

本区的河流包括长江流域、珠江流域、元江（红河）流域、澜沧江（湄公河）流域、怒江（萨尔温江）流域、独龙江（伊洛瓦底江）流域、恒河流域和印度河流域的河流。

河流切割山体，形成众多峡谷。如金沙江、澜沧江和怒江（即所谓三江并流），相距最近处在北纬27度30分附近，直线距离仅76千米。三江江面狭窄，两岸陡峻，属典型的V字形深切峡谷，尤以金沙江石鼓附近的虎跳峡为世界著名峡谷之一。

三、生物旅游资源丰富

由于本区地形复杂多样，地势高低悬殊，加以南北跨度大。气候湿润，垂直和水平分异显著，环境千差万别，为多种动植物的生存提供了适宜的条件，且有多处人类活动干扰比较少的地区，保存有原始的自然生态环境、种类众多的野生动植物，建有多处自然保护区。本区已发现的高等植物约12 000种，几乎占全国植物种类的一半，被誉为"植物王国"。记录在案的哺乳动物有300多种，还有大量的特有珍稀动濒危物种，如大熊猫、小熊猫、金丝猴、雪豹、云豹、羚牛、亚洲象、四川梅花鹿、麝、白唇鹿、白马鸡、银杉、珙桐、秃杉、桫椤、望天树、跳舞草、丽江云杉、橡胶树、油棕、兰七、云南松等。

【知识拓展】

截至2013年，本区列入世界"人与生物圈"保护网的自然保护区有8处，位于云南省的有被誉为"动植物王国"的西双版纳自然保护区和被学术界誉为"世界物种基因库"的高黎贡山自然保护区。位于四川省境内被誉为"大熊猫故乡"的卧龙自然保护区、被誉为"童话世界"九寨沟自然保护区、被誉为"人间瑶池"的黄龙自然保护区和被誉为"最后的香格里拉"的稻城亚丁自然保护区；位于贵州省东北部素有"药材宝库"之称的梵净山自然保护区和茂兰自然保护区。此外，还有国家级自然保护区，如位于贵州省威宁县的草海自然保护区；位于云南省德钦县境内的白马雪山自然保护区等。

四、民族风情丰富多彩

西南地处高原,崇山峻岭,交通阻隔,各地居民处于相对"封闭"的状态之中,久而久之,逐渐发展为不同的民族,形成多姿多彩的民族风情。云南省有 25 个少数民族,世居的有 16 个,是中国聚居民族成分最多的省份;其次是贵州,世居贵州的少数民族有 16 个;第三是四川省,世居四川的少数民族有 14 个,四川还是羌族的唯一分布区;重庆有 4 个世居少数民族。聚居在本区的少数民族如藏族、羌族、傣族、德昂族、阿昌族、布朗族、佤族、苗族、白族、彝族、土家族、侗族、壮族、纳西族、哈尼族、布依族、水族、景颇族、独龙族等等。他们各自的语言、服饰、建筑物、生活习惯、风土人情、喜庆节日、民间艺术、工艺特产、烹调技术等,构成了多姿多彩的民族风情,为民族风情观光旅游提供了良好的条件,如彝族的"火把节"、白族的"三月街"、傣族的"泼水节"、纳西族的"三朵节"、景颇族的"目瑙纵歌"、傈僳族的"刀杆节"、苗族与布依族的"四月八"、土家族和布依族的"六月六"、水族的"端节"、瑶族的"盘古节"、壮族"三月三"歌节、苗族"苗年"与"踩花山"、仫佬族的"走坡节"、侗族的"花炮节"。

任务三 主要旅游胜地

【案例 6-3】

图 6-1 中国行政区划图

项目六　西南旅游区

【思考】
1. 请在图中标出云南省、四川省、贵州省和重庆市的位置。
2. 请在图中标出云南省、四川省、贵州省的省会城市。

一、云南省

云南省拥有丰富多彩的旅游资源,宜人的气候、诗画般的自然风光和多姿多彩的民风民情,构成一幅美丽动人的画卷。云南拥有丰富的自然资源,素有"植物王国""动物王国""有色金属王国""药材之乡"的美誉。

云南是全国植物种类最多的省份,不仅有热带、亚热带、温带、寒温带植物种类,而且还有许多古老、衍生、特有的以及从国外引种的植物。

云南南部是热量和水分最丰富的地区,为湿热的热带气候,年均温为 20~25℃,没有真正的冬季,4 月下旬即进入夏季,11 月初方有秋意。由于夏季炎热,下雨就凉,因此有"四时皆为夏,一雨便成秋"之说。

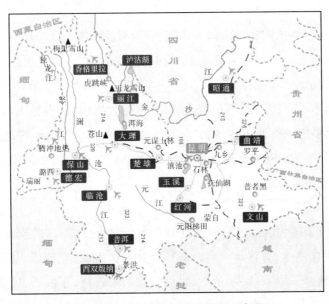

图 6-2　云南省主要旅游景点示意图

(一) 省会昆明

云南省会,又名"春城",位于中国西南云贵高原中部,南濒滇池,三面环山,滇池平原。是云南省政治、经济、文化、科技、交通中心,西部地区重要的中心城市和旅游、商贸城市。气候温和,夏无酷暑,冬无严寒,四季如春,鲜花常年开放,草木四季常青,是著名的"春城""花城"。

公元前三世纪(公元前298—前277年),楚国大将庄蹻率众入滇,抵滇池地区,与当地的叟族部落联盟,建立了以叟族为主的"滇国",自称"滇王",其故城在今晋宁县晋城镇。"庄开滇"带来了楚国和中原内地先进的文化、技术,对促进当时以滇部落为主的滇池地区的政治、经济发展有一定的积极作用。战国至东汉初,滇池周围的"滇人"建立滇国,创造了独具特色的"滇文化"。

主要旅游景点:石林、九乡溶洞、世博园、滇池、云南民族村、大观楼、大叠水瀑布、西山、翠湖、金马碧鸡坊、东川红土地。

【知识拓展】

昆明的由来

"昆明"一词作为地名,在唐代以前很难稽考。关于"昆明"一词的起源,有多种说法,大多数学者认为,"昆明"最初是中国西南地区一个古代民族的族称。"昆明"在中国古代文献中写作"昆""昆弥"或"昆淋"。早期并非城市名称,而是居住在中国西南地区即今日的云南西部、四川西南部的一个古代民族的族称。

1. 滇池

滇池滇池位于昆明市南的西山脚下,其北端紧邻昆明市大观公园,南端至晋宁县内,距市区5公里,历史上这里一直是度假观光和避暑的胜地,亦称昆明湖、昆明池,云南省最大的淡水湖,有高原明珠之称。面积330平方公里,平均水深5米,最深8米。滇池湖光山色十分壮丽,水面宽阔。滇池东有金马山,西有碧鸡山,北有蛇山,南有鹤山。滇池周围风景名胜众多,沿湖有西山森林公园、观音山、白鱼口、大观楼、海埂公园、云南民族村、郑和公园等景点,同时还有海埂高原训练基地及众多的疗养院等,既相连成片又相对独立,互为依托,是游览、娱乐、度假的理想场所。

2. 云南民俗文化村

云南民族村位于昆明滇池国家旅游度假区内,地处昆明市区的南部,背靠西山森林公园,紧邻高原明珠滇池,有傣族、白族、彝族、纳西族、佤族、布朗族、基诺族、拉祜族、藏族、景颇族、哈尼族、德昂族、壮族、苗族、水族、怒族、蒙古族、布依族、独龙族、傈僳族、普米族、满族、回族、瑶族、阿昌族共25个云南少数民族村寨。在村里还举行独具民族特色的民族节日活动,如白族的"三月街"、傣族的"泼水节"、彝族的"火把节"、傈僳族的"刀杆节"、景颇族的"目瑙纵歌"、纳西族的"三朵节"等,是云南旅游的重要旅游景区。

【知识拓展】

云南十八怪顺口溜

你说奇怪不奇怪,云南就有十八怪。四个竹鼠一麻袋,蚕豆花生数着卖;

袖珍小马多能耐,背着娃娃再恋爱;四季衣服同穿戴,常年能出好瓜菜;

摘下草帽当锅盖,三个蚊子一盘菜;石头长在云天外,这边下雨那边晒;

鸡蛋用草串着卖,火车没有汽车快;小和尚可谈恋爱,有话不说歌舞代;

蚂蚱当做下酒菜,竹筒当做水烟袋;鲜花四季开不败,脚趾常年露在外。

3. 路南石林

位于云南石林彝族自治县,距昆明72公里,面积约40多万亩,是传说中阿诗玛的故乡,是大自然鬼斧神工的杰作,是中国三大自然奇观之一。属岩溶地貌(也称喀斯特地貌),2007年,与贵州荔波、重庆武隆一起申报"中国南方喀斯特"被列入世界自然遗产。景区由大、小石林、乃古石林、大叠水、长湖、月湖、芝云洞、奇风洞7个风景片区组成。被人们誉为"天下第一奇观"。

(二)世界遗产——三江并流

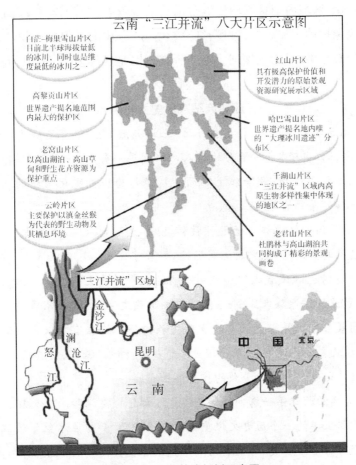

图6-3 三江并流规划示意图

位于云南省西北部的横断山区,是世界上蕴藏最丰富的地质地貌博物馆。"三江并流"是指金沙江、澜沧江和怒江这三条发源于青藏高原的大江在云南省境内自北向南并行奔流170多公里,穿越担当力卡山、高黎贡山、怒山和云岭等崇山峻岭之间,形成世界上罕见的"三江并流,四山并立"的奇特自然地理景观。这里有世界上最为壮观且稀有的低纬度低海拔季风海洋性现代冰川梅里雪山。

高黎贡山国家级自然保护区位于怒江西岸,是云南省面积最大的自然保护区。以保护生物、气候、垂直带谱自然景观、多种植被类型和多种珍稀濒危保护动植物种类为目的。主要保护对象为中山湿性常绿阔叶林、高山温性、寒温性针叶林为主的森林垂直自然景观;生物多样性完整的森林生态系统;珍稀动植物和特有物种。以其生物的多样性,被学术界誉为"世界物种基因库",为世界生物圈保护区。

由于"三江并流"地区未受第四纪冰期大陆冰川的覆盖,加之区域内山脉为南北走向,因此这里成为欧亚大陆生物物种南来北往的主要通道和避难所,是欧亚大陆生物群落最富集的地区。区域内栖息着珍稀濒危动物滇金丝猴、羚羊、雪豹、孟加拉虎、黑颈鹤等77种国家级保护动物和秃杉、杪椤、红豆杉等34种国家级保护植物。每年春暖花开时,各种花卉争春斗艳,因此,植物学界将"三江并流"地区称为"天然高山花园"。

【知识拓展】

三江并流孕育历史文化名镇

金沙江和澜沧江并流进入我省滇西北"三江并流"区,孕育了数千年来的"江边文化"。随着"走进三江并流"采访活动的深入,"江村第一镇"之谜伴随记者的足迹逐步被揭开:金沙江上游的石鼓镇、澜沧江上游的叶枝镇作为历史文化名镇的代表作,已成为"三江并流"区域和"茶马古道"上的亮点。

澜沧江流域的维西傈僳族自治县叶枝镇2000年被列入"省级历史文化名镇",历史上叶枝是滇藏"茶马古道"的主要物资集散地,融合了傈僳、藏、纳西等9个民族的聪明和智慧,有着傈僳族特色的民族文化和独树一帜的宝贵历史文化遗产。1923年,叶枝新洛村一位名叫哇忍波的傈僳族农民创造了一套傈僳族文字,国内专家曾认定,这是一种音节文字,是中国最后发明并得到认定的少数民族文字。这里有省级文物保护单位的"王氏土司衙署",境内集雪山冰川、杜鹃林海、原如森林、湖泊、瀑布、河流及众多野生保护动物为一体,这里还是雪封期由滇进藏的重要通道。

石鼓镇为著名的长江第一湾所在地,是茶马古道的要津和南下大理、北进藏区的交通枢纽,是金沙江上游的一个历史文化重镇。这里1977年建立了红军渡江纪念碑,1999年又配套修建了以"金沙水暖"为主题的红军渡江雕塑。1983年,纪念碑和博物馆被列为云南省级重点文物保护单位;1997年,石鼓被列为爱国主义教育基地。

(新华网云南频道)

(三)世界遗产——澄江化石地

澄江化石地位于中国云南澄江帽天山附近,是保存完整的寒武纪早期古生物化石群。她生动地再现了5.3亿年前海洋生命壮丽景观和现生动物的原始特征,为研究地球早期延续时间为5 370万年的生命起源、演化、生态等理论提供了珍贵证据,澄江生物群的研究和发现,不仅为寒武纪生命大爆发这一非线性突发性演化提供了科学事实,同时对达尔文渐变式进化理论产生了重大的挑战。澄江生物群共涵盖16个门类、200余个物种化石(截至2012年)。2012年7月1日,澄江化石地被正式列入《世界遗产名录》。

【知识拓展】

1984年7月,南京地质古生物研究所研究员侯先光在帽天山发现纳罗虫化石,经确认为距今5.3亿年的无脊椎动物化石,是当今世界最古老、最完整的软体动物化石,其中有奇虾、云南虫等。1987年4月,中国正式向世界公布在澄江发现古生物化石群,这一消息轰动了地质古生物界。这具有里程碑意义的发现,为世界科学界研究生命之起源、无脊椎动物的演化及人类的起源演化提供了最新的重要的科学依据。

(玉溪新闻网)

(四)红河哈尼梯田

位于云南省元阳县的哀牢山南部,是哈尼族人世世代代留下的杰作。元阳哈尼族开垦的梯田随山势地形变化,因地制宜,坡缓地大则开垦大田,坡陡地小则开垦小田,甚至沟边坎下石隙也开田,因而梯田大者有数亩,小者仅有簸箕大,往往一坡就有成千上万亩。元阳梯田规模宏大,气势磅礴,绵延整个红河南岸的红河、元阳、绿春及金平等县,仅元阳县境内就有17万亩梯田,是红河哈尼梯田的核心区。

1995年法国人类学家欧也纳博士观览梯田时,称赞梯田是"真正的大地艺术"。2013年列入世界自然遗产。

图6-4 红河哈尼梯田风光

(五)丽江

丽江市位于云南省西北部云贵高原与青藏高原的连接部位,海拔高度为2 418米。北连迪庆藏族自治州,南接大理白族自治州,西邻怒江傈僳族自治州,东与四川凉山彝族自治州和攀枝花市接壤。总面积20 600平方公里。辖古城区、玉龙纳西族自治县、永胜县、华坪县、宁蒗彝族自治县,总人口1 244 769人(第六次人口普查)。自古以来是丝绸之路和茶马古道的中转站。

特产丰富,主要有丽江雪桃、雪茶、普洱茶、螺旋藻、他留乌骨鸡、永胜油茶、丽江天麻、小凉山苹果、香橼、苁满梨、海棠果、琵琶肉、腊排骨、鸡豆凉粉、糯米血肠、丽江粑粑等。纳西族的风味食品很多,有"纳西火锅""鸡豆凉粉""鸡炖豆腐""吹猪肝""酥油茶""炒饵块"等。

丽江地处横断山脉三江并流区域,地形地貌复杂、民族多、历史久、旅游资源丰富。全市旅游风景点以"二山、一城、一湖、一江、一文化、一风情"最具代表。依次即玉龙雪山和老君山、丽江古城、泸沽湖、金沙江、纳西东巴文化、摩梭风情。

1. 玉龙雪山和老君山

玉龙雪山是国家级风景名胜区、省级自然保护区和旅游开发区,景区面积约2.63万公顷。景区内有北半球距赤道最近的现代海洋性冰川,分布有20多个保留完整的原始森林群落和59种珍稀野生动物,被誉为"冰川博物馆"和"动植物宝库"。

老君山是"三江并流"的核心景区,总面积842.64平方公里,区内有独特的丹霞地貌、茂密的原始森林和种类丰富、未遭破坏的动植物群落,分布有种子植物79科167属280多种,其中很多是珍稀濒危植物。

2. 丽江古城

丽江古城始建于宋末元初,距今已有800多年历史。古城总面积约3.8平方公里,是中国罕见的保存相当完好的少数民族古城,集中了纳西文化的精华,完整地保留了宋、元以来形成的历史风貌。1986年被列为国家级历史文化名城,1997年12月4日被列入《世界文化遗产名录》。

丽江古城,又名"大研古镇",位于中国西南部云南省的丽江市,与四川阆中、山西平遥、安徽歙县并称为"保存最为完好的四大古城"。它是中国历史文化名城中仅有的两个没有城墙的古城之一。它是以充分体现人与自然和谐统一,多元融合的文化为特点,以平民化、世俗化的百姓古雅民居为主体的"建筑群"类型的世界文化遗产。是一座至今还存活着的文化古城。束河建筑群、白沙建筑群、纳西族建筑是丽江古城的多元建筑组成的代表。

3. 泸沽湖与摩梭风情

泸沽湖位于宁蒗县境内,是云南省九大高原湖泊之一。湖面海拔 2 685 米,面积 48.45 平方公里,平均水深 40.3 米,最深达 93.5 米。泸沽湖景区已被列为云南省省级自然保护区、省级旅游度假区。生活在泸沽湖畔的摩梭人保留着"男不娶、女不嫁"的母系走婚习俗。

4. 金沙江虎跳峡

金沙江流经丽江 651 公里,沿线景观独特,最具代表性的景点有长江第一湾、虎跳峡和宝山石城。

5. 纳西东巴文化

东巴文化是纳西族民族文化的重要内容之一。东巴文化指纳西族古代文化,因保存于东巴教而得名,已 1 000 多年的历史。主要包括东巴象形文字、纳西古乐、东巴经卷、东巴绘画、建筑艺术及宗教文化等,内容丰富,博大精深。其中东巴象形文字是被誉为世界唯一存活着的象形文字。

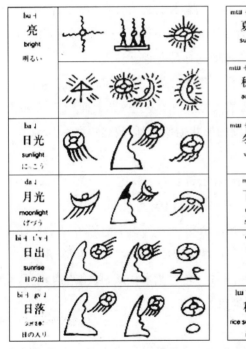

图 6-5 纳西象形文字

(六) 大理

大理全称大理白族自治州,地处云南省中部偏西,市境东巡洱海,西及点苍山脉。这里气候温和,土地肥沃,山水风光秀丽多姿,是中国西南边疆开发较早的地区之一,远在四千多年前,大理地区就有原始居民的活动。总面积达 29 459 平方公里。山地多,平地少,山区面积占总面积的 83.7%,坝区面积占 16.3%。海拔 2 090 米,东邻楚雄州,南靠普洱市、临沧市,西与保山市、怒江州相连,北接丽江市。大理有"风花雪月"的美称,即下关风、上关花、苍山雪、洱海月。以苍山、洱海、大理古城、崇圣寺、蝴蝶泉、三塔等景点最有代表性。

【知识拓展】

三 道 茶

三道茶分别为苦茶、甜茶、回味茶。苦茶,民间又称为响雷茶,多为烤制,味苦;甜茶,则在茶中加入核桃片和红糖,喝完后口中回甘;第三道,加入蜂蜜、花椒,有的加入乳扇,故称回味茶。

1. 苍山洱海

苍山,是云岭山脉南端的主峰,由十九座山峰由北而南组成,北起洱源邓川,南至下关天生桥。苍山十九峰,巍峨雄壮,与秀丽的洱海风光形成强烈对照。在苍山顶上,有着不少高山冰碛湖泊,湖泊四周是遮天蔽日的原始森林。还有 18 条溪水,泻于 19 峰之间,滋润着山麓坝子里的土地,也点缀了苍山的风光。苍山还是一个花团锦簇的世界。不仅有几十种杜鹃,而且有珍稀的茈碧花和绣球似的马缨花等。

洱海,位于云南大理郊区,为云南省第二大淡水湖,北起洱源县江尾乡,南止大理下关,海拔 1 972 米,长约 42.58 公里,东西最大宽度 9.0 公里,湖面面积 256.5 平方公里,平均湖深 10 米,最大湖深达 20 米,因为湖的形状酷似人耳,故名洱海

2. 大理古城

大理古城简称叶榆,又称紫城。位于中国云南省西部,苍山之麓,洱海之滨,形成了"一水绕苍山,苍山抱古城"的城市格局。是古代南诏国和大理国的都城,作为古代云南地区的政治、经济和文化中心,时间长达五百余年。从 779 年南诏王异牟寻迁都阳苴咩城,已有 1 200 年的建造历史。现存的大理古城是以明朝洪武十五年(公元 1382 年)在阳苴咩城的基础上恢复的。进入古城,街巷间一些老宅花木扶疏,鸟鸣声声,户外溪渠流水淙淙,呈现"三家一眼井,一户几盆花"的景象。

3. 崇圣寺三塔

崇圣寺三塔是南诏文化的象征,是大理的标志性景点。位于大理古城西北部 1.5 公里处,西对苍山应乐峰,东对洱海,距山脚约为 1 500 米。它是大理历史上规模最为宏大的古刹,南诏丰佑年间曾有殿宇千间,大理国时期是皇家的寺院。三座塔鼎足而立,大塔居中,二小塔南北拱卫,雄伟壮观,显示了古代劳动人民在建筑方面的卓越成就。大塔又名千寻塔,当地群众称它为"文笔塔",通高 69.13 米,底方 9.9 米,凡 16 级,为大理地区典

型的密檐式空心四方形砖塔。它正东砌照壁,镌有"永镇山川"4字。南北小塔均为十级,高42.17米,为八角形密檐式空心砖塔。为第一批全国重点文物保护单位。

(七)西双版纳国家级自然保护区

位于云南省西双版纳傣族自治州,面积241 776公顷(由勐腊、尚勇、勐仑、勐养、曼搞五大片组成),西双版纳国家级自然保护区属热带湿润气候。以保护热带雨林、热带季雨林和南亚热带季风常绿阔叶林森林生态系统和珍稀动植物物种资源为主要目的的国家级自然保护区。

(八)腾冲

1. 腾冲火山群

腾冲火山群位于横断山系南段的高黎贡山西侧的腾冲县,主要集中分布在和顺、马站一带,大大小小高高矮矮的火山,构成了一个庞大火山群景观,为中国西南最典型的第四纪火山,也是中国最为著名的火山密集区之一。腾冲共有休眠期火山97座,其中火山口保存较完整的火山达23座。地处世界瞩目的阿尔卑斯——喜马拉雅地质构造带之印度板块和欧亚板块急剧聚敛的接合线上,地壳运动活跃,地震频繁。当剧烈的地震发生时,山崩水涌,岩溶喷出地表,待地震停止,岩溶冷却,就形成了一座座形状独特的火山,素有"天然地质博物馆"之誉。火山群附近地区亦为地热富集区,约有泉群90多处。冬季由高空俯视,热气腾空,白雾迷漫,有"热海"之称。在火山口附近,可以捡到灰、红、黑等颜色的火山石。这种火山石的比重很轻,人称"浮石"。

【知识拓展】

"石沉大海"是自然规律?

"石沉大海"是我们非常熟悉的一句成语。其意是说像石头掉到大海里,很快沉入海底,比喻毫无消息或不见踪影。一般人所见到的石头其密度比水大,若是把普通的石头扔到水里,由于它在水中所受的浮力小于其重力,就会迅速下沉。这是人们众所周知之事,也就有了"石沉大海"这一涉及岩石学的成语。然而,有一种石头与众不同,若把它扔到水里不仅不会下沉,而且会像一般木头那样浮在水面。这种石头称为浮石,属火山酸性喷出岩之一,具有很多气泡而且比重很小,能浮于水面,故名。把它扔到海里,"石沉大海"的自然规律就不灵了。

2. 和顺古镇

和顺镇位于腾冲县城西南4公里处,古名阳温墩,因境内有一条小河绕村而过,遂更名"河顺",后取"士和民顺"之意雅化为"和顺"。这里是古"西南丝绸之路"的必经之地,曾是马帮重镇,也是著名的侨民之乡,各种外来文化在此交融。和顺图书馆、滇缅抗战博物馆具有参观意义。

二、四川省

四川,简称"川"或"蜀",省会成都,位于中国大陆西南腹地,自古就有"天府之国"之美誉,是中国西部门户,大熊猫故乡。

四川地处中国西部,是西南、西北和中部地区的重要结合部,是承接华南华中、连接西南西北、沟通中亚南亚东南亚的重要交汇点和交通走廊。辖区面积48.6万平方公里,次于新疆、西藏、内蒙古和青海,居全国第五位,是我们国家的资源大省、人口大省、经济大省。

四川省地处长江上游,全省地貌东西差异大,地形复杂多样。四川省处于中国大陆地势三大阶梯中的第一级和第二级,即处于第一级青藏高原和第二级长江中下游平原的过渡带,高低悬殊,西高东低的特点特别明显。西部为高原、山地,海拔多在4 000米以上;东部为盆地、丘陵,海拔多在1 000~3 000米。全省可分为四川盆地、川西北高原和川西南山地三大部分。旅游资源极其丰富,历来有"天下山水在于蜀"之说,峨眉山、青城山、四姑娘山、贡嘎山、九寨、黄龙等享誉中外。四川省是一个多民族的大省,有55个少数民族,其中世居的14个少数民族按在省内人口的多少依次为彝族、藏族、羌族、苗族、回族、蒙古族、土家族、傈僳族、满族、纳西族、布依族、白族、壮族、傣族。是全国最大的彝族聚居区,全国第二个大藏区,全国唯一的羌族聚居区。

四川省内有32种矿产保有储量居全国前5位,其中钛矿、钒矿、硫铁矿等7种矿产居全国第一位。钒、钛具有世界意义,钛储量占世界总储量的82%,钒储量占世界总储量的1/3。

【知识拓展】

阆中古城

位于四川盆地东北缘、嘉陵江中游,已有2 300多年的建城历史,向为古代巴国蜀国军事重镇。古城阆中的建筑风格体现了中国古代的居住风水观,棋盘式的古城格局,融南北风格于一体的建筑群,形成"半珠式""品"字形、"多"字形等风格迥异的建筑群体,是中国古代建城选址"天人合一"完备的典型范例。阆中,是春节文化的发源地。2009年,阆中被评为"中国春节文化之乡"。"秦砖汉瓦魂,唐宋格局明清貌;京院苏园韵,渝川灵性巴阆风。"这副对联完整地概括了阆中古城的特点和历史风韵。保护完好的唐、宋、元、明、清各历史时期的古民民街院、寺院楼阁、摩崖石刻构成了阆中独特的旅游资源和丰富的文化内涵。

项目六 西南旅游区

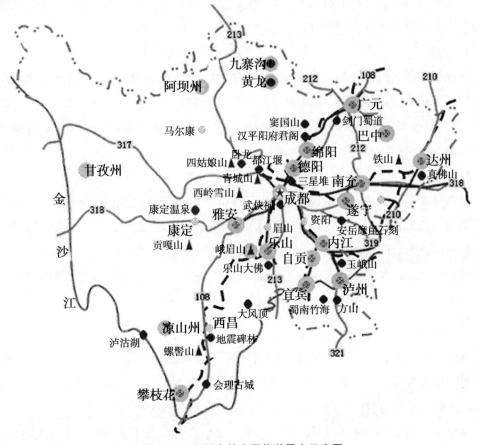

图 6-6 四川省的主要旅游景点示意图

（一）省会成都

成都，简称"蓉"，四川省省会，西南地区的科技、商贸、金融中心和交通及通信枢纽。西汉时期，成都的织锦业已十分发达，设有"锦官"，故有"锦官城"即"锦城"之称；

成都位于西南地区最大平原——成都平原腹地，境内地势平坦、河网纵横、物产丰富、水系发达，自古就有"天府之国"的美誉。

成都拥有2 600多年的建城史，约在公元前5世纪中叶构筑城池，西汉时已成为中国六大都市之一，三国时期为蜀汉国都。北宋年间成都人联合发行了世界最早的纸币"交子"，官府在成都设立了世界最早的管理储蓄银行"交子务"。2001年出土的金沙遗址，将成都建城历史从公元前311年提前到了公元前611年，超过了苏州，成为中国未变城址最长久的城市。

成都是"最中国文化名城"和"中国最佳旅游城市"，承载着几千年的历史，联合国教科文组织创意城市网络授予它"美食之都"称号。成都是一座有三千年左右的建城史的历史文化名城,拥有武侯祠、杜甫草堂、永陵、望江楼、青羊宫、文殊院、明蜀王陵、昭觉寺等众多历史名胜古迹和人文景观。

1. 武侯祠

武侯祠是闻名海内外的三国文化圣地,是全国最负盛名的诸葛亮、刘备纪念地和唯一的君臣合祀庙宇,是全国影响最大的三国遗迹博物馆。武侯祠始建于223年,主要由惠陵、汉昭烈庙和武侯祠三大部分组成,祠内古柏森森,环境幽雅,殿宇宏伟,是首批全国重点文物保护单位。

2. 杜甫草堂

杜甫草堂是唐代诗人杜甫成都故宅旧址,位于成都市区,是富有诗情画意和竹林风光的名园。诗人杜甫于759年移居成都,历时3年9个月,在此作诗240余首,其名篇《茅屋为秋风所破歌》即居草堂之作。主要建筑有大廨、诗史堂、柴门、工部祠、少陵草堂等。草堂博物馆内珍藏各种历史资料3万余册,文物2 000余件,是研究"诗圣"杜甫的珍贵资料。杜甫草堂为首批全国重点文物保护单位。

(二)九寨沟

九寨沟风景名胜区位于中国西部四川省阿坝县藏族羌族自治州南坪县。因为九个藏族村寨坐落在这片高山湖泊群中,因而被称为"九寨沟"。九寨沟以明朗的高原风光为基调,融翠湖、叠瀑、秋林、雪峰于一体,号称"人间仙境",被誉为"童话世界"。

九寨沟主沟呈"Y"字形,总长50余公里。原始森林覆盖了九寨沟一半以上的面积,而水是九寨沟景观的主角。沟中以高原钙华湖群、钙华瀑群和钙华滩流等水景为主体的奇特风貌,其水景规模之巨,景型之多,数量之众,形态之美,表局之精和环境之佳等指标综合鉴定,位居中国风景名胜区水景之冠。碧绿晶莹的溪水好似项链般穿插于森林与浅滩之间。色彩斑斓的湖泊和气势宏伟的瀑布令人目不暇接。

(三)黄龙

黄龙风景名胜区,位于中国西部四川省阿坝藏族羌族自治州松潘县境内,与九寨沟毗邻。是由众多雪峰和中国最东部的冰川组成的山谷。主景区黄龙沟,似中国人心目中"龙"的形象,因而历来被喻为"人间瑶池""中华象征"。

黄龙以规模宏大、类型繁多、结构奇巧、色彩丰艳的地表钙华景观为主景,在中国风景名胜区中独树一帜,成为中国一绝。黄龙钙华景观,类型齐全,钙华边石坝彩池、钙华滩、钙华扇、钙华湖、钙华塌陷湖、坑,以及钙华瀑布、钙华洞穴、钙华泉、钙华台、钙华盆景等一应俱全,是一座名副其实的天然钙华博物馆。黄龙风景区内的八处钙华彩池群被上海大世界吉尼斯总部认定为"规模最大的钙华彩池群"。黄龙钙华彩池群外观艳丽、成因奇特,彩池总数达 3 400 个,总面积 21 056 平方米。在这里人们可以找到高山景观和各种不同的森林生态系,以及壮观的石灰岩构造、瀑布和温泉。这一地区还生存着许多濒临灭绝的动物,包括大熊猫和四川疣鼻金丝猴。

【案例 6-4】

"受到空姐热情服务的熊猫"

2014 年 6 月 9 日,曾经风靡全球、在多个国家和地区引起很大反响的艺术作品"1 600 熊猫"抵达香港国际机场,在入境大厅吸引了里三层外三层的围观人群。这 1 600 只熊猫是由法国艺术家保罗·葛兰金创作的。他介绍说,目前全球野生熊猫大约是 1 600 只,所以他就制作了 1 600 只纸熊猫,让它们在全世界"旅游",以此唤起人们保护濒危动物的意识。

作者葛兰金曾经潜心研究泰国的纸糊技术,并把它转化为艺术的制作方式。如今这 1 600 只熊猫来到香港,将会从机场一路旅游到香港岛,在各种闹市区突然出现,还会乘坐有轨电车,在市民中间增进环保理念。在机场看到又多又可爱的纸熊猫,许多民众都表示保护真熊猫责无旁贷。"因为在全世界都有 1 600 只,我们应该保护它们呢。"

【思考】

1. 大熊猫栖息地在哪?
2. 中国的大熊猫自然保护区有哪些?

(四)大熊猫栖息地

世界自然遗产——四川大熊猫栖息地位于中国四川省境内,包括卧龙、四姑娘山和夹金山脉,面积 9 245 平方公里,地跨成都市、雅安市、阿坝藏族羌族自治州、甘孜藏族自治州四个地级行政区的 12 个县或县级市。由卧龙自然保护区等 7 处自然保护区和青城山—都江堰风景名胜区等 9 处风景名胜区组成。四川大熊猫栖息地是保护国际(CI)选定的全球 25 个生物多样性热点地区之一。从某种意义上来讲,它可以说是一个"活的博物馆",这里有高等植物 1 万多种,还有大熊猫、金丝猴、羚牛等独有的珍稀物种。此外,美国和英国等国家的学者很早就开始对邛崃山系的生物进行研究,并到实地搜集有关信息,这里一直是全世界都很知名的生物多样性地区。

【知识拓展】

大熊猫在中国西部地区从北往南依次分布于:陕西秦岭、四川、甘肃交界的岷山地区、邛崃山系、大相岭、小相岭和凉山山系等六个狭长的山系。这些地区目前保存了全世界 30% 以上的野生大熊猫,是全球最大、最完整的大熊猫栖息地,也是全世界温带区域中植物最丰富的区域。据最近一次大熊猫调查公布的数据,中国的大熊猫总数接近 1 600 只。大熊猫为熊科、大熊猫亚科,适宜在亚热带竹林生活。现在的大熊猫的白齿发达,爪子除了五趾外还有一个"拇指"。这个"拇指"其实是一节腕骨特化形成,学名叫做"桡侧籽骨",主要起握住竹子的作用。大熊猫的食物主要是箭竹。

(五)青城山—都江堰

青城山位于四川省都江堰市西南15公里处。因为山上树木茂盛,四季常青,故历来享有"青城天下幽"的美誉。素有"拜水都江堰,问道青城山"之说,是中国四大道教名山之一,道教称此山为"第五洞天"。青城山自古是文人墨客探幽访胜和隐居修炼之地,古称"洞天福地""神仙都会"。大约1 700多年前的东汉末年,道教创始人张道陵在山上设坛传教,因而青城山又是中国道教发祥地之一。全山的道教宫观以天师洞为核心,包括建福宫、上清宫、祖师殿、圆明宫、老君阁、玉清宫、朝阳洞等10余座。建福宫建于唐开元十八年(730年),现存建筑为清代光绪年间(1888年)重建。现有大殿三重,分别奉祀道教名人和诸神,殿内柱上的394字的对联,被赞为"青城一绝"。

都江堰位于长江支流岷江上游,距成都市50余公里,是世界上仍在发挥作用的最古老的水利工程。都江堰是在2 250多年前由李冰主持修成的。战国末期,秦国蜀郡守李冰率民众历时20多年,创建了以"分水鱼嘴""飞沙堰""宝瓶口"为主的都江堰渠首工程和庞大的渠系工程,成功地驯服了岷江,结束了川西平原洪涝与干旱交替的历史,使这里成为"水旱从人、不知饥馑"的"天府之国",这项工程直到今天还在发挥着作用,被称为"活的水利博物馆"。

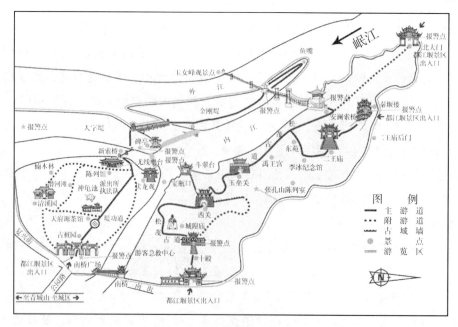

图6-7 都江堰景区旅游地图

都江堰位于四川省成都市都江堰市灌口镇,是中国建设于古代并使用至今的大型水利工程,被誉为"世界水利文化的鼻祖",是全国著名的旅游胜地。通常认为,都江堰水利工程是由秦国蜀郡太守李冰及其子率众于公元前256年左右修建的,是全世界迄今为止,年代最久、唯一留存、以无坝引水为特征的宏大水利工程,也是世界文化遗产。

【知识拓展】

五代时,道教音乐进入宫廷。青城道士张孔山传谱的古琴曲《流水》,1977年被美国录入镀金唱片,由"旅行者二号"太空飞船带入太空,在茫茫宇宙寻觅人类知音。

"祀水"。据了解,为祈求"河神"保佑风调雨顺,古蜀人自古以来就有杀猪宰羊以"祀水"的习俗。公元前256年,四川的地方长官即蜀郡守李冰为使岷江之水能长久稳定地滋润成都平原,带领沿岸百姓修了都江堰,从此成都平原"水旱从人、不知饥馑",史称"天府"。此后,"祀水"活动遂演变为以纪念李冰治水功绩为主,一年一度,世代相传。

(六) 峨眉山与乐山大佛

峨眉山,位于四川省乐山市峨眉山市境内,景区面积154平方公里,最高峰万佛顶海拔3 099米。地势陡峭,风景秀丽,有"雄秀西南"之美誉。峨眉山是中国四大佛教名山之一,作为普贤菩萨的道场,主要崇奉普贤大士,有寺庙约26座,重要的有报国寺、万年寺、伏虎寺等,佛事频繁。1996年12月6日,峨眉山—乐山大佛作为世界文化与自然双重遗产被联合国教科文组织列入世界遗产名录,著名学者华轩居士曾感叹道:"天下秀色尽于此、履止其间岂思还。"

乐山大佛,又名凌云大佛,位于四川省乐山市南岷江东岸凌云寺侧,濒大渡河、青衣江和岷江三江汇流处。乐山大佛开凿于唐代开元元年(713年),完成于贞元十九年(803年),历时约九十年。通高71米,是中国最大的一尊摩崖石刻造像。"山是一尊佛,佛是一座山",形象地概括了乐山大佛的特征。佛经说弥勒出世就会"天下太平",所以当海通修造乐山大佛时,自然选择了弥勒佛,而且弥勒佛既是能带来光明和幸福的未来佛,这同平息水患的镇江之佛要求是一致的。

(七) 亚丁自然保护区

亚丁自然保护区位于四川省甘孜藏族自治州稻城县南部,保护区景区海拔2 900米(贡嘎河口)至6 032米(仙乃日峰),面积5.6万公顷。以仙乃日、降边央、夏纳多吉三座雪峰为核心区,北南向分布。地质年代第四纪(250万年前)以来,由于受新构造运动影响,这个地区发生了强烈的抬升和断裂,形成了特有的高原峡谷地貌。区内保存了以冰峰雪岭、冰川宽谷、原始森林和高原草甸为主的极高山自然生态系统。由于该区域独特的地理位置,其环境基本未受人类活动的干扰和破坏,原始风貌保存较完整,加之独特的自然景观,被誉为"最后的香格里拉",在国内外享有较高的知名度。

三、贵州省

贵州简称"黔"或"贵",辖6个地级市、3个自治州,国土面积17.6万平方公里。贵州是唯一分布没有平原支撑的省份,境内有乌蒙山、大娄山、苗岭山、武陵山四大山脉,山地和丘陵占全省面积的92.5%,喀斯特(出露)面积为10.9万平方公里,占全省国土总面积的61.9%,是喀斯特地学的天然百科全书。贵州属于亚热带季风气候,大部分地区温和湿润,贵州高原大部分降水也集中在下半年,但全年雨日分布均匀,平均雨日162~220天,故有"天无三日晴"之说。贵州资源丰富,全省能源资源以水能和煤炭为主,具有"水火互济"的优势,是"西电东送"的重点省份。全省有野生植物3 800多种,野生动物1 000多种,是全国重要的动植物种源地和中药材四大产区之一。境内自然风光优美、民族文化灿烂,奇山秀水、瀑布峡谷、溶洞石林等构成了迷人的"天然公园",有苗族、布依族、侗族、水族、仡佬族、彝族、土家族等17个世居少数民族。

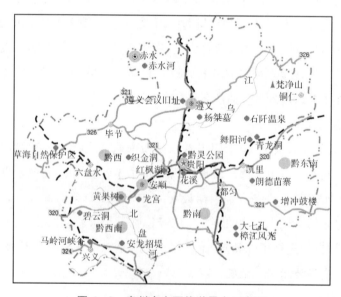

图6-8 贵州省主要旅游景点示意图

(一)省会贵阳

贵阳,贵州省会,是贵州省的政治、经济、文化、科教、交通中心和西南地区重要的交通通信枢纽、工业基地及商贸旅游服务中心。"贵阳"因位于境内贵山之南而得名,已有400多年历史。古代贵阳盛产竹子,以制作乐器"筑"而闻名,故简称"筑",也称"金筑"。贵阳风光旖旎,是一座"山中有城,城中有山,绿带环绕,森林围城,城在林中,林在城中"的具有高原特色的现代化都市,中国首个国家森林城市、循环经济试点城市。以温度适宜、湿度适中、风速有利、紫外线辐射低、空气清洁、水质优良、海拔适宜、夏季低耗能等气候优势,荣登"中国十大避暑旅游城市"榜首,被中国气象学会授予"中国避暑之都"称号。主要旅游景点有红枫湖、花溪、百花湖、息烽、贵阳文昌阁、甲秀楼等。

(二)遵义

遵义是贵州省下辖的地级市,地处中国西南腹地,位于贵州省北部,北依大娄山,南临乌江,古为梁州之城,是由黔入川的咽喉,黔北重镇。遵义山川秀丽,风光独特,尤以山、水、林、洞为主要特色。1935年,中国共产党在这里召开了著名的"遵义会议",成为了党的生死攸关的转折点,被称为"转折之城,会议之都"。

红色之旅景点:遵义会议会址,娄山关红军战斗纪念碑,四渡赤水纪念馆,遵义红军烈士陵园,红军街,红军遵义总政治部旧址,毛主席旧居,红军遵义警备司令部旧址,苟坝会议会址,中华苏维埃国家银行旧址,博古旧居,遵义会议陈列馆,娄山关摩崖石刻等。

遵义气候环境优越,水质好,茅台酒、董酒、习酒、珍酒、鸭溪窖酒均是名酒。

【知识拓展】

遵义会议

1935年1月15日至17日,中共中央政治局在贵州遵义召开的独立自主地解决中国革命问题的一次极其重要的扩大会议。是在红军第五次反"围剿"失败和长征初期严重受挫的情况下,为了纠正王明"左"倾领导在军事指挥上的错误而召开的。这次会议是中国共产党第一次独立自主地运用马克思列宁主义基本原理解决自己的路线、方针政策的会议。在极端危险的时刻,挽救了党和红军。这次会议开始确立实际以毛泽东为代表的马克思主义的正确路线在中共中央的领导地位,是中国共产党历史上一个生死攸关的转折点,标志着中国共产党从幼稚走向成熟。

(三)黄果树瀑布

黄果树瀑布,古称白水河瀑布,亦名"黄葛墅"瀑布或"黄桷树"瀑布,因本地广泛分布着"黄葛榕"而得名。位于中国贵州省安顺市镇宁布依族苗族自治县,属珠江水系北盘江支流打帮河的支流白水河上,为黄果树瀑布群中规模最大的一级瀑布,是中国最大瀑布,是世界著名大瀑布之一。瀑布高度为77.8米,瀑布宽101米。黄果树瀑布属喀斯特地貌中的侵蚀裂典型瀑布。

(四)中国丹霞——贵州赤水

赤水丹霞位于贵州省赤水市境内,是青年早期丹霞地貌的代表,其面积达1200多平方公里,是全国面积最大、发育最美丽壮观的丹霞地貌。赤水丹霞核心区面积273.64平方公里,也是中国丹霞项目中面积最大的丹霞景观。赤水丹霞不只是单一丹霞地貌,赤水的丹霞结合了瀑布、湿地、翠林等其他大自然的美景。森林覆盖率超过90%,被称为"绿色丹霞"和"覆盖型丹霞";而大面积古植被和多种珍稀濒危动植物一起,更成为赤水丹霞独有的特征。赤水的丹霞地貌,以其艳丽鲜红的丹霞赤壁,拔地而起的孤峰窄脊,仪态万千的奇山异石,巨大的岩廊、洞穴和优美的丹霞峡谷与绿色森林、飞瀑流泉相映成趣,形成极高的旅游观赏价值。故贵州赤水有"千瀑之市""竹子之乡""桫椤王国""丹霞之冠"的美誉。

中国当代丹霞地貌研究领域学术带头人、最权威的专家、中山大学黄进教授多次考察赤水后这样评价说:"我走过中国的山山水水,赤水,是我所走的地方,发现丹霞面积最大、发育最完整、最年轻的地貌,在1 801平方公里的范围内,有1 200多平方公里的面积。所以我得出这样的结论,赤水丹霞地貌面积之大,发育之典型,壮观美丽,当属全国第一,赤水丹霞地貌景观是大自然的杰作,是赤水人民的宝贵财富,是具有世界意义的宝贵财富。"

(五)梵净山

梵净山为武陵山脉主峰,位于贵州省东北部印江、江口、松桃三县交界处。原名"三山谷",取"梵天净土"而得名。是全国著名的弥勒道场,是与山西五台山、浙江普陀山、四川峨眉山、安徽九华山齐名的中国第五大佛教名山,在佛教史上具有重要的地位。梵净山也是世界重要保护区和联合国教科文组织"人与生物圈"保护网成员之一,是中国少有的佛教道场和自然保护区两者重合的名山,成为中国佛教文化与生态和谐共存的重要典范之一。梵净山地区属中亚热带气候,受中亚热带湿润季风控制,气候的垂直差异明显。其中地带性植被为常绿阔叶林,是中国常绿阔叶林东西及南北的过渡地带。区内植物种类丰富,植被类型多样,有常绿阔叶林、常绿落叶阔叶混交林、针叶林、竹林、灌丛、矮林等等。梵净山森林原生性强,保存完好,森林覆盖率在80%以上,生物种类3 000余种。已查明木本植物800余种,有31种国家颁布的珍稀濒危植物,如梵净山冷杉、香果树、钟木、杜仲、连香树、鹅掌楸、长苞铁杉、青钱柳、水青树、金钱松等。梵净山生物圈保护区保存完好的森林植被,也为各种珍禽异兽提供了栖息繁衍的良好场所。据统计,保护区内有兽类68种,鸟类191种另4亚种。列为国家一级保护珍稀动物6种,二级保护动物29种,其中以黔金丝猴最为珍贵。是世界公认的最珍稀的猴类,它是中国特有的三种金丝猴中分布最为狭窄(仅分布于梵净山保护区)、数量最少(仅约700只)、濒危程度最高的一种。

(六) 中国南方喀斯特——贵州荔波、施秉

1. 贵州荔波

荔波喀斯特位于贵州省东南部的荔波县,是贵州高原和广西盆地过渡地带锥状喀斯特的典型代表,被认为是"中国南方喀斯特"的典型代表。其代表区域是茂兰国家级喀斯特森林自然保护区,由东南部的贵州荔波水上森林喀斯特森林区、甲良镇洞庭五针松保证点及小七孔喀斯特森林科学游览区三部分组成,总面积21 285公顷。根据喀斯特地貌形态与森林类型的组合,可将荔波喀斯特原始森林景观进一步分为漏斗森林、洼地森林、盆地森林、槽谷森林四大类。荔波喀斯特原始森林、水上森林和"漏斗"森林,合称"荔波三绝"。

茂兰国家级喀斯特森林自然保护区是至今保存着的世界上面积最大的喀斯特原始森林。主要保护对象为亚热带喀斯特森林生态系统及其珍稀野生动植物资源。而"水在石上淌,树在石上长"更是荔波的一大奇观——水上森林。

贵州荔波喀斯特地貌丛景观与峰林景观呈有序排列,展示了相互地貌演化与递变;其特殊的喀斯特森林生态系统与显著的生物多样性,包含众多特有和濒危动植物及其栖息地,代表了大陆型热带—亚热带锥状喀斯特的地质演化和生物生态过程,是研究裸露型锥状喀斯特发育区喀斯特森林植被的自然"本底"及森林生态系统结构、功能、平衡的理想地和天然试验场所;区内90%的人口是少数民族,文化底蕴丰富,其中主要是水族、瑶族和布依族等少数民族文化。

茂兰喀斯特森林在2005年《中国国家地理》杂志主办的"中国最美的地方"评选中,获"中国最美的森林"桂冠。贵州荔波与云南石林、重庆武隆组成第一期的"中国南方喀斯特"进行申报,于2007年6月27日在第31届世界遗产大会中全票入选世界自然遗产。

2. 贵州施秉

施秉喀斯特位于贵州省东部施秉县,为舞阳河国家级风景名胜区中心腹地,包含云台山景区、杉木河景区和生态水源涵养区内。总面积282.95平方公里,其中核心区102.8平方公里,缓冲区180.15平方公里。在相对不可溶的白云岩基岩上发育了最为典型的峰丛峡谷景观,是全球热带、亚热带白云岩喀斯特最为典型的范例,全球唯一、世界上"最美的白云岩喀斯特"

云台山位于施秉县城北13公里处,平均海拔1 000米,云台山风景区总面积有200多平方公里,景区由云台山、外营台、轿顶山及大田塆等群峰组成,主峰团仑岩海拔1 066米。是国家级风景名胜,有"中国避暑名山"和"国家地质公园"等美誉。在世界范围内,意大利帕多瓦国家地质公园也属于白云岩喀斯特地貌,但由于受到冰川浸湿,寸草不生。而施秉云台山未受到冰川的浸湿,是原始森林覆盖的白云岩喀斯特地貌,世界自然遗产

联盟的专家对此惊叹不已,认为其具有全球唯一性,填补了喀斯特地貌演化进程中出现的空白。

施秉民族风情浓郁,民族文化多姿多彩,有苗族二月二祭桥节、三月十五姊妹节、五月苗家龙船节、七月卯日捉鱼节、"刻道"文化节等。

四、重庆市

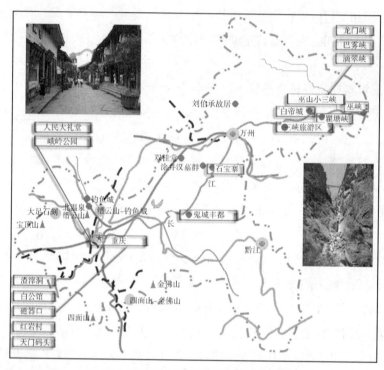

图6-9 重庆市主要旅游景点分布示意图

（一）重庆市概况

重庆位于中国内陆西南部、长江上游地区,重庆是中国中西部唯一直辖市,国家重要中心城市,长江上游地区经济中心,西南地区综合交通枢纽,辖区面积8.24万平方公里。是巴渝文化的发祥地。因嘉陵江古称"渝水",故重庆又简称"渝"。抗日战争时期,国民政府定重庆为陪都,重庆同华盛顿、伦敦、莫斯科一道被列为世界反法西斯四大指挥中心,为世界反法西斯战争作出了巨大贡献。

重庆地貌以丘陵、山地为主,其中山地占76%,有"山城"之称。属亚热带季风性湿润气候,年平均气温在16～18℃,常年降雨量1 000～1 450毫米。重庆域内水系丰富,流经的重要河流有长江、嘉陵江、乌江、涪江、綦江、大宁河等。有土家族、苗族、回族、满族、彝族、藏族等54个少数民族,少数民族人口200万人、占总人口6%。旅游资源丰富,有长江三峡、世界文化遗产大足石刻、世界自然遗产武隆喀斯特等壮丽景观。

(二)红岩革命纪念馆

红岩革命纪念馆,位于重庆市渝中区红岩村52号,它是抗日战争时期中共中央南方局和八路军驻重庆办事处所在地。包括红岩村13号、曾家岩50号、桂园、《新华日报》旧址等。它们都是抗日战争时期中共中央南方局的活动基地,是中国共产党在国民党统治区巩固和发展抗日民族统一战线、领导人民群众进行革命斗争的中心。

(三)大足石刻

大足石刻位于中国西南部重庆市的大足等县境内,这里素有"石刻之乡"的美誉。大足石刻最初开凿于初唐永徽年间(649年),历经晚唐、五代(907—959年),盛于两宋(960—1278年),明清时期(14—19世纪)亦有所增刻,最终形成了一处规模庞大,集中国石刻艺术精华之大成的石刻群,堪称中国晚期石窟艺术的代表,与云冈石窟、龙门石窟和莫高窟相齐名。

大足石刻群共包括石刻造像70多处,总计10万余尊,其中以北山、宝顶山、南山、石篆山、石门山五处最为著名和集中。大足石刻以其规模宏大,雕刻精美,题材多样,内涵丰富,保存完整而著称于世。它集中国佛教、道教、儒家三教造像艺术的精华,以鲜明的民族化和生活化特色,成为中国石窟艺术中一颗璀璨的明珠。

(四)中国南方喀斯特——重庆武隆、金佛山

1. 重庆武隆

重庆武隆喀斯特世界自然遗产由芙蓉洞、天生三桥和后坪冲蚀型天坑三个喀斯特系统组成,分别位于重庆市武隆县的东南部、中北部和东北部。是"中国南方喀斯特"世界自然遗产地的一部分,是峡谷喀斯特的典型代表。它以洞穴系统、天生桥及峡谷系统和喀斯特天坑系统等不同的表现形式,生动地记录和表现出地球发展这一阶段地壳抬升的特性。芙蓉洞系统中洞道,说明地壳抬升运动由直升转换为震荡上升性质;后坪天坑喀斯特系统洞穴通道说明整个喀斯特系统是在地壳抬升过程中形成的。喀斯特孕育出的三个自然景观,不仅演示着正在进行的地球内外引力地质作用,而且蕴藏着不同地质条件下喀斯特发育、演化的秘密,甚至是解读长江三峡形成机理的一把钥匙。

2. 金佛山

金佛山位于重庆市东南部,距重庆市主城区88公里,距南川城区18公里,东与武隆为邻,南与贵州接壤,总面积174.19平方公里,由于特殊的地理位置和气候条件,远古时期,缓冲了第四纪冰川的袭击,较为完整地保持了古老而又不同地质年代的原始生态,喀

斯特地貌特征明显。独特的台原喀斯特是金佛山最具特色和代表性特征,景区独有的喀斯特5大自然人文奇观:典型的喀斯特台原、古老的高海拔洞穴系统、多彩的地表喀斯特景观、丰富的生物多样性以及悠久的熬硝历史文化。四季景色各异,春季万绿涌动,繁花似海,夏季云雨霞霞,变幻莫测,秋季秋高气爽,层林尽染,冬季玉树琼花,银装素裹。

(五)长江三峡

长江三峡位于中国的腹地,是瞿塘峡,巫峡和西陵峡三段峡谷的总称。西起重庆奉节县的白帝城,东迄湖北宜昌市的南津关,跨重庆奉节县、重庆巫山县、湖北巴东县、湖北秭归县、湖北宜昌市,长193公里。

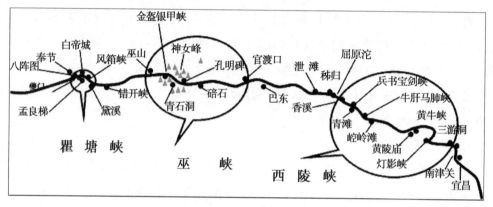

图6-10 长江三峡分布示意图

重庆巫山县境内,有大宁河小三峡、马渡河小小三峡。长江沿线重庆境内,有"水下碑林"白鹤梁、"东方神曲之乡"丰都鬼城、建筑风格奇特的石宝寨、"巴蜀胜境"张飞庙、蜀汉皇帝刘备的托孤堂、龙骨坡巫山文化遗址等景观。

【项目小结】

本项目通过教学西南旅游区的位置范围、旅游资源特征、重要城市和各省级行政区内的世界遗产和世界"人与生物圈"保护网的国家自然保护区等重要旅游名胜。通过学学练练了解本区的旅游线路和线路上可能参观的旅游景点,通过模拟实践设计旅游线路。

【项目训练】

选择一个省级行政区,设计一条该行政区内行程为5至6天的旅游线路,要求写出每天的具体行程、简介旅游景区特色和温馨提示。

【项目测试题】

一、单项选择题

1. 少数民族成分最多的省份是 （　　）
   A. 四川　　　B. 云南　　　C. 贵州　　　D. 重庆

2. 被誉为"动植物王国"的自然保护区 （　　）
   A. 卧龙　　　B. 西双版纳　　C. 高黎贡山　　D. 亚丁

3. 高黎贡山被学术界誉为 （　　）
   A. "动植物王国"　　　　　B. "最后的香格里拉"
   C. "世界物种基因库"　　　D. "药材宝库"

4. 素有"药材宝库"之称的自然保护区是 （　　）
   A. 贵州茂兰　　B. 贵州荔波　　C. 梵净山　　D. 贵州草海

5. 中国最大的彝族聚居区凉山彝族自治区坐落于 （　　）
   A. 贵州　　　B. 云南　　　C. 四川　　　D. 重庆

6. 贵州简称 （　　）
   A. 滇　　　　B. 川　　　　C. 黔　　　　D. 渝

7. ＿＿＿＿＿＿＿是一座"山中有城，城中有山，绿带环绕，森林围城，城在林中，林在城中"的城市。 （　　）
   A. 昆明　　　B. 贵阳　　　C. 成都　　　D. 重庆

8. 中国锥状喀斯特地貌的典型代表是 （　　）
   A. 云南路南石林　　　B. 贵州荔波
   C. 贵州赤水　　　　　D. 重庆武隆

9. 至今保存着的世界上面积最大的喀斯特原始森林的国家自然保护区是 （　　）
   A. 贵州梵净山　B. 贵州茂兰　C. 贵州赤水　D. 贵州乌蒙山

10. 有"千瀑之市"美誉的是 （　　）
    A. 贵阳　　　B. 遵义　　　C. 赤水　　　D. 安顺

11. 因＿＿＿＿＿＿＿古称"渝水"，故重庆又简称"渝"。 （　　）
    A. 长江　　　B. 嘉陵江　　C. 乌江　　　D. 涪江

12. 有"山城"之称的城市是 （　　）
    A. 昆明　　　B. 贵阳　　　C. 成都　　　D. 重庆

13. 西南地区享誉全国的中成药是 （　　）
    A. 安宫牛黄丸　B. 冬虫夏草　C. 白药　　　D. 大活络丹

14. _____自古就有"天府之国"的美誉。 （   ）
    A. 云南高原   B. 贵州高原   C. 四川盆地   D. 滇西山地
15. 西南旅游区最高峰是 （   ）
    A. 梅里雪山   B. 高黎贡山   C. 哈巴雪山   D. 贡嘎山
16. _____自古就有"洞天福地""神仙都会"之称。 （   ）
    A. 峨眉山   B. 青城山   C. 四姑娘山   D. 贡嘎山
17. _____是世界上仍在发挥作用的最古老的水利工程。 （   ）
    A. 京杭大运河   B. 灵渠   C. 都江堰   D. 郑国渠
18. 羌族只分布在 （   ）
    A. 云南   B. 四川   C. 贵州   D. 重庆
19. 昆明自古就有_____的美称。 （   ）
    A. 春城   B. 雾都   C. 山城   D. 锦官城
20. _____是喀斯特地貌名胜。 （   ）
    A. 峨眉山   B. 青城山   C. 金佛山   D. 贵州赤水

二、填空题

1. 西南旅游区包括_____、_____、_____等地理单元。
2. 中国特有的动物是_____、_____。
3. 西南旅游区中,列入世界自然遗产"中国南方喀斯特"项目的风景区是_____、_____、_____、_____。
4. 云南素有_____,_____,_____的美誉。
5. 截至2014年,云南省列入世界自然遗产项目的有4处,它们是_____、_____、_____、_____。
6. 中国保存最完好的四大古城是_____、_____、_____、_____。
7. 四川省的省会是成都,又有_____、_____的别称。
8. 北宋年间成都人联合发行了世界最早的纸币"_____"。
9. 中国最早列入世界自然遗产的名胜是_____、_____和湖南武陵源。
10. "山是一尊佛,佛是一座山"是_____形象概括。
11. 重庆大足等县境内,这里素有"_____"的美誉。
12. "中国南方喀斯特"世界自然遗产项目中,_____是峡谷喀斯特的典型代表,_____是台原喀斯特的典型代表。

三、综合题

1. 完成下列表格,写出本区的世界遗产并分类。

省、直辖市	自然遗产	双重遗产	文化遗产
四川省			
云南省			
贵州省			
重庆市			

2. 将列入世界"人与生物圈"保护网的自然保护区与人们对它的誉称连线。

西双版纳自然保护区　　　　　　　"童话世界"

高黎贡山自然保护区　　　　　　　"人间瑶池"

卧龙自然保护区　　　　　　　　　"动植物王国"

九寨沟自然保护区　　　　　　　　"世界物种基因库"

黄龙自然保护区　　　　　　　　　"大熊猫故乡"

梵净山自然保护区　　　　　　　　"最后的香格里拉"

稻城亚丁自然保护区　　　　　　　"药材宝库"

3. 列举本区主要的动植物资源。

4. 列举本区著名土特产品。

项目七

青藏旅游区

项目七　青藏旅游区

　　青藏旅游区包括青海省、西藏自治区,全部位于青藏高原上,这里山高谷深、雪山连绵、气候高寒,是中国自然旅游资源开发最少、最原始的地区,雄伟而神奇。这里还是藏传佛教、藏族的分布区,丰富多彩的藏式寺庙、原始而神秘的藏族风情无不让人流连忘返。

【学习目标】

知识目标

1. 了解青藏旅游区的旅游地理环境概况
2. 掌握本区的旅游资源特色
3. 熟悉区内各省级行政区的旅游环境及其主要旅游胜地

能力目标

1. 学会分析本区旅游地理环境与旅游资源特色的关系
2. 对照地图,熟记各主要旅游胜地的位置、地位和特色

任务一　地理环境概况

【案例 7-1】

青藏铁路:一条连接各族多彩文明的纽带

　　2006 年 7 月 1 日,作为西部大开发的标志性工程,青藏铁路全线贯通,它是世界海拔最高、线路最长的高原铁路。青藏铁路格拉段东起青海格尔木,西至西藏拉,沿途经过享有"聚宝盆"美誉的柴达木循环经济试验区和青海湖、昆仑山、可可西里、三江源、藏北草原等著名高原风景区,再经西藏自治区安多、那曲、当雄、羊八井到拉萨。其中海拔 4 000 米以上的路段 960 千米,多年冻土地段 550 千米,翻越唐古拉山的铁路最高点海拔 5 072 米,大部分线路处于高海拔地区和"无人区",要克服多年冻土、高原缺氧、生态脆弱三大难题。青藏铁路开通运营,极大改善青藏地区的交通运输条件和投资环境,促进经济社会加快发展,更一定程度上促进了民族文化的融合。

图 7-1　青藏铁路

【思考】
1. 为什么修筑青藏铁路难度很大？
2. 青藏铁路的开通有什么意义？

一、位置、范围

本区所在主要为青藏高原地形以内，青藏高原占全中国总面积的 23%，位于北纬 25°～40°和东经 74°～104°。高原边界，东为横断山脉，南、西为喜马拉雅山脉，北为昆仑山脉。青藏高原是世界平均海拔最高的高原。在行政区划上，中国境内的青藏高原范围涉及 6 个省区，西藏自治区、青海省全境、新疆维吾尔自治区、甘肃省、四川省、云南省部分，以及不丹、尼泊尔、印度的拉达克等地区。

二、地形

该区地形以高原为主体，青藏高原地势高峻，主要为高原、山脉，平均海拔 4 000 米，是世界上最高的高原，号称"世界屋脊"。青藏高原是亚洲许多大江大河的发源地。青藏高原总的地势由西北向东南倾斜，地形复杂多样、景象万千，有高峻逶迤的山脉，陡峭深切的沟峡以及冰川、裸石、戈壁等多种地貌类型，有垂直分布的"一山见四季""十里不同天"的自然奇观等。地貌大致可分为喜马拉雅山区、藏南谷地、藏北高原和藏东高山峡谷区。

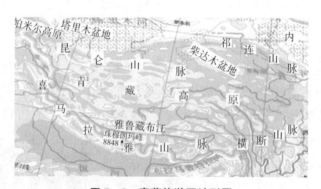

图 7-2 青藏旅游区地形图

三、气候

青藏高原由于地势高，平均海拔在 4 000 米以上，形成了独特的高原气候。青藏高原旅游区气候寒冷，空气稀薄，含氧量少，光照充足。在雅鲁藏布江下游谷地，海拔 3 000 米以下的地方，气候温暖，降水丰沛，四季常绿，稻茶飘香，一派郁郁葱葱的亚热带风光。这里高差巨大,自然带谱齐全,动植物资源异常丰富,不仅是天然的旅游胜地。

四、交通

青藏旅游区长期以来交通相当闭塞,成为世人心目中的神秘之地。解放后,先后修建了川藏、青藏、新藏、滇藏等公路,修建了兰青铁路(兰州至西宁)、青藏铁路。由全国各地往返拉萨的航班每周达几十个班次。公路主要有青藏线、川藏线、滇藏线、新藏线。青藏高原现有拉萨、昌都、林芝、西宁、格尔木5个有民航航班的机场和日喀则和平机场(军用),共6个机场,飞机是沟通内地与青藏最方便最快捷的方式。

五、风物特产

青藏高原旅游区地域辽阔,地理环境复杂,野生动植物资源较为丰富。本区是藏族聚居区,民族工艺品生产历史悠久,技艺精湛,具有浓厚的地方特色。本区名特产品首推名贵中药材,西藏麝香为中国特产,驰名中外。还有熊胆、当归、鹿茸、天麻、冬虫夏草、藏红花等也很著名。传统工艺品以金银器、地毯闻名国内外。青、藏地毯做工精细,质地优良,花色鲜艳,手感柔软,为中外旅游者所青睐。

六、民俗

青藏旅游区主要以少数民族藏族为主,藏族以糌粑为主食,喜好吃青稞酒,酥油茶。藏族最具代表性的民居是碉房。碉房多为石木结构,外形端庄稳固,风格古朴粗犷;外墙向上收缩,依山而建者,内坡仍为垂直。因外观很像碉堡,故称为碉房。献哈达是藏族待客规格最高的一种礼仪,表示对客人热烈的欢迎和诚挚的敬意。藏族服饰的基本特征是长袖、宽腰、长裙、长靴。藏族的主要节日有藏历新年、雪顿节和望果节。

任务二 旅游资源特色

【案例 7-2】

青藏高原对地球气候的重要影响?

青藏高原本身也是影响地球气候的一个重要因素。古生物学和地质学的考察表面,青藏高原的隆起使全球的气候发生了巨大的变化。青藏高原的地形作用使得南半球的水汽通过索马里急流到达北半球之后产生绕流和爬坡的现象,一部分水汽绕流至东亚地区产生东亚雨季降水,一部分在高原的热力泵作用下汇聚到高原东南侧产生降水。由于青藏高原的隆起,中国东部形成了相对独立的季风气候区,加上台风的影响,中国华南地区的降水极为丰富,摆脱了在副热带高压控制下变成沙漠的厄运,成了北回归线上的一片"绿洲"。总之,青藏高原的隆起不仅使青藏高原形成了独特的高原气候,也对中国气候也产生了深刻的影响,使中国气候复杂多样。

【思考】

1. 青藏高原对气候有何影响?
2. 请试分析原因?

青藏高原旅游区旅游资源类型独特,自然景观与国内其他地区有明显不同,是中国乃至世界最典型的高寒景观区;藏传佛教在本区影响极为广泛,形成了区内虔诚的宗教信仰和壮观的宗教建筑。

一、原始的高原风光

1. 冰山雪峰

本区因受高海拔影响,自然景观独特。这里山峰高耸,银装素裹,是中国最大的雪峰冰川营垒,地球上中低纬度地区的冰川主要集中在高原上,青藏高原冰川覆盖面积约4.7万平方千米,占全国冰川总面积80%以上。有喜马拉雅现代冰川、念青唐古拉山现代冰川、昆仑山现代冰川、喀喇昆仑山现代冰川、横断山现代冰川、唐古拉山现代冰川、冈底斯山现代冰川、羌塘高原现代冰川、祁连山现代冰川。山岳冰川形态多样、冰斗、角峰、刃脊、鼓丘等冰蚀、冰碛地貌分布广泛,还有冰塔林、冰洞、冰面溪流等奇异景观。

2. 名川圣湖

青藏高原是由一系列高大山脉组成的高山"大本营",地理学家称它为"山原"。高原上的山脉主要是东西走向和西北—东南走向的,自北而南有祁连山、昆仑山、唐古拉山、冈底斯山和喜马拉雅山。这些大山海拔都在五六千米以上。所以说"高"是青藏高原地形上的一个最主要的特征。青藏高原是亚洲众多河流的发源地,孕育了数条世界级的大江、大河,如湄公河、长江和黄河等。青藏高原在地形上的另一个重要特色就是湖泊众多。著名的青海湖位于青海省境内,为断层陷落湖,面积为4 456平方千米,高出海平面3 175米,最大湖深达38米,是中国最大的咸水湖。其次是西藏自治区境内的纳木错,面积约2 000平方千米,高出海平面4 650米,是世界上海拔最高的大湖。而分布在中尼边境的玛旁雍错是世界上海拔最高的淡水湖,此外还有被称为"万丈盐桥"的柴达木盆地的察尔汗盐湖有干盐湖的景观。

项目七 青藏旅游区

3. 地热奇观

青藏高原构造运动强烈,岩浆活动频繁,是中国地热资源最丰富的地区。主要分布在雅鲁藏布江中上游河谷地带,印度板块与欧亚板块相互碰撞的缝合线位置,地热活动最为强烈。这里的地热类型众多,有温泉、热泉和沸泉;有热水湖、热水池和热水沼泽;还有不断冒出热气的喷气孔、硫黄气孔;还有间歇喷泉、水热爆炸穴等。地球上已经发现的20多种地热类型,这里应有尽有。拉萨西北的羊八井热气田是西藏众多地热田中最著名的,羊八井是中国第一座湿蒸汽型地热电站。海拔4 300米,四周白雪皑皑,方圆7 000千米,温度保持在47℃左右,是中国大陆开发的第一个湿蒸汽田,也是世界上海拔最高的地热发电站。这里有星罗棋布的温泉、热泉、沸泉、喷气孔、水热爆炸穴等,其中热水湖最为壮观,热气田东部有面积7 350平方米、最大水深16米的热水湖。在当地年均温只有2℃的情况下,热水湖湖面水温可达45℃,隆冬时节气温低于零下20度时,热水却保持30至40摄氏度。

图7-3 地热资源

青藏高原的地热资源不仅提供了重要的能源,而且是中国其他地方难得一见的自然奇观。地热田热气蒸腾,与雪山、冰川映衬辉照。构成一幅绝妙的高原自然景观,成为本区独具特色的旅游资源。

4. 珍奇生物

奇特的高原,繁衍着奇特的动物。久负盛名的"高原之舟"牦牛,是这里主要的民间交通工具。河曲马是中国马类中的"劲旅",兼有挽乘多用。此外,珍贵稀有的特产动物,尚有野驴、藏羚羊、棕熊、白唇鹿、麝、雪鸡以及棕头鸥、斑头雁等,给广阔的高原增添了生机。

二、神秘的藏族风情

1. 藏传佛教

图7-4 喇嘛

青藏高原旅游区具有浓厚的宗教色彩。7世纪初,佛教开始在西藏一带传播,佛教与当地原始宗教相结合,形成了具有强烈地方色彩的佛教体系,即"藏传佛教",俗称"喇嘛教"。从松赞干布建立吐蕃王朝时开始,佛教大规模地传入西藏。喇嘛教在发展历史上曾两度兴旺,留下了大量独具特色的宫殿寺庙建筑和珍贵宗教艺术品,形成了独特的民族传统和文化习俗。藏传佛教的寺院规模大小不一,小者只有数人,大者多至七八千人。主要有宁玛派、萨迦派、噶举派、格鲁派四大派别。西藏是中国近现代史上寺庙和教徒最多的地区,全区有大小寺庙2 000余座。本区有世界著名的布达拉宫和大昭寺、哲蚌寺、萨迦寺、塔尔寺等依然保持着古老而神秘的色彩。

2. 藏族风俗

(1) 藏族服饰

服饰基本结构为肥腰、长袖、大襟长袍。穿用这种结构肥大的服装夜间和衣而眠可以当被。袍袖宽敞,臂膀伸缩自如,既防寒保暖又便于起居、旅行,白天气温上升更可脱出一个臂膀,方便散热,调节体温。久而久之,脱一袖的装束便形成了藏族服装特有的风格。藏族男女特别讲究饰物,饰品的质地较多,有银、金、珍珠、玛瑙、玉、松石、丝、翡翠、珊瑚、琥珀等。运用广泛,有头饰、发饰、鬓饰、耳环、项链、胸饰、腰饰、戒指等。造型美观,多为自然形状。妇女都喜欢戴珊瑚、玛瑙、项链和银质佛盒;男子普遍佩戴各种腰刀、火镰等饰物,也有戴耳环、戒指和手镯的。

(2) "哈达"礼

图7-5 献"哈达"

"哈达"礼是藏族最普遍的一种礼节,是向对方表达自己的纯洁、诚心、忠诚和尊敬。藏族人民认为白色象征纯洁、吉利,所以,哈达一般是白色的。此外,还有颜色为蓝、白、黄、绿、红的五彩哈达。佛教教义解释,五彩哈达是菩萨的服装,只在敬神等特定的场合使用。

(3) 青稞酒和酥油茶

藏族有着自己独特的食品结构和饮食习惯,其中酥油、茶叶、糌粑、牛羊肉被称为西藏饮食的"四宝",此外,还有青稞酒和各式奶制品。

(4) 唐卡艺术

唐卡(Thang-ga),系藏文音译,指用彩缎装裱后悬挂供奉的宗教卷轴画。唐卡是藏族文化中一种独具特色的绘画艺术形式,题材内容涉及藏族的历史、政治、文化和社会生活等诸多领域;传世唐卡大都是藏传佛教和苯教作品。唐卡的品种和质地多种多样,但多数是在布面和纸面上绘制的。唐卡绘画艺术是西藏文化的奇葩,千余年来影响深远。唐卡艺术是中华民族民间艺术中弥足珍贵的非物质文化遗产。

【知识拓展】

藏族的特殊节日

藏历年:在西藏繁多的节日中,受到群众广泛重视的是藏历新年。藏历年是藏族传统节日。每年藏历正月一日开始,三至五天不等。

望果节:望果节已有1500多年历史,是西藏人民渴望丰收的传统节日。时间在每年藏历七、八月间,具体日期随各地农事季节的变化而变化,一般在青稞黄熟以后、开镰收割的前两三天举行。

雪顿节:每年藏历七月一日举行,节期四五天,雪顿意为"酸奶宴",又叫"喝酸奶子的节日",后来演变成以演藏戏为主,所以又称"藏戏节"。

藏族晒佛节:每年藏历四月月中旬,将长约三十余丈的五色锦缎堆绣成的巨幅佛像(释迦佛、三世佛等),从寺庙藏宝室中取出,悬挂于第五层楼的楼壁南面,在太阳光的照射和布达拉宫金顶的陪衬下,彩色佛像相映生辉。扎什伦布寺的晒佛节,于每年藏历四月十五日举行。

青藏旅游注意事项

青藏高原海拔高,来游玩时要提前一周吃红景天或带上速效的奥默携氧片,预防高原反应;同时也是藏民的聚集地,有独特的风俗习惯,游玩时要注意以下几点。

1. 在藏区偶见身挂红、黄、绿布标的牛羊徜徉于郊野,可不要随意驱赶、伤害,那是藏民敬神祭品。切勿用猎枪对准鹰鹫,藏民忌讳伤害他们的神鸟。

2. 未经同意不可入庙,入庙后不可吸烟。庙内物品观看无妨,不可擅自摸佛像、经书、拍照。有些地方不可以逆时针方向行进。有些秘宗殿禁止妇女进入。

3. 步入藏民的帐篷、居室,不可用脚踩门槛,也不可以在他人面前吐痰。

4. 藏民伸舌头,是表示尊敬而并非嘲笑;合十则是一种礼节。

5. 高原氧少,以少吸烟多呼吸空气为佳。进藏前注意不要感冒,如患感冒最好推迟进藏,因为在高原上感冒不易康复,严重的还会引起肺水肿及其他多种并发症。所以,准备一些感冒药品和胃肠类药品是非常必要的。

6. 青海(少部分地区)、西藏气候的特点是干燥、缺氧、气压低。因此,进藏前随身带一些鼻腔外用软膏和润喉片可缓解干燥带来的鼻喉部不适。

7. 由于高原紫外线比较强,据测算,年平均辐射值每平方米在 5 000~8 000 兆焦耳之间,因此,带太阳帽、墨镜和防晒油是适宜的。

任务三 主要旅游胜地

一、青海省

青海省简称青,省会西宁,位于中国西北部,青藏高原东北部。

青海省人口583.4万人(2014年),共有55个民族成分。在青海世居的少数民族有藏族、回族、土族、撒拉族、蒙古族等。其中土族、撒拉族是青海特有的少数民族。青海的宗教主要有藏传佛教(喇嘛教)、伊斯兰教和基督教。青海地处青藏高原东北部,大部分地区海拔在3 000～5 000米,西高东低,地形复杂多样,形成了独具特色的高原大陆性气候,降水少、温差大、日照时间长。农业作物以小麦、青稞、蚕豆、马铃薯(土豆)、油菜为主。日月山以西为牧业区,属高原牧区,牧区内草原广袤,牧草丰美,是中国著名的四大牧区之一。

图7-6 青海省主要景点分布图

项目七　青藏旅游区

(一) 省会西宁

西宁是青海省的省会,古称西平郡、青唐城,取"西陲安宁"之意,是青海省第一大城市。它位于青海省东部,湟水中游河谷盆地,是青藏高原的东方门户,古"丝绸之路"南路和"唐蕃古道"的必经之地,自古就是西北交通要道和军事重地,素有"西海锁钥""海藏咽喉"之称,是世界高海拔城市之一。西宁历史文化渊远流长,得天独厚的自然资源,绚丽多彩的民俗风情,是青藏高原一颗璀璨的明珠。

1. 青海湖

青海湖,藏语叫"错温布",也就是"青色的湖"的意思,是中国最大的内陆湖泊,也是中国最大的咸水湖。西宁市的西北部,离西宁约 200 千米。湖的四周被四座巍巍高山所环抱:北面是大通山,东面是日月山,南面是青海南山,西面是橡皮山。这四座大山海拔都在海拔 3 600~5 000 米。青海湖面积达 4 456 平方千米,环湖周长 360 多千米,比著名的太湖大一倍还要多。湖区有大小河流近 30 条。湖东岸有两个子湖,一名尕海,面积 48 平方千米,系咸水;一名耳海,面积 8 平方千米,为淡水。青海湖每年获得径流补给入湖的河流有 40 余条,主要是布哈河、沙柳河、乌哈阿兰河和哈尔盖河,湖中盛产全国五大名鱼之一——青海裸鲤(俗称湟鱼)和硬刺条鳅、隆头条鳅。湖内的主要岛屿有海心山、海西皮、沙岛、三块石、鸟岛等。

2. 塔尔寺

位于西宁市区西南 25 千米的湟中县鲁沙尔镇西南隅,是中国著名的六大喇嘛寺之一(其余五寺为西藏的色拉寺、哲蚌寺、扎什伦布寺、甘丹寺和甘肃的拉卜楞寺)、喇嘛教黄教创始人宗喀巴诞生地,亦是西北地区佛教活动的中心。该寺规模宏伟,最盛时有殿堂八百多间,占地 1 000 亩,在全国和东南亚一带享有盛名。酥油花、壁画、堆绣为塔尔寺三绝,具有独特的民族风格和很高的艺术价值。酥油花是以洁白细腻的酥油为原料调入各种矿物质颜料制成的油塑艺术品,内容丰富多彩。壁画是藏传佛教艺术品之一,多用石质矿物颜料,色泽绚丽,经久不变。堆绣,是由传统的刺绣发展而成的一个品种,为青海"热贡艺术"的组成部分,用各种颜色的绸缎裁剪成各种形状,以羊毛、棉花等为填充物,在布幔上堆贴连接成具有明显立体感的佛像、山水等景物。

(二) 其他旅游胜地

三江源

三江源自然保护区位于青海省南部,平均海拔 3 500~4 800 米,孕育了中华民族、中南半岛悠久文明历史的世界著名江河:长江、黄河和澜沧江的源头汇水区。被誉为"中华水塔"。中国面积最大的自然保护区,海拔最高的天然湿地,世界高海拔地区生物多样性最集中的自然保护区。世界著名的三条江河集中发源于一个较小区域内在世界上绝无仅有,青海省也由此闻名于世。

图 7-7 三江源资源保护区

二、西藏自治区

西藏自治区,古称"蕃",简称"藏",全区常住人口总数为 308 万人(2012 年)。全区面积 120.223 万平方千米,约占全国总面积的 1/8,在全国各省、市、自治区中仅次于新疆。平均海拔在 4 000 米以上,素有"世界屋脊"之称。北邻新疆维吾尔自治区,东连四川省,东北紧靠青海省,东南连接云南省,南与缅甸、印度、不丹、尼泊尔等国家毗邻,西与克什米尔地区接壤,是中国西南边陲的重要门户,无出海口。西藏唐宋时期称为"吐蕃",元明时期称为"乌斯藏",清代称为"唐古特""图伯特"等。清朝康熙年间起称"西藏"至今。

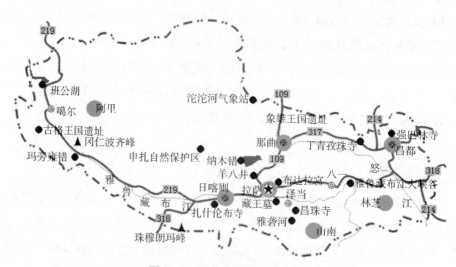

图 7-8 西藏主要景点分布图

项目七 青藏旅游区

(一)首府拉萨

拉萨是中国西藏自治区的首府,1960年正式设立拉萨市,中国首批历史文化名城,是西藏的政治、经济、文化和宗教中心,也是藏传佛教圣地。拉萨位于西藏高原的中部、喜马拉雅山脉北侧,海拔3 658米,地处雅鲁藏布江支流拉萨河中游河谷平原,拉萨河流经此,在南郊注入雅鲁藏布江。拉萨大气层薄而空气密度稀,水汽含量少,每年平均日照总时数多达3 005.3小时,平均每天有8小时15分钟的太阳。比在同纬度上的东部地区几乎多了一半,比四川盆地多了2倍。这样多的日照,称它为"日光城"并不过分。

1. 布达拉宫

布达拉宫坐落在海拔3 700米的拉萨市中心的红山上,是世界遗产(1994年)和全国重点文物保护单位。它始建于公元7世纪藏王松赞干布时期,距今已有1 300年的历史,是一座宫堡式建筑群,最初是吐蕃王朝赞普松赞干布为迎娶尺尊公主和文成公主而兴建。于17世纪重建后,成为历代达赖喇嘛的冬宫居所,为西藏政教合一的统治中心。布达拉宫的主体建筑为白宫和红宫两部分。整座宫殿具有藏式风格,高200余米,外观13层,实际只有9层。由于它起建于山腰,大面积的石壁又屹立如削壁,使建筑仿佛与山冈融为一体,气势雄伟。

图7-9 布达拉宫

2. 大昭寺

大昭寺位于拉萨老城区中心,是藏传佛教寺院和全国重点文物保护单位,作为布达拉宫的扩展项目被列入《世界遗产名录》(2000年)。始建于唐贞观二十一年(647年),已有1 300多年的历史,是藏王松赞干布为纪念尺尊公主入藏而建。大昭寺的布局方位与汉地佛教的寺院不同,其主殿是坐东面西的。寺院内的佛殿主要有释迦牟尼殿、宗喀巴大师殿、松赞干布殿、班旦拉姆殿(格鲁派的护法神)、神羊热姆杰姆殿、藏王殿等等。寺内拥有各种木雕、壁画。大昭寺是西藏现存最辉煌的吐蕃时期的建筑,也是西藏最早的土木结构建筑,并且开创了藏式平川式的寺庙布局规式,融合了藏、唐、尼泊尔、印度的建筑风格,成为藏式宗教建筑的千古典范。大昭寺在藏传佛教中拥有至高无上的地位。

图 7-10 大昭寺

(二)其他著名旅游胜地

1. 珠穆朗玛峰

珠穆朗玛峰是喜马拉雅山脉的主峰,位于中国与尼泊尔两国边界上,它的北坡在中国青藏高原境内,南坡在尼泊尔境内。藏语中"珠穆"是女神的意思,"朗玛"是第三的意思。因为在珠穆朗玛峰的附近还有四座山峰,珠峰位居第三,所以称为珠穆朗玛峰。珠穆朗玛峰海拔8 844.43米,是地球上最高的山峰,山顶终年冰雪覆盖,冰川面积达1万平方千米,雪线(4 500~6 000米)南低北高。南坡降水丰富,1 000米以下为热带季雨林,1 000~2 000米为亚热带常绿林,2 000米以上为温带森林,4 500米以上为高山草甸。北坡主要为高山草甸,4 100米以下河谷有森林及灌木。山间有孔雀、长臂猿、藏熊、雪豹、藏羚等珍禽奇兽。

2. 纳木错

纳木错是中国第二大的咸水湖,位于拉萨以北的当雄县和那曲地区班戈县之间,距离拉萨240千米。纳木错是经喜马拉雅运动凹陷而成,为断陷构造湖,湖面海拔4 718米。湖的形状近似长方形,面积1 920多平方千米。湖水最大深度33米,蓄水量768亿立方米,为世界上海拔最高的大型湖泊。"纳木错"为藏语,是"天湖"之意,是西藏人民心目中的圣湖,每年都吸引着西藏当地和青海、四川、甘肃、云南的教徒们迢迢千万里,完成艰辛的旅程,来转湖朝圣,以寻求灵魂的超越。这里保持着自然原始生态,是朝圣者心目中的圣地。

3. 玛旁雍错

玛旁雍错位于西藏阿里地区普兰县城东35千米、岗仁波齐峰之南。是中国湖水透明度最大的淡水湖,藏地所称三大"神湖"之一。其周围自然风景非常美丽,自古以来佛教信徒都把它看做是圣地"世界中心",它也是亚洲四大河流的发源地。

4. 雅鲁藏布江大峡谷

雅鲁藏布江大峡谷位于雅鲁藏布江下游大拐弯处的南迦巴瓦峰附近,以其深度、宽度名列世界峡谷之首。它长达496.3千米,最深处达到5 382米。雅鲁藏布江是西藏最大河流,居中国河流的第五位,其蕴藏的水力资源仅次于长江,居中国第二位,单位面积水能的蕴藏量居世界之冠。雅鲁藏布江大峡谷两侧,南迦巴瓦峰(海拔7 782米)和加拉白峰(海拔7 234米)壁立高耸,巍峨挺拔,直入云端。峰岭上冰川悬垂,云雾缭绕,气象万千。它的长度超过曾号称世界之最的美国科罗拉多峡谷(长440千米),深度超过了曾号称世界之最的秘鲁科尔多峡谷(深3 200米左右)。景色以高、壮、深、润、幽、长、险、低、奇、秀著称。

图7-11 雅鲁藏布江

【项目小结】

青藏旅游区包括2个省级行政区,包括青海省和西藏自治区,是平均海拔最高的旅游区,面积195万平方千米,人口约710万,地广人稀,是中国人口密度最小的一个区域。本区自然环境复杂,藏族是本区的主要民族,宗教色彩浓厚,是一个很有潜力、风格独特的旅游区。

【项目测试题】

一、填空题

1. 青藏旅游区包括_____、_____等地理单元。

2. 青藏高原地势高峻,主要为高原、山脉,平均海拔_____米,是世界上最高的高原,号称"_____"。本旅游区由于地势海拔较高,游客容易发生高原反应。

3. 青藏旅游区的植被类型主要为_____、_____、_____。

4. 青藏旅游区的主要风物特产有_____、_____、_____、_____。(至少

列 4 种)

  5. 在青藏旅游区境内公路主要有_____、_____、_____、_____4 条国道,支撑起整个青藏高原的公路网。

二、简答题

  1. 青海旅游资源特征是什么？有何代表景点？

  2. 西藏自治区旅游资源的特征是什么？有何代表名胜地？

  3. 世界上最深的峡谷是什么？有何特点？

  4. 藏传佛教的六字真言是什么？

  5. 青海特有的少数民族是那两个？

  6. 什么是塔尔寺三绝？分别有何特点？

项目八

西部内陆旅游区

西北内陆旅游区位于中国北部和西北部边疆,包括新疆维吾尔自治区、内蒙古自治区、宁夏回族自治区和甘肃省,三个自治区,一个省级行政区。本区绝大部分位于中国地形大势的第二级阶梯,地形以盆地、高原、高山为主。气候属温带大陆性干旱、半干旱气候区。广袤的沙漠、戈壁,奇特的风沙地貌、景色宜人的温带草原、繁华一时的丝路古迹、多姿多彩的民族风情,本区的旅游资源令人流连忘返。

【学习目标】

知识目标

1. 了解西北内陆旅游区的地形特征、气候类型特点、风物特产等概况
2. 掌握西北内陆旅游区的旅游资源特征
3. 熟悉区内各省级行政区的旅游环境及主要的旅游胜地,重点熟悉世界遗产和人与生物圈自然保护区

能力目标

1. 能在地图上指出西北内陆旅游区的省级行政区及省会城市的位置
2. 能说出西北内陆旅游区的旅游资源特征及相应的特色旅游资源
3. 能根据学习内容尝试旅游线路设计

任务一　地理环境概况

西北内陆旅游区包括新疆维吾尔自治区、内蒙古自治区、宁夏回族自治区和甘肃省,总面积达 300 多万平方公里,幅员辽阔,地广人稀,主要民族有蒙古族、回族、维吾尔族、哈萨克族、汉族等,是中国民族成分较多的地区之一,旅游资源有明显的地方特色和民族特色。

一、地形

【案例 8-1】

公元 400 年,高僧法显西行取经,在《佛国记》中说,此地是"上无飞鸟,下无走兽,遍及望目,唯以死人枯骨为标识耳"。

【思考】

西北地区的地理环境究竟是怎样的呢?

项目八　西部内陆旅游区

西北内陆旅游区的地形以盆地、高原、高山为主,可分东西两大部分。西部是高山与盆地相间分布区,新疆的"三山夹两盆"——阿尔泰山与天山之间夹准噶尔盆地、天山与昆仑山之间夹塔里木盆地,甘肃祁连山与北山之间夹河西走廊。东部是高原和平原区,即内蒙古高原和河套平原。其中河套平原土壤肥沃,灌溉便利,黄河贯穿整个平原,自古就有"天下黄河、唯富河套"之说,有"塞外江南"之称。

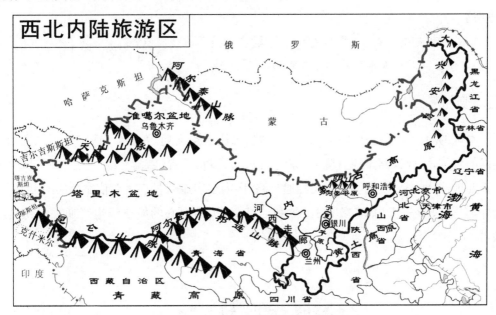

图8-1　西北内陆旅游区示意图

二、气候

本区因地处亚洲内陆,大陆性气候显著,冬冷夏热,降水稀少,光照充足,热量丰富,昼夜温差大,多风沙,形成了荒漠半荒漠景观。冬季寒冷而漫长,夏季温暖而短暂,春季多风沙,短促的秋季是该区最佳旅游季节。

【知识拓展】

"吐鲁番的葡萄熟了"是一首上世纪七八十年代中国人耳熟能详的吐鲁番民歌,描述的是一位姑娘阿娜尔汗细心照顾参军的爱人临行前种下的葡萄树,葡萄树长大了,爱人也要归来了。这首歌曲曾经拨动了无数少男少女的心弦,吐鲁番的葡萄也由此扬名天下。然而为什么这里的葡萄这么甜呢?

这要归功于吐鲁番的气候。吐鲁番光照充足,一年中晴天达300天以上。同时,这里又极端干旱,年降雨量只有16.6毫米,但年蒸发量却是3000多毫米。由于阴雨天少,晴天多,日照时间长,植物可以充分地进行光合作用,制造出大量的淀粉、糖类等物质,所以这里的鲜葡萄特别甜,含糖量可达25%。

说到吐鲁番的气候,还有一特色就是昼夜温差大。尤其是夏季,白天烈日炙烤,气温很高,到夜晚温度又急剧下降,7月份的吐鲁番,白天平均最高温度为39.9℃,夜里平均最低温度21.1℃,昼夜相差18.1℃。因此人们常用"早穿皮袄午穿纱"来形容这里的气候。

【思考】

1. "早穿皮袄午着纱,围着火炉吃西瓜"指的是哪一个特点?
2. 分析一下吐鲁番葡萄和哈密瓜为什么那么甜?

三、交通

本区的旅游交通已初步形成铁路、公路、民用航空交通运输网。铁路是本区交通运输网的骨干,主要铁路干线有陇海、京包、包兰、兰新、兰青、南疆等线。公路在本区也占有重要地位,90%以上的县和乡已经通公路,区内很多旅游景点主要依靠公路对外联系。另外,兰州、敦煌、银川、乌鲁木齐、呼和浩特、包头为中心的航空线也可通往全国各大城市。

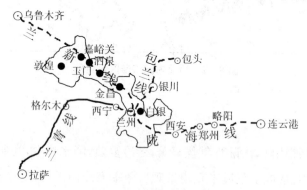

图 8-2　铁路枢纽——兰州

四、特产

本区的名贵药材、手工艺品、土特产也很多,著名的有内蒙古的肉奶制品、蒙古马头琴,宁夏的枸杞、贺兰石,甘肃的兰州白兰瓜、敦煌李广杏、酒泉夜光杯,新疆的地毯、棉花、维吾尔族小花帽、和田玉,吐鲁番盆地是全国最"甜"的地方,当地所产的哈密瓜、葡萄、香梨、大枣、石榴、苹果等水果都十分著名。

五、民俗

该地区主要少数民族,除俄罗斯、锡伯、裕固、土等4族之外,都严格遵循伊斯兰教的食规,故清真风味的菜点占据主导地位。

与其他地区相比,西北一带的食风显得古朴、粗犷、自然、厚实。主食是玉米与小麦并重,也吃其他杂粮,小米饭香甜,油茶脍炙人口,黑米粥、槐花蒸面与黄桂柿子馍更独具风情,牛羊肉泡馍名闻全国。家常食馔多为汤面辅以蒸馍、烙饼,粗料精作,花样繁多,农妇们有"一面百样吃"的本领。受气候环境和耕作习惯限制,食用青菜甚少,农家用膳常是饭碗大而菜碟小。

【知识拓展】

穆斯林禁食之物

1. 猪肉
2. 奇形怪状、污秽不洁、爪利锋锐之动物,如老鹰、狼、乌龟
3. 无鳞的鱼类
4. 所有动物的血液
5. 自死动物或摔、勒、电、捶死的动物。

任务二 旅游资源特色

【案例8-2】

2014年6月22日北京时间下午3:50,地点:卡塔尔首都多哈。在这里召开的联合国教科文组织第38届世界遗产大会上,在审议完中国大运河项目后,中国、哈萨克斯坦、吉尔吉斯斯坦跨国联合申报的丝绸之路项目开始审议。当本届大会主席、卡塔尔公主玛雅沙举起小木槌轻轻敲下,丝路项目正式列入《世界遗产名录》。至此,中国世界遗产的总数已达到47项,继续稳居世界第二。

一、丝绸之路文物古迹珍贵丰富(丝路遗迹)

丝绸之路是横贯亚欧大陆的交通要道,汉武帝时始开辟。起自中国长安(今西安),经陕西、甘肃、青海、新疆,向西到达欧洲的罗马和非洲的埃及;向南抵达印度,这条道路

把古代的希腊、罗马文化、阿拉伯文化、印度文化和中国文化联系起来。通过此路,中国的四大发明、养蚕、丝绸、医药、农业等重大成就相继西传;与此同时,西方的古代文明、科学成果、宗教及其艺术,乃至一些农作物品种也沿着这条路传入中国。

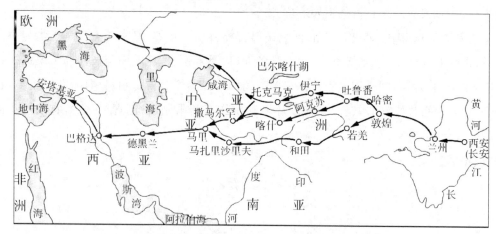

图 8-3 丝绸之路示意图

丝绸之路曾经盛极一时,留下了数量巨大、种类丰富的历史遗迹。主要代表有:军事设施明代嘉峪关、汉代阳关、玉门关、秦长城遗址;宗教遗迹敦煌莫高窟、麦积山石窟、榆林窟、和克孜尔千佛洞等;古墓如喀什的香妃墓、西夏王陵等;古城遗址有楼兰古城遗址、高昌故城、交河故城等。

【知识拓展】

1980年中国在罗布泊地区发掘出一具女性干尸,出土时她仰卧在一座典型风蚀沙质土台中,墓穴顶部覆盖树枝、芦苇、侧置羊角、草篓等。古尸身着粗质毛织物和羊皮,足蹬粗线缝制的毛皮靴。发长一尺有余,呈黄棕色,卷压在尖顶毡帽内,帽插数支翎,肤色红褐色富有弹性,眼大窝深,鼻梁高而窄,下巴尖翘,据科学测定,该女子死亡时间距今3 800年左右具有鲜明的欧罗巴人种特征。史称"楼兰美女"。

曾经显赫一时的楼兰美女与其楼兰古国一起消失在大漠黄沙中。今天的楼兰古城遗址散布在罗布泊西岸的雅丹地形之中,只剩下佛塔、"三间房"、厚陶缸片、石磨盘断片、残破的木桶和各种钱币、戒指、耳环和汉文木简残片等文物。

二、奇异的风沙地貌

本区是中国沙漠集中分布的地区,强大的风力成为塑造地表的主要营力。在风力作用下风沙地貌发育典型,新疆的罗布泊和乌尔禾是这种地貌的典型代表。

【知识拓展】

在乌尔禾，每当大风狂吼时，卷起满天沙尘，遮天蔽日，不辨方向。风声有如神哭鬼嚎，完全是一个恐怖世界。大风过后，留下的风蚀岭脊、土墩、沟槽、洼地，犹如城堡街巷。当另一场狂风过后，一切又都变了模样。所以乌尔禾的雅丹地貌地区被称为"魔鬼城"。

响沙则是沙漠地区一种有趣的自然现象。由于沙粒中含有石英和云母的变质岩，沙粒又大又硬，游人登上沙丘顶后下滑，沙亦随着泻落，就会发出雷鸣般的响声。最著名的是敦煌鸣沙山，在这茫茫沙海中，有一翡翠般的天然湖泊，形似一弯新月，名为"月牙泉"，成为天下绝景。

三、草原景观

内蒙古大草原是中国典型的温带草原，内蒙古草原面积达 13.2 亿亩，居全国各省区之首。早在南北朝时期就流传着"天似穹庐，笼盖四野，天苍苍，野茫茫，风吹草低见牛羊"的吟诵。辽阔的草原为发展牧区旅游提供了宝贵的旅游资源，草原民俗成为本区旅游的主题和特色。

四、民族风情绚丽多姿

本区是中国少数民族聚居的地区，有维吾尔、内蒙古、哈萨克、回族等 40 余个少数民族，民族风情多姿多彩。特别是回族、维吾尔族等全民信仰伊斯兰教，宗教文化浓厚。

【知识拓展】

蒙古族

蒙古族被誉为"骑在马背上的民族"，以游牧为主要生活方式，逐水草而居。他们一生半在帐篷、半在马背上度过，因而形成了剽悍的性格和强壮的体魄。蒙古族地区的标志性建筑是穹庐顶。

那达慕是蒙古族具有民族特色的传统盛会。"那达慕"是蒙古族的音译，意为"游戏"或"娱乐"，起源于古代的祭敖包。盛会一年一次，多在夏秋（夏历七八月）牲畜肥壮季节择日举行。主有赛马、摔跤、射箭等传统项目，有的地方还有田径、拔河、排球、篮球等竞赛项目以及武术、马球、摩托车等精彩表演。

维吾尔族

维吾尔族是新疆维吾尔自治区的主要居民，中国北方的一个古老民族，"维吾尔"是"团结"或"联合"的意思，历代史书上的"袁纥""韦纥""回纥""回鹘"都是维吾尔族的不同音译。维吾尔族群众信仰伊斯兰教，伊斯兰教对维吾尔族人民的思想意识和生活方式影响很大。维吾尔族的音乐歌舞蜚声国内外,民族乐器品种多样,造型精巧,民族服饰风格独特。

回族

回族,中国少数民族之一。现有人口 860 余万,是除汉族外分布最广泛的民族。汉语为回族的共同语言。在日常交往及宗教活动中,也保留有一些阿拉伯语和波斯语的词汇。回族信仰伊斯兰教,伊斯兰教对其历史、文化和日常生活都有重要的影响。回族擅长经营商业贸易和饮食业。

图 8-4 蒙古族、维吾尔族和回族

五、高山垂直景观

本区的自然景观特征鲜明,对比强烈。如新疆境内既有世界第二高峰乔戈里峰(海拔 8 611 米),也有世界第二洼地艾丁湖(海拔-154 米)。本区海拔 8 000 米以上的高峰新疆就有 4 座(全世界共有 14 座),海拔 7 000 米以上的高峰 20 多座,山地高峻,盆地坦荡,富有典型明晰且富于变化的垂直景观。可谓"一山有四季,十里不同天"。代表有天山、阿尔泰山、昆仑山等。

壮丽的雪峰、冰川形成了高山平湖、雪岭云杉、原始森林、山地草场等特色自然风景,对登山探险、科学考察、猎奇观光的旅游者具有较强的吸引力。

【练习】

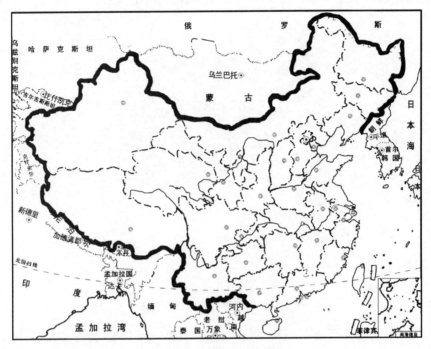

图 8-5 中国行政区划图

1. 请在图中标出新疆、内蒙古、宁夏和甘肃的位置。
2. 请在图中标出新疆、内蒙古、宁夏和甘肃的省会城市。

任务三 主要旅游胜地

一、新疆维吾尔自治区

新疆维吾尔自治区简称新,首府为乌鲁木齐。新疆古称西域,面积约166万平方公里,占中国总面积的1/6,是中国行政面积最大的省级行政区。陆地边界线长达5 600公里,与蒙古、俄罗斯、哈萨克斯坦、吉尔吉斯斯坦、塔吉克斯坦、阿富汗、巴基斯坦、印度等8个国家相邻。

新疆地域辽阔,地形多样,山脉与盆地相间排列,俗称"三山夹两盆"。习惯上称天山以南为南疆,天山以北为北疆。这里有全国面积最大的沙漠塔克拉玛干大沙漠,有中国最低的洼地艾丁湖(-154米),以及全国最长的内陆河塔里木河。

图8-6 新疆旅游景点分布示意图

新疆是多民族多宗教地区,素有"歌舞之乡""瓜果之乡"之称。新疆的特产有南疆长绒棉、和田桑蚕、和田美玉、吐鲁番葡萄、鄯善哈密瓜、伊宁苹果、库尔勒香梨、叶城大籽石榴等。新疆的甘草、雪莲、沙棘等药材也驰名全国。

新疆下辖2个地级市:乌鲁木齐市和克拉玛依市;5个自治州:伊犁哈萨克自治州、博尔塔拉蒙古自治州、昌吉回族自治州、巴音郭楞蒙古自治州、克孜勒苏柯尔克孜自治州;7个地区:哈密地区、吐鲁番地区、阿克苏地区、喀什地区、和田地区、塔城地区、阿勒泰地区。

(一)省会乌鲁木齐

乌鲁木齐简称"乌市",是新疆维吾尔自治区首府,全区政治、经济、文化、科教、金融和交通中心,是沟通新疆南北和连接中国内地与中西亚及欧洲的交通和通信枢纽。

乌鲁木齐历史悠久,"乌鲁木齐"为古准噶尔语,意为"优美的牧场",是古丝绸之路新北道上的重镇,东西方经济文化的交汇点,中原与西域经济文化的融合处。

新疆国际大巴扎、新疆民街、二道桥民族风情一条街等带有浓郁新疆民俗风情的景区景点,享誉国内外。丝绸之路冰雪风情游、丝绸之路服装服饰节等带有丝绸之路文化特色的节庆会展活动,已成为乌鲁木齐特有的城市名片。主要景点还有南山、水磨沟风景区等。

(二)吐鲁番

吐鲁番古称高昌,是古代丝绸之路上的重镇,自明代起称吐鲁番。这里生活着维吾尔、汉、回、哈萨克、俄罗斯等24个民族,其中维吾尔族占总人口的71%。吐鲁番旅游业因葡萄而兴盛,被人们称为"葡萄之乡",当地政府专门修建了葡萄一条街,有许多葡萄长廊供游人游览和采摘葡萄。吐鲁番是中国陆地最低的地方,也是中国夏季最炎热的地方,因而素有"火洲"之称。

【知识拓展】

高昌故城,位于吐鲁番市东 45 公里处火焰山南麓的木头沟河三角洲,是古丝绸之路的必经之地和重要门户。维吾尔语称亦都护城,即"王城"之意。高昌城始建于公元前 1 世纪汉代,初称"高昌壁",因其"地势高敞,人广昌盛"而得名。后历经高昌郡、高昌王国、西州、回鹘高昌、火洲等长达 1 300 余年之变迁,于公元 14 世纪毁弃于战火。汉唐以来,高昌是连接中原中亚、欧洲的枢纽,经贸活动十分活跃。它也是世界古代宗教最活跃最发达的地方,是世界宗教文化荟萃的宝地之一,世界各地的宗教先后经由高昌传入内地。公元 629 年,鼎鼎大名的唐代佛教高僧玄奘,为了提高佛教水平,不畏杀身之祸,离开长安,出玉门,经高昌,沿丝绸中路到印度,遍游今阿富汗、巴基斯坦、印度诸国,历时 17 年。在高昌,玄奘诵经讲佛,与高昌王拜为兄弟,留下一段千古佳话。

(三)喀什

喀什,古称疏勒。全称"喀什噶尔",意为"玉石集中之地",是中国最西端的一座城市,是著名的"安西四镇"之一,为东西方经济文化交流作出了重要的贡献。喀什城是新疆塔里木盆地西缘最古老、最富饶的绿洲之一,盛产甜瓜、西瓜、葡萄、石榴、无花果等,人称"瓜果之乡"。

喀什自然风光奇特、人文景观众多、民族色彩浓郁,是南疆最重要的旅游地区。这里有帕米尔高原,有叶尔羌河,有世界第二高峰——乔戈里峰,有"死亡之海"——塔克拉玛干大沙漠,有新疆最大的清真寺——艾提尕尔清真寺,这里还有大型伊斯兰式古建筑——香妃墓等历史古迹。所以说,"不到喀什就不算到过新疆"。

(四)重要旅游胜地

1. 世界自然遗产——天山

天山是亚洲中部地区的一条大山脉,2013 年 6 月 21 日,在柬埔寨金边举行的第 37 届世界遗产大会上,新疆天山被批准列入《世界自然遗产名录》。

天山古名白山,因常年有雪故名。匈奴谓之天山,唐时又名折罗漫山,长约 2 500 千米,宽约 250~300 千米,平均海拔约 5 千米。最高峰是托木尔峰,海拔为 7 435.3 米。新疆的三条大河——锡尔河、楚河和伊犁河都发源于此山。天山东西横贯横跨中国、哈萨克斯坦、吉尔吉斯斯坦和乌兹别克斯坦等国。中国境内的天山山脉把新疆大致分成两部分:南边是塔里木盆地,北边是准噶尔盆地。

2. "人与生物圈"保护区——博格达峰国家自然保护区

博格达峰国家自然保护区位于中国新疆维吾尔自治区阜康市境内,天山博格达峰北麓,准噶尔盆地古尔班通古特沙漠的南缘,总面积2 170平方公里,1990年加入联合国"人与生物圈"保护区网。

保护区地处亚洲大陆腹地,气候主要受西北高空气的影响,山麓炎热,中、高山区湿润寒冷。从北部的古尔班通古特沙漠南缘的海拔440米,经三工河谷上行至博格达峰的5 440米,相对高差达5 000米。南北距离仅80公里的范围内,包含着高山冰雪带、高山草甸带、亚高山草甸带、森林带、草原带、荒漠带、沙漠带诸多气候植被带,是研究荒漠生态系统及环境要素生态递变规律不可多得的理想场所。

【知识拓展】

坎 儿 井

坎儿井是古代新疆人创造的地下水利灌溉工程,与长城、京杭大运河并称为中国古代三大伟大工程。早在2 000年前的汉代就已经出现雏形,以后传到中亚和波斯。吐鲁番地区共有坎儿井1 100多道,是绿洲的生命之源。坎儿井根据吐鲁番盆地地理条件及水量蒸发特点,利用地面坡度引用地下水灌溉农田,它由明渠、暗渠、竖井和涝坝四个部分组成。最古老的坎儿井是吐尔坎儿孜,至今已使用了470多年了。

图8-7 坎儿井

二、甘肃省

甘肃省简称甘或陇,位于西北地区,地处黄河上游,全省总面积45.37万平方公里。甘肃历来是一个多民族聚居的省份,主要有汉、回、藏、东乡、裕固、保安、土、撒拉、满等55

个民族。

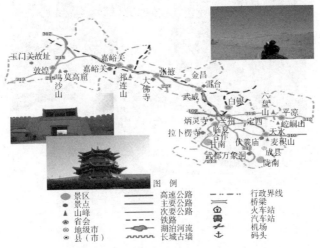

图8-8 甘肃省旅游景点分布示意图

甘肃境内地形复杂多样,山地、高原、平川、河谷、沙漠、戈壁,类型齐全,交错分布。其中河西走廊是中国古代"丝绸之路"的必经之地,留下了大量的文化古迹,为甘肃省发展旅游业提供了得天独厚的有利条件。

甘肃因阳光充足,昼夜温差大,病虫害较少,瓜果品质优良,为全国著名的优质瓜果产区。其中兰州黄河蜜、白兰瓜,西峰的西瓜,金塔的克克齐,敦煌的李广杏等都是著名瓜果。甘肃还盛产九百余种中草药,陇南山区是一座天然的药材宝库,野生药材产量大,质量好,特别是岷县当归,宣水大黄,罗布麻,锁阳等为全世界公认的地道药材。传统手工艺品中以酒泉的夜光杯最负盛名。

甘肃省下辖12个地级市:兰州市、酒泉市、嘉峪关市、金昌市、天水市、武威市、张掖市、白银市、平凉市、庆阳市、定西市、陇南市;2个自治州:临夏回族自治州、甘南藏族自治州。

【知识拓展】

夜 光 杯

"葡萄美酒夜光杯,欲饮琵琶马上催。醉卧沙场君莫笑,古来征战几人回。"自从唐代诗人王翰这首千古传育的诗篇问世以来,酒泉的夜光杯成为世人皆知的酒具珍品。夜光杯采用祁连山老山玉、新山玉和黑水河流玉等质地优良、花纹美观的玉石制成,其特点是色彩斑斓。月光下斟酒,酒如水晶,奇光闪耀。耐高温、耐严寒,能长久保存天然光彩。它是中外游客争相购买的上等礼品。

图 8-9 夜光杯

(一) 省会兰州

兰州,地处西北要塞,地势险要,历来为兵家必争之地,西汉时期,在此设立金城郡,取"固若金汤"之意,到了隋朝,废郡设州,因其城南有皋兰山而得名兰州,沿用至今。古代的兰州曾是"茶马互市"的著名商埠重镇,也是丝绸之路上的交通要道,号称"四省通衢",被誉为"丝绸之路上璀璨的明珠",悠久的历史,给这里遗留下了许多文物古迹。兰州是黄河唯一穿城而过的城市,黄河在这里将城市一分为二,为其增添了不少美丽的自然景色。

主要景点有黄河第一桥中山桥、五泉山公园、甘肃省博物馆等。

【知识拓展】

中 山 桥

清光绪三十三年(1907 年),清政府在兰州建造了黄河干流上第一座大型铁结构桥。铁桥长 233.33 米,宽 7.5 米,有四墩五孔,桥面为加厚铁托板条,建桥所用的木板、沙石等材料全部由海外进口,耗银三十多万两。初名叫"兰州黄河铁桥",1942 年改为"中山桥"。1954 年,兰州市政府对铁桥进行了整修加固,加设了拱形钢架,使铁桥显得坚固耐用,气势雄伟。

如今,黄河铁桥已改作步行桥,为国家级文物保护单位。置身桥上,夕阳斜照,河面波光粼粼,放眼可远眺白塔山上白塔入云,收目可近观母亲河穿桥而逝,是为兰州胜景之一。中山桥是 5 640 公里黄河上的第一座真正意义上的桥梁,因而有"天下黄河第一桥"之称。

(二) 天水

天水位于甘肃省东南部,地处陕、甘、川三省交界,素有"西北咽喉,甘肃门户"之称。

因境内有很多甘美之泉而得名。天水是中国古代文化的发祥地,享有"羲皇故里"的殊荣,是海内外龙的传人寻根问祖的圣地。境内文化古迹甚多,著名的有麦积山石窟、李广墓等。

【知识拓展】

麦积山石窟

麦积山位于天水市东南45公里处,山高142米,形状奇特,孤峰崛起,犹如麦垛,因此被称为麦积山。

麦积山石窟建自公元384年,后来经过十多个朝代的不断开凿、重修,遂成为中国著名的大型石窟之一。石窟开凿于悬崖峭壁之上,三层凿窟,上下错落,层层叠叠,洞窟之间全靠架设在崖面上的凌空栈道通达。这里有从4世纪到19世纪以来的历代泥塑、石雕7 200余件,壁画1 300多平方米。历史学家范文澜曾誉麦积山为"陈列塑像的大展览馆"。这里的雕像大的高达15米多,小的仅20多厘米,体现了千余年来各个时代塑像的特点,系统地反映了中国泥塑艺术的发展和演变过程。

图 8-10 麦积山石窟

(三)武威

古名凉州,位于甘肃省中部的河西走廊东端。公元前121年,汉武帝派骠骑大将军霍去病远征河西,击败匈奴,为表彰其"武功军威"而取名武威。1969年,在武威的雷台汉墓出土了著名的"马踏飞燕"(又叫"马超龙雀")。1983年10月,"马踏飞燕"被国家旅游局确定为中国旅游标志,并一直被沿用至今。

图 8-11 马踏飞燕

(四) 敦煌

敦煌,古称沙州,位于河西走廊最西端。"敦,大也;煌,盛也。"敦煌有二字盛大辉煌的寓意,浓缩了古丝绸之路及汉唐中国繁荣强盛的历史。敦煌这座历史文化名城拥有灿烂的古代文化、遍地的文物遗迹、浩繁的典籍文献、精美的石窟艺术、神秘的奇山异水,使这座古城至今仍流光溢彩,著名的景点有莫高窟、鸣沙山、月牙泉等。

【知识拓展】

沙漠风情——鸣沙山、月牙泉

鸣沙山,古称"沙角山""神沙山",山由流沙积聚而成,东西长约 40 公里,南北宽约 20 公里,最高海拔 1 715 米。其山沙垄相衔,峰如刀刃,远看连绵起伏如虬龙蜿蜒,又似大海中的波涛涌来荡去,甚为壮观。沙呈粉红、黄、绿、白、黑五色,晶莹闪光不沾一尘。如遇摩擦振动,便会殷殷发声,轻若丝竹,重如雷鸣,故"沙岭晴鸣"为敦煌"八景"之一。

图 8-12 鸣沙山、月牙泉

月牙泉处于鸣沙山环抱之中,形似一弯新月,面积 0.88 公顷,平均水深 3 米左右,水质甘冽,清澈如镜。千百年来沙山绕泉而不被掩埋,地处干旱沙漠而泉水不浊不涸,实属罕见。鸣沙山、月牙泉是大漠戈壁中一对孪生姐妹,"山泉共处,沙水共生",被誉为"塞外风光之一绝"。

（五）嘉峪关

嘉峪关市,是1971年经国务院批准成立的地级市,是西北地区最大的钢铁联合企业基地,有"戈壁钢城"之称。

图 8-13　嘉峪关

这里有万里长城西端起点嘉峪关,是古丝绸之路必经的关隘和交通要道,建筑雄伟,自古有"天下雄关"之称。关城建于明洪武五年(1372年),呈梯形,周长733米,面积33 500平方米。建有内外二道城墙,城墙高10米,垛墙高1.7米。东西关门及西瓮城门上,建有高17米的三层单檐歇山顶关楼。整个建筑坚固雄伟,工艺精湛,为古代军事工程中的精品。

（六）重点旅游胜地

1. 世界文化遗产——敦煌莫高窟

莫高窟始建于前秦建元二年(366年),是中国、也是世界现存规模最宏大、保存最完整的佛教艺术宝库。1987年12月,列入《世界遗产名录》。

莫高窟位于敦煌市东南25公里处鸣沙山东麓崖壁上,上下五层,南北长约1 600米。现存洞窟492个,壁画45 000平方米,彩塑2 400余身,飞天4 000余身,唐宋木结构建筑5座,莲花柱石和铺地花砖数千块,是一处由建筑、绘画、雕塑组成的博大精深的综合艺术殿堂,被誉为"东方艺术明珠"。

敦煌石窟艺术中艺术成就最高、内容最丰富的部分是壁画,西方学者将敦煌壁画称作是"墙壁上的图书馆"。敦煌壁画的题材丰富,造型优美生动,尤其以飞天(佛国的能奏乐、善飞舞,满身异香而美丽的菩萨)为最。她既不像希腊插翅的天使,也不像古代印度腾云驾雾的天女,中国艺术家用绵长的飘带使她们优美轻捷的女性身躯漫天飞舞。飞天是民族艺术的一个绚丽形象,提起敦煌,人们就会想到神奇的飞天。

图8-14 飞天

2. "人与生物圈"保护区——白水江国家自然保护区

位于中国甘肃省南部的文县、武都县,1963年建立,面积9.1万公顷。主要保护大熊猫、金丝猴、扭角羚等珍稀动物及自然生态系统。白水江西南侧为摩天岭,最高峰3 530米,河谷下降到1 000米以下,河谷属北亚热带湿润气候。植被垂直地带性明显,1 000～1 700米多次生落叶阔叶林,1 700～3 000米为针阔叶混交林,高处以冷杉、云杉林为主,林下植被以华橘竹、冷箭竹、卫矛等为主,为大熊猫、金丝猴、猕猴、大灵猫、林麝、红腹角雉、蓝马鸡等的分布带;3 000米以上为高山灌木草甸,分布有扭角羚、马麝、绿尾红雉等。

【知识拓展】

阳关和玉门关

西汉武帝元封四年(公元前107年),汉王朝取得对匈奴作战的重大胜利,在河西走廊"列四郡,踞两关",这就是名闻古今的武威、张掖、酒泉、敦煌等河西四郡和玉门关、阳关。自此,玉门关便和阳关一起成为古代中原通往西域的重要关口。

玉门关,位于敦煌市西北约90公里。相传古代西域和阗等地的美玉经此输入中原,因此得名。现存汉玉门关址,坐落在疏勒河下游南岸旁的一处沙岗上。城垣完整,黄土版筑,略呈方形。南北26.4米,东西24.5,残高9.7米,基厚4.9米。西、北面各开一门,形如土洞。

阳关位于敦煌市西南70公里处,因在玉门关之南而得名。它凭水为隘,据川当险,是丝绸之路南道的重要关隘,中西交通的重要门户。而今,昔日的阳关城早已荡然无存,仅存一座被称为阳关耳目的汉代烽燧遗址,耸立在墩墩山上,让后人凭吊。

三、宁夏回族自治区

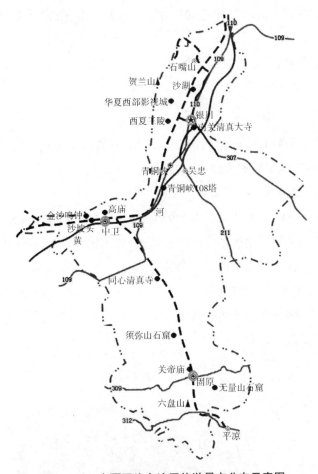

图 8-15 宁夏回族自治区旅游景点分布示意图

宁夏回族自治区,简称宁,首府银川,成立于1958年,是中国五大自治区之一。宁夏总面积6.64万平方公里,是中国面积最小的省区。人口618万,共有35个民族,其中回族222万,占宁夏总人口的1/3,占全国回族人口的1/5。省辖地级市5个:银川市,石嘴山市,吴忠市,固原市,中卫市。

公元1028年,党项族的首领李元昊在此建立了西夏王朝,并形成了西夏文化。

(一)省会银川

银川,是宁夏回族自治区的首府,是全区军事、政治、经济、文化科研、交通和金融商业中心,以发展轻纺工业为主,机械、化工、建材工业协调发展的综合性工业城市。银川地处中国西北地区宁夏平原中部,西倚贺兰山、东临黄河,是发展中的区域性中心城市,中国—阿拉伯国家博览会的永久举办地。

银川是历史悠久的塞上古城,史上西夏王朝的首都,是国家历史文化名城,民间传说中又称"凤凰城",古称"兴庆府""宁夏城",素有"塞上江南、鱼米之乡"和"塞上明珠"的美誉。

银川名胜古迹众多,主要景观有沙湖、西夏王陵、南关清真寺、贺兰山岩画、华夏西部影视城等。

(二)中卫

中卫市位于宁夏回族自治区中西部,宁、甘、蒙三省区交汇处,是连接西北与华北的第三大铁路交通枢纽,也是欧亚大通道"东进西出"的必经之地。中卫市是著名的旅游城市,拥有驰名中外的旅游景区沙坡头。

沙坡头建立于1984年,面积1.3万余公顷,地处腾格里沙漠东南缘,是草原与荒漠、亚洲中部与华北黄土高原植物区系交汇地带,充分展示出一个以亚洲中部北温带向荒漠过渡的生物世界。该保护区是中国第一个具有沙漠生态特点,并取得良好治沙成果的自然保护区,是干旱沙漠生物资源"储存库",具有重要的科学研究价值。自2013湖南卫视大型亲子秀《爸爸去哪儿》在以此地为外景地进行拍摄后,沙坡头景区爆红,成为众多游客争相前往的热门景点。

图8-16 《爸爸去哪儿》剧照图

(三)重点旅游胜地

西夏文明——西夏王陵

西夏王陵又称西夏陵、西夏帝陵,坐落在银川市西郊贺兰山东麓,距市区大约35公里,是西夏历代帝王陵墓所在地。陵区南北长10公里,东西宽4公里,里边分布着九座帝王陵和140多座王公大臣的殉葬墓,占地近50平方公里。是中国现存规模最大、地面遗址最完整的帝王陵园之一。被世人誉为"神秘的奇迹""东方金字塔"。

四、内蒙古自治区

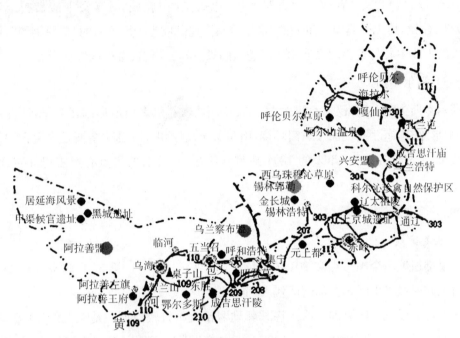

图 8-17 内蒙古自治区旅游景点分布示意图

内蒙古自治区简称内蒙古，首府呼和浩特。地处北部边疆，北邻蒙古、俄罗斯。内蒙古是清朝内扎克蒙古的简称，总面积 118.3 万平方千米，总人口 2 413.73 万人，由蒙古族、汉族、满族、回族、达斡尔族、鄂温克族、鄂伦春族、朝鲜族等 49 个民族组成，以蒙古族和汉族数量最多。1947 年建立中国最早的自治区，省辖地级市 9 个：呼和浩特市、包头市、乌海市、赤峰市、通辽市、鄂尔多斯市、呼伦贝尔市、巴彦淖尔市、乌兰察布市；3 个盟：兴安、阿拉善、锡林郭勒。

（一）省会呼和浩特

内蒙古自治区首府，始建于明代隆太六年（1572 年），至今已有 400 多年的历史。蒙古语意为"青色的城"，简称"青城"，因召庙云集，又称"召城"，是祖国北疆的历史文化名城。呼和浩特是一座具有鲜明民族特点和众多名胜古迹的塞外名城。独特美妙的自然风光，丰富多彩的民族文化，历史积淀深厚的古迹名胜，绚丽多姿的蒙古歌舞，精彩纷呈的蒙古式摔跤，这里的一切都让人心旷神怡，流连忘返。著名的景点有昭君墓、大召寺等。

(二)包头

包头背靠阴山,南临黄河,水草丰美,历来是北方少数民族的驻牧之地。包头,蒙古语包克图,汉语意思是"有鹿的地方",所以,包头又叫"鹿城"。馒头于清嘉庆十四年(1809年)建镇,历史上是塞外重要的"水旱码头",现已成为中国著名的"草原钢城",内蒙古最大的工业中心与重要的交通枢纽。著名的景点有五当召、希拉穆仁草原等。

(三)鄂尔多斯

鄂尔多斯为蒙古语,汉语意思为"众多的宫殿"。鄂尔多斯地形起伏不平,西北高东南低,地形复杂,东北西三面被黄河环绕,南与黄土高原相连。鄂尔多斯是内蒙古的经济新兴城市,是改革开放30年来的18个典型地区之一,著名的景点有成吉思汗陵、响沙湾等。

(四)重点旅游胜地

1. 世界文化遗产——元上都

元上都遗址属全国重点文物保护单位,2012年6月29日,第36届世界遗产委员会会议讨论并通过将中国元上都遗址列入《世界遗产名录》。

元上都遗址位于内蒙古自治区锡林郭勒盟正蓝旗旗政府所在地东北约20公里处、闪电河北岸,始建于蒙古宪宗六年(1256年),初名"开平府",中统五年(1264年)改名"上都",又名"上京""滦京",是帝后避暑的地方。由中国北方骑马民族建的这座草原都城,被认定是中原农耕文化与草原游牧文化奇妙结合的产物,史学家称誉它可与意大利古城庞贝媲美。

2. 人与生物圈——锡林郭勒大草原

内蒙古锡林郭勒草原自然保护区位于内蒙古自治区锡林浩特市境内,面积107.86万公顷,1985年经内蒙古自治区人民政府批准建立。"锡林",蒙古语指高原上的平野;"郭勒"是蒙古语河川的意思。锡林郭勒得名于草原上的锡林河。草原绿草如茵,牛羊遍地,漫步其间,你便会置身于一片绿的原野和花的海洋,"天苍苍,野茫茫,风吹草低现牛羊"是其生动的写照。

1987年被联合国教科文组织接纳为"国际生物圈保护区"网络成员,主要保护对象为草甸草原、典型草原、沙地疏林草原和河谷湿地生态系统。本区是目前中国最大的草原与草甸生态系统类型的自然保护区,在草原生物多样性的保护方面占有重要的位置和明显的国际影响。

3. 人与生物圈——达赉湖国家级自然保护区

达赉湖国家级自然保护区位于内蒙古自治区呼伦贝尔市境内,跨新巴尔虎右旗、新巴尔虎左旗、满洲里市行政区域,面积74万公顷,保护区于1986年由新右旗政府批准建立,2002年被联合国教科文组织纳入世界生物圈保护区网络。

保护区由达赉湖(呼伦湖)水域、贝尔湖(中国部分)、乌尔逊河、克鲁伦河入湖口、乌兰诺尔、新达赉湖及其附近草原组成。主要保护对象为湿地生态系统和以鸟类为主的珍稀濒危野生动物。

图8-18 达赉湖国家级自然保护区

4. 人与生物圈——赛罕乌拉自然保护区

内蒙古赛罕乌拉国家级自然保护区位于内蒙古自治区赤峰市巴林右旗北部,属森林生态类型自然保护区,保护区总面积为10.04万公顷。2000年4月经国务院批准建立内蒙古赛罕乌拉国家级自然保护区,2002年被联合国教科文组织纳入世界生物圈保护区网络。主要保护对象为森林、草原、湿地等多样的生态系统和珍稀濒危野生动植物及其环境。

保护区成立以来,已新发现鸟类81种,其中国家二级保护鸟类8种;新发现野生维管植物126种,其中国家二级保护植物1种;新发现野生哺乳动物2种,总种类达到39种,其中新发现的兔狲为国家二级保护动物。另外,斑羚、马鹿、猞猁等野生动物的栖息地在不断扩大,种群数量不断增加。如今,保护区孕育的乌兰坝河、海青河、灰通河等十几条河流年径流量近亿立方米,已经成为西辽河上游重要的水源涵养地。

【知识拓展】

成吉思汗陵

位于伊金霍洛旗甘德利草原上,距包头市185公里,陵园建筑面积1 500多平方米,主体建筑由三座蒙古包式的大殿和与之相连的廊房组成。整个陵园的造型,犹如展翅欲飞的雄鹰,极富浓厚的蒙古民族独特的艺术风格。

陵园分正殿、寝宫、东殿、西殿、东廊、西廊6个部分。正殿是祭祀活动的中心,正中有一尊高5米的成吉思汗汉白玉雕像、雕像背衬巨型地图,像前供有香炉,酥油灯长明不熄。寝宫中安放了成吉思汗和夫人的灵柩。西殿陈列着成吉思汗征战时用过的战刀、马鞍等物。按蒙古族习惯,每年农历3月21日,人们都来此祭陵,是这里最热闹最隆重的日子。

图8-19 成吉思汗陵

【项目小结】

本项目通过教学西北内陆旅游区的位置范围、旅游资源特征、重要城市和各省级行政区内的世界遗产和世界"人与生物圈"保护网的国家自然保护区等重要旅游名胜。通过学学练练了解本区的旅游线路和线路上可能参观的旅游景点,通过模拟实践设计旅游线路。

【项目训练】

选择一个省级行政区,设计一条该行政区内行程为5至6天的旅游线路,要求写出每天的具体行程、简介旅游景区特色和温馨提示。

【项目测试题】

一、单项选择题

1. 以下古城哪个不在新疆地区 （ ）
   A. 楼兰　　　B. 高昌　　　C. 交河　　　D. 咸阳
2. 以下哪个是新疆地区的美誉 （ ）
   A. 歌舞之乡　B. 塞外江南　C. 塞上明珠　D. 鱼米之乡
3. 有"塞外风光之一绝"之称的景区是 （ ）
   A. 沙坡头　　　　　　　　　B. 鸣沙山——月牙泉
   C. 莫高窟　　　　　　　　　D. 天山
4. 著名的夜光杯产自 （ ）
   A. 兰州　　　B. 酒泉　　　C. 武威　　　D. 天水

5. 旅游业的标志"马踏飞燕"出土于 （   ）
   A. 兰州　　　　B. 酒泉　　　　C. 武威　　　　D. 天水
6. 古代的凉州是今天的 （   ）
   A. 兰州　　　　B. 酒泉　　　　C. 武威　　　　D. 敦煌
7. 火焰山位于 （   ）
   A. 哈密　　　　B. 吐鲁番　　　C. 喀什　　　　D. 阿勒泰
8. 葡萄沟位于 （   ）
   A. 哈密　　　　B. 吐鲁番　　　C. 喀什　　　　D. 阿勒泰
9. 阳关位于今天的 （   ）
   A. 吐鲁番　　　B. 酒泉　　　　C. 敦煌　　　　D. 酒泉
10. 敦煌古名 （   ）
    A. 凉州　　　　B. 沙州　　　　C. 瓜州　　　　D. 甘州
11. ＿＿＿＿＿＿是中国面积最小的省区。 （   ）
    A. 甘肃　　　　B. 宁夏　　　　C. 新疆　　　　D. 内蒙古
12. ＿＿＿＿＿＿是中国面积最大的省区。 （   ）
    A. 甘肃　　　　B. 宁夏　　　　C. 新疆　　　　D. 内蒙古
13. 敦煌石窟艺术中艺术成就最高、内容最丰富的部分是 （   ）
    A. 壁画　　　　B. 雕塑　　　　C. 泥塑　　　　D. 建筑
14. 中国—阿拉伯国家博览会的永久举办地是 （   ）
    A. 兰州　　　　B. 敦煌　　　　C. 乌鲁木齐　　D. 银川
15. 有"鹿城"之称的是 （   ）
    A. 鄂尔多斯　　B. 包头　　　　C. 呼和浩特　　D. 赤峰

二、填空题

1. 明代长城西端的起点为＿＿＿＿＿＿。
2. ＿＿＿＿＿＿、＿＿＿＿＿＿、＿＿＿＿＿＿并称为中国古代三大伟大工程。
3. 中国著名的四大石窟是＿＿＿＿＿＿、＿＿＿＿＿＿、＿＿＿＿＿＿、＿＿＿＿＿＿。
4. 中国最大的沙漠是＿＿＿＿＿＿。
5. 中国分布最广泛的少数民族是＿＿＿＿＿＿。
6. 蒙古族最重要的节庆活动是＿＿＿＿＿＿，主要有＿＿＿＿＿＿、＿＿＿＿＿＿、＿＿＿＿＿＿等传统项目。
7. 历代史书上的"回纥"是今天的＿＿＿＿＿＿。
8. 穹庐顶是＿＿＿＿＿＿的标志性建筑。

9. 中国世界遗产的总数已达到_____项,继续稳居世界第_____位。

10. 中国最低的洼地_____(-154米)。

11. 全国最长的内陆河是_____。

12. 南疆和北疆以_____为界。

13. 被称为瓜果之乡的是_____,被称为葡萄之乡的是_____。

14. 黄河唯一穿城而过的城市是_____。

15. 河西走廊"列四郡,踞两关",这就是名闻古今的_____、_____、_____、_____河西四郡和_____、_____两关。

三、综合题

1. 完成下列表格,写出本区的世界遗产并分类。

省、直辖市	省会城市	自然遗产	双重遗产	文化遗产
新疆				
内蒙古				
甘肃				
宁夏				

2. 简述丝绸之路,并列举沿途的名胜古迹。